Die Hölle

Helmut Werner

Die Hölle

Jenseitsvorstellungen der Menschheit

area

Helmut Werner: Die Hölle

Einbandgestaltung: Bille Fuchs, Köln
Einbandabbildung: Hieronymus Bosch, Das Weltgericht,
um 1485/1505; akg, Berlin
Abbildungen Innenteil: Archiv Marc Robertsteam,
Weißenfels, und Archiv Helmut Werner
Satz & Layout: Bernhard Heun, Rüssingen

Printed in Germany 2005
ISBN 3-89996-405-5

www.area-verlag.de

INHALTSVERZEICHNIS

VORWORT

Im Jahre 1989 berichtete eine französische Zeitschrift unter Berufung auf finnische Quellen, dass ein Team aus russischen und norwegischen Forschern bei Tiefenbohrungen in Sibirien auf die Hölle gestoßen sei. Um die Erdbebenentstehung zu erforschen, hatte man geplant, bis zu einer Tiefe von 16 Kilometern zu bohren. Bei neun Kilometern waren die Forscher plötzlich auf einen Hohlraum gestoßen – bemerkbar daran, dass sich der Bohrkopf drehte, ohne auf Widerstand zu stoßen. Um dieses Phänomen zu untersuchen, hatten die Wissenschaftler ein Mikrofon heruntergelassen. Mit Grauen mussten sie dann feststellen, dass sie über das Mikrofon das Geschrei von Menschen hörten. Eine genaue Untersuchung dieser Bohrstelle, aus der später giftige Gase heraustraten, ergab, dass in dem fraglichen Hohlraum eine Temperatur von 1100 Grad C herrschte. Als die Forscher den Bohrkopf herauszogen, entdeckten sie eine fratzenhafte Gestalt, die mit Krallen versehen war. Die Techniker seien, so berichtet diese Zeitschrift weiter, vor Entsetzen von der Bohrstelle geflüchtet, weil sie überzeugt gewesen seien, mit ihrem Bohrer in die Hölle eingedrungen zu sein.

Dies ist sicherlich eine unheimliche Geschichte, deren Wahrheitsgehalt man bezweifeln darf. Aber wird die Existenz der Hölle tatsächlich so leicht abgetan? Die Tatsachen sprechen gegen diese Vermutung: Im Jahre 1992 räumten bei einer Befragung 24 von 100 Bundesbürgern die Existenz einer Hölle ein. Noch deutlicher sind die Ergebnisse bei der Einteilung der Befragten in die beiden christlichen Konfessionen: 20 % der

Protestanten und 34 % der Katholiken waren fest davon überzeugt, dass es eine Hölle gibt. Allerdings ist die Tendenz fallend: 1967 hatten auf dieselbe Frage noch 22 % der Protestanten und 52 % der Katholiken mit Ja geantwortet. Bei den Protestanten ist der Glaube an eine Hölle nur geringfügig zurückgegangen, während er bei den Katholiken doch merklich abnahm. Sicherlich ist der Aussagewert dieser Umfrage eingeschränkt, wenn man berücksichtigt, dass unter den Befragten auch eine beträchtliche Zahl von „Taufscheinchristen" ist. Die Frage nach der Häufigkeit des Kirchgangs ergab bei den Katholiken bei der Befragung im Jahre 1992 nämlich folgendes Ergebnis: 40 % der Katholiken gehen mindestens einmal im Monat in die Kirche, 29 % nur an den Feiertagen und 19 % fast nie.

Anhand dieser Ergebnisse lässt sich feststellen: Je größer die Gleichgültigkeit gegenüber der religiösen Gewohnheit ist, desto geringer auch der Glaube an die Höllenvorstellungen.

In diesen Kontext passen auch die Werte von Befragungen unter Jugendlichen in Berlin. Hier stellte sich heraus, dass bei einem Teil der Jugendlichen, der sich für die modernen satanistischen Sekten und Blackmetal-Musik interessierte, ein großes Interesse für das Thema „Hölle" vorhanden war.

Aber was genau umfasst dieses Thema? Ist der Glaube an die Hölle eingebettet in eine bestimmte Kultur oder Religion?

Dieses Buch versucht die Höllenvorstellungen als ein allgemeines menschliches Phänomen nachzuweisen, das sich nicht nur in den Religionen der hoch zivilisierten Völker, sondern auch in dem Glauben der Naturvölker findet. Neben den Christen haben beispielsweise auch die alten Ägypter, Babylonier, Buddhisten und Moslems umfassende Lehren von der Hölle entwickelt, die unter anderem dargestellt werden.

Zudem werden Ursprung, Geschichte, Topografie sowie Funktion der christlichen Hölle und des Fegefeuers ausführlich beschrieben. Daneben wird auf literarische Höllenbeschreibungen eingegangen. Die gegenwärtige Neudefinition der Hölle in den christlichen Kirchen, die sich aus einem jahrelangen „Höllenstreit" unter den Theologen entwickelte, wird für Laien in verständlicher Form dargestellt. Das abschließende Kapitel beschäftigt sich unter anderem mit den Ergebnissen der Verhaltensforschung und Psychoanalyse zu diesem Thema.

Diese Humanwissenschaften lehren, dass der Mensch von seiner Gattung und Natur her die Anlage besitzt, seinem Mitmenschen Böses anzutun. Es gibt deshalb Menschen, die freiwillig die schlimmsten Verbrechen begehen, entweder einzeln oder in Gemeinschaft mit anderen. Was passiert mit solchen „Monstern" in Menschengestalt, die zu Lebzeiten nicht durch die Androhung einer „ewigen Strafe in der Hölle" zurückgehalten wurden, wenn sie sterben? Die Antwort der modernen Humanwissenschaften lautet: „Nichts!" Sie haben ihr Leben verfehlt. Es wird immer zahlreiche Menschen geben, die scheitern und ihr Leben verfehlen. Mit der Aufgabe der Vorstellungen von Himmel und Hölle wird die Entscheidung für das Gute und Böse bzw. die Einhaltung der Gesetzesmoral in uns selbst verlegt.

KAPITEL I

Was bedeutet „Hölle“?
Welche Vorstellungen gibt es von ihr?
Wann und warum ist sie entstanden?

Das Wort Hölle hat seinen Ursprung im germanischen hel- oder hal- („verhüllen"). In der germanischen Mythologie ist Hel zum einen der Name der Totengöttin, zum anderen bezeichnet er deren Herrschaftsbereich – ein unterirdisches Totenland. Hervorzuheben ist, dass dieses Totenland niemals als ein Ort des Strafvollzuges mit höllischen Qualen für sündige Menschen angesehen wurde, sondern als ein Seelen- und Geisterland.

Eine solche Vorstellung von einem Totenreich findet sich in allen Religionen, in denen ein Weiterleben nach dem irdischen Tod angenommen wird. Der Ausgangspunkt dieser Vorstellungen ist darin zu suchen, dass dem Menschen der Vorzeit der Gedanke fremd war, mit dem Tod eines Menschen sei sein körperliches Leben ein für alle Mal beendet. Sichtbarer Ausdruck dieses Glaubens sind die riesigen Gräberanlagen im Alten Orient, im Industal, auf dem indischen Subkontinent und in Westeuropa oder aber die Mumifizierung oder das Austrocknen der Toten. Die Erinnerung an den Toten, seine Autorität und vielleicht auch die Furcht, welche die Lebenden vor ihm hatten, führten zu der Vorstellung eines Jenseits, in dem der Tote sein bisheriges Leben nur in einer anderen Gestalt weiterführt. Ein Nebeneinander von Seele und Leib existierte noch nicht im primitiven Denken. Unbekannt war auch die Vorstellung, dass der Tote im Jenseits für Vergehen auf der Erde bestraft wird. Die Fortsetzung des irdischen Lebens geht stattdessen so weit, dass die Toten ihre Kämpfe und Fehden auch im Jenseits fortsetzen. Ein wichtiges Merkmal dieser vorzeitlichen Jenseitsvorstellung ist der Glaube, dass in dem Totenreich die irdische Rangordnung weiter fortbesteht. Dem Toten gebührt dort eine seinen Verdiensten und seinem sozialen Stand entsprechende Existenz. Im alten Mexiko waren die Vornehmen in dem „Düsteren Land“, wie dort das Jenseits bezeichnet wurde, durch sieben Abteilungen von den Armen getrennt. Ausgeschlossen waren bei vielen Naturvölkern Menschen, die zu Lebzeiten einen geringen Stand oder durch einen schmählichen Tod ihr Leben verloren hatten. Wer bei der Jagd getötet wurde, musste für alle Zeiten auf der Erde umherirren. Diese Menschen wurden nicht wie die Vornehmen und ehrenvoll Verstorbenen begraben, sondern in das Meer oder in Flüsse bzw. Moore geworfen.

Im Gegensatz zu den Männern ist bei zahlreichen Stämmen nichts bekannt von einem jenseitigen Leben der verstorbenen Frauen; andere Stämme glauben, dass die Ehefrauen ihre Männer nach dem Tod dorthin begleiten müssten. In Neuguinea wurden sie bei den Begräbnisfeierlichkeiten ihrer Männer getötet.

Damit der Tote diese jenseitige Welt auch erreichen kann, hielt man es für erforderlich, ihn bereits während der Beerdigung darauf vorzubereiten. Der Körper musste so bestattet werden, dass er mit seinem Gesicht in Richtung Jenseits blickte. Da dieses im Glauben der meisten Völker im Westen lag, weil dort die Sonne untergeht, war dies auch die Richtung des Todes. Der Vorstellung nach war dort gleichsam ein Loch, durch das der Körper in das Reich der Toten gelangte. Der Osten aber, das Reich der aufgehenden Sonne, symbolisierte das Leben. Es gibt aber auch Völker, die den Gegensatz von Norden und Süden kennen.

Ein Problem für die Menschen der Frühzeit waren die Toten, die nicht ins Jenseits eingedrungen waren. Man glaubte nicht nur, dass sie ruhelos in der Welt umherirrten, sondern dass sie auch die Ursache von Spuk und Träumen waren. Diese Auffassung wird treffend durch die Bezeichnung „lebender Leichnam“ wiedergegeben. Als die Menschen der Vorzeit beobachteten, wie der Leichnam des Toten verweste, und ihnen die Toten gleichzeitig im Traum erschienen, suchten sie nach einer Erklärung. Sie erfanden die Seele, die gleichsam wie das Schattenbild eines Menschen nach dessen Tod weiterlebt und zum Totengeist wird.

Die Entstehung des Glaubens an eine Seele lässt sich auch auf die Einführung der Feuerbestattung zurückführen, durch die sich die Vorstellung bilden konnte, aus dem verbrennenden Körper wiche ein Geist in Gestalt des Qualms zum Himmel empor. In vielen Religionen ist die uralte Auffassung verbreitet, dass das Feuer eine vergeistigende Kraft habe. So entzünden die Brahmanen, die indischen Priester, drei heilige Feuer, um der Seele den Aufstieg zum Himmel zu erleichtern.

Eine eindeutig spätere Vorstellung ist die Lebensseele oder Hauchseele, die mit dem Tod des Menschen vernichtet wird. Sie ist für die Lebensfunktionen verantwortlich. Zu Lebzeiten eines Menschen sind Seele und Lebensfunktion miteinander im Körper vereint.

In ihrer Fantasie malten sich die Menschen die Jenseitswelt als einen abgeschiedenen Ort auf der Erde aus, der durch Wasser, Wüste, Gebirge oder eine Mauer von der Menschenwelt getrennt ist. Eingänge zu diesem Jenseits sind vielfach die Gräber der Toten sowie Höhlen, Weiher, Moore oder Sümpfe. Solche Orte werden sorgfältig gemieden und vom Ackerbau verschont. Für Naturvölker in Südamerika ist das Totenreich hoch in einem Gebirge gelegen, umrahmt von Schneebergen. Um dorthin zu kommen, müssen die Seelen einen Weg von 15

Jahren zurücklegen, auf dem sie spitze Steine passieren, die den bösen Seelen schwere Leiden zufügen. Bei afrikanischen Stämmen findet sich die Vorstellung, die Seelen der Verstorbenen treiben in Teichen ihr Unwesen oder sie müssen über ein Gewässer zu einer Insel fahren, auf der das Totenreich auf einem hohen Berg liegt. Aber nicht nur bei Naturvölkern, sondern auch in entwickelten Hochreligionen werden die Totenreiche auf Inseln angesiedelt. Meistens werden die Reiche als Inselparadiese geschildert, in denen die Seelen ein sorgenfreies Leben führen. Die indischen Religionen kennen verschiedene solcher Inselparadiese. Auch den Babyloniern, den Ägyptern und Kelten war eine solche Insel bekannt, die als die Inseln der Seligen bezeichnet wurde. Die Polynesier erzählen, dass ihre Vornehmen nach deren Tod zu einer im Westen gelegenen Insel namens Bolotu fahren. Fischer, die zu dieser Toteninsel verschlagen wurden, berichten von Bäumen und Häusern, durch die man hindurchgehen könnte, gleichsam als ob sie nicht existierten, weil sie unkörperlich seien. Andere Stämme in Polynesien glauben, man müsse auf dem Körper einer Schlange dorthin reisen. Auch stellen sie sich vor, diese Insel würde einst versinken und die Seelen der Töten müssten auf einer neuen Erde weiterleben.

Am verbreitetsten ist aber der Glaube, dieses Jenseits befinde sich unter der Erde, besonders aber unter dem Meeresgrund. Selbst wenn man, wie noch dargestellt wird, sich das Jenseits im Himmel vorstellte, war der Meeresgrund der Aufenthaltsort der bösen Seelen. Dieses „Totenreich drunten", wie es im Volksglauben der Südseevölker heißt, liegt im Westen, wo die Sonne versinkt. Um dorthin zu gelangen, müssen die Seelen mit einem Kanu über das Meer fahren. Deshalb werden die Toten in einem Kanu bestattet, und das Grab erhält die Gestalt eines Bootes. Die Kelten nennen dieses Totenreich auf dem Meeresgrund tir fa tonn („Land unter den Wellen"). Wer dorthin gelangen will, muss in einem der vielen irischen Seen untertauchen. Bei anderen Völkern ist es eine Brücke, die in dieses Totenreich führt. Wer tugendhaft gehandelt hat, kann schnell darüber hinweglaufen, die Bösen müssen langsam gehen, um nicht herabzustürzen.

Wiederum andere Völker verlegen das Reich der Toten in den Himmel, der oft in verschiedene Bereiche gegliedert wird. Häufig stellt man sich diesen Himmel in sieben Abteilungen vor, die von den Seelen je nach ihren bösen Taten auf der Erde bewohnt werden. Ein besonderes Problem war es, wie man sich den Aufstieg oder die Reise der Toten in den Himmel vorstellen soll. Die Irokesen, ein Indianerstamm in Nordamerika, glauben, die Toten würden durch einen Seelenvogel abgeholt werden. Nach Ansicht der Ureinwohner Australiens werden die Toten dagegen durch die Strahlen der untergehenden Sonne in den Himmel gebracht. Aber auch der Regenbogen oder die Milchstraße gelten als Seelenweg zum Himmel. Deshalb bezeichnen die Finnen die Milchstraße als einen „Vogelweg". Vielleicht steckt dahinter auch die Vorstellung, dass die Seelen bei ihrer Reise eine Vogelgestalt annehmen. Im Volksglauben der Maori in Neuseeland ist es verboten, Spinnfäden zu zerstören, weil die Seelen mit ihrer Hilfe ins Jenseits aufsteigen. Die Vorstellung einer Himmelsleiter wurde zuerst von den alten Ägyptern ausgebildet. Indianerstämme in Südamerika vertreten dagegen die Ansicht, es gebe einen Baum mit dem Namen Slagdigma, der bis in den Himmel reicht.

Die alten Mayas und die Ägypter wiesen den Toten im Himmel einen bestimmten Planeten zu. So nahmen die Ägypter an, der Pharao lebte nach seinem Tod auf der Sonne weiter. Später wurde dies der Aufenthaltsort für alle Toten. Zu der Sonne gelangte man aber nur, wie die Mayas meinten, nachdem man eine Reise durch die Gestirne zurückgelegt hatte. Dieser Glaube wurde bei Stämmen in der Karibik so weit fortentwickelt, dass man die Seelen in Gestirne verwandelte.

Über das Leben im Totenreich gibt es sehr unterschiedliche Vorstellungen. Ein Teil der Natur- und Kulturvölker hat den Glauben, der Aufenthalt im Totenreich würde sich nicht vom Leben auf der Erde unterscheiden. Die Geister wohnen dort mit ihren Verwandten familien- und stammweise zusammen und verrichten dieselben Tätigkeiten wie Ackerbau, Viehzucht etc., die sie auch im Leben ausübten. Oft malt man sich dieses Totenreich auch als ein Paradies aus. Nach dem Volksglauben der Patagonier in Argentinien leben die Toten im Zustand ständiger Trunkenheit. Oder es wachsen dort Bäume, wie die Bewohner von Borneo meinen, deren Knollen ein Wasser enthalten, das die Seelen sofort verjüngt, wenn sie sich älter fühlen. Nach dem Glauben der Polynesier sind die Seelen mit herrlichen Blumenkränzen umhängt und haben alles, was sich ihr Herz nur wünscht. Wenn das Totenreich durch solche paradiesischen Schilderungen erhöht wird, besteht daneben oft auch der Glaube, dass nur ein Teil der Seelen, nämlich nur die guten, dieses glückselige Leben führen. Bei den Polynesiern blicken diese guten Seelen mit Abscheu auf die verdammten, bösen Seelen herab, die in der Hölle leben, wo sie von dem Kot der Seligen bedeckt werden. Aber trotz dieses paradiesischen Zustandes, den die guten Seelen genießen, verspüren sie die Sehnsucht, wenigstens zeitweise auf die Erde zurückzukehren und ihren Hunger an irdischen Opfern zu stillen.

Diesem Glauben steht die Vorstellung gegenüber, das Leben nach dem Tod sei eine Verschlechterung des irdischen Lebens. Damit verbindet sich meistens die Vorstellung, dieses Dasein im Totenreich stehe in seiner Qualität weit hinter dem irdischen Leben zurück. Die Geister sehnen sich danach, dieses klägliche Leben zu verlassen. Auf einer Stele spricht eine tote Ägypterin Folgendes zu ihrem Mann:

„Oh, mein Gemahl, höre nicht auf zu trinken und zu essen, betrunken zu sein, die Liebe der Frauen zu genießen und Feste zu feiern! Folge deinen Wünschen bei Nacht und bei Tag! Gönne der Sorge keinen Raum in deinem Herzen! Denn das Totenland ist das Land des Schlafes und der Finsternis, ein Wohnort, in dem diese Seelen bleiben, die dort sind. Sie schlafen in ihrer Mumiengestalt, sie erwachen nie mehr, um ihre Freunde zu sehen, sie erkennen weder ihre Väter noch ihre Mütter, und ihr Herz sorgt sich nicht für ihre Frauen und Kinder. Auf Erden genießt jeder das Wasser des Lebens, aber ich leide Durst. Wasser kommt zu dem, der auf Erden weilt, ich aber dürste nach dem Wasser, das bei mir zu Hause ist. Seitdem ich in dieses Tal des Todes kam, weiß ich nicht, wo ich bin. Ich schmachte nach dem Wasser, das bei mir fließt. Ich sehne mich nach dem Luftzug am Ufer des Flusses, damit er mein Herz in seinem Kummer labe. Denn der Name des Gottes, der hier herrscht, lautet: Vollkommener Tod. Wenn er ruft, dann kommen alle Menschen zitternd vor Furcht zu ihm. Er macht keinen Unterschied zwischen Göttern und Menschen. Vor ihm sind die Großen und Kleinen gleich. Er erweist keine Gunst dem, der ihn liebt. Er reißt das Kind fort von seiner Mutter und ebenso den alten Mann. Denn er ist nicht gütig gegen den, der ihn verehrt, er achtet nicht auf den, der ihm die Opfergaben darbringt.“

Eine ähnliche Vorstellung von einem erbärmlichen Leben im Jenseits kannten auch die Griechen, wie Homer bezeugt.

Als nämlich Achill von Odysseus damit getröstet werden soll, dass er nach seinem Tod noch im Jenseits herrsche, antwortet er folgendermaßen:

„Erlauchter Odysseus, beschönige mir nicht den Tod! Wäre ich doch lieber ein Knecht und duldete Fron auf dem Acker, einem erbärmlichen Mann von kärglicher Nahrung verdungen, als hier unten der König im Reich verstorbener Toten.“

Bei Völkern, bei denen ein Glaube an paradiesische Zustände im Jenseits herrscht, gibt es keinen oder einen nur wenig ausgeprägten Totenkult, denn dieser hat seinen Ursprung darin, dass man den Toten das Leben im Jenseits erleichtern möchte, was in einem Paradies überflüssig ist. Die Indianer in Nordamerika haben beispielsweise die Hoffnung auf ein besseres Jenseits in „den glücklichen Jagdgründen“, wo sie in Überfluss Wild finden.

Innerhalb dieses Totenglaubens gibt es eine ältere Schicht, welche die Weiterexistenz der Toten im Jenseits als begrenzt ansieht. Hier sind die Toten nicht unsterblich, und ihr jenseitiges Dasein wird einmal ein Ende finden. Die Existenz im Jenseits hört zu dem Zeitpunkt auf, zu dem die Erinnerung der Lebenden an den Toten erloschen ist. Bei den Dakotas, einem Indianerstamm in Nordamerika, gibt es den Glauben, dass die bösen Seelen auf ihrer Reise ins Totenland vom Himmel herunterfallen und ertrinken. Andere Stämme meinen, dass die Seele von allen Menschen, die eines natürlichen Todes sterben, der Vernichtung anheim fallen. Nur die Seelen der im Kampf gefallenen Krieger kommen ins Paradies. Verbreitet ist auch die Vorstellung, die Seelen von Menschen, die ertrunken sind, stürzten bei der Wanderung ins Jenseitsland vom Rücken der Schlange, die sie dorthin befördern soll. Nach Meinung der Santalen, eines indischen Stammes, werden die Seelen der kinderlosen Frauen von Schlangen und Würmern aufgefressen. Bei den Bewohnern der Fidschiinseln müssen sich alle Seelen zum Zweikampf mit dem göttlichen Seelentöter Samnyalo stellen. Wenn dieses Ungeheuer eine Seele erschlägt, so wird sie von ihm aufgefressen. Auf der Insel Samoa herrscht der Glaube vor, dass die Seele eines plötzlich Verstorbenen von den Totengeistern aufgefressen würde. In Polynesien findet sich die Vorstellung, dass eine Seele vor ihrem Eintritt ins Totenreich von einem göttlichen Wesen verspeist wird, das man sich als einen riesigen Vogel vorstellt. Die Seelen der Menschen dienen den höheren Göttern als Speise. Nach der Verdauung verlassen diese verspeisten Seelen die Körper der Götter wieder. Durch diesen Verdauungsprozess werden die Seelen unsterblich. Bei Völkern in Afrika beschränkt sich der Glaube an eine Weiterexistenz der Seele im Jenseits nur bis zum verstorbenen Großvater. Einige Stämme glauben sogar, die Toten müssten ein mehrfaches Sterben erdulden, bis sie endgültig ihre Existenz aufgeben könnten.

Ein weiterer Schritt führt dazu, dass die Toten nicht ohne weiteres ins Jenseits gelangen, sondern sich vor ihrem Eintritt einem Gericht unterwerfen müssen. Dieses jenseitige Totengericht, das die Toten nach ihren Taten zu Lebzeiten in gute und böse teilt, führte auch zur Absonderung eines Teiles des Jenseits, in dem die bösen Toten oder die Seele als ein Teil von ihnen gleichsam an einem Straf- und Qualort für ihre Vergehen büßen müssen. Die Vorstellung von einem solchen im Jenseits abgeschiedenen Reich der bösen Seelen wurde auch gefördert durch die Deutung der Spukphänomene. Man glaubte, der Spuk würde durch umherirrende Seelen von Toten verursacht, die wegen ihrer Verbrechen ruhelos umhergehen müssten und durch ihr Treiben die Lebenden erschreckten. Von Priestern wurden diese Seelen an öde Orte gebannt, die weit von den menschlichen Siedlungen entfernt lagen. Solche Bannorte trugen im deutschen Kulturraum oft die Namen Höllenloch, Höllentor, Höllenküche etc.

Ein solcher dunkler Ort des Schreckens und Grauens taucht bereits in den Jenseitsvorstellungen der Naturvölker auf. Bei den Bewohnern von Tahiti wird dieser Ort im Jenseits „ein stinkender Pfuhl" genannt, von dem man nur grässliche Dinge zu berichten weiß. Die Eskimos glauben, dort schiene keine Sonne und man hörte einen entsetzlichen Lärm und Sturm. Im Glauben der Tartaren werden die Seelen an diesem Ort dadurch gequält, dass sie Dinge verschlucken sollen, die sie nicht herunterwürgen können. Unter den Seelen selbst herrscht dort ein ständiger Streit. In siedendem Pech gekocht zu werden ist eine der Hauptstrafen in der Hölle der Tartaren. Untreue Frauen zum Beispiel müssen Dornensträucher umarmen. Die Bewohner der polynesischen Inseln glauben, Geizige würden in Felsen verwandelt und wären ständig der Brandung der See ausgesetzt.

Für die Ausbildung einer Lehre von der Hölle ist immer eine Priesterschaft verantwortlich, wie die wichtigsten Weltreligionen zeigen. In Indien, China, im Alten Orient, im Judentum und Christentum waren es ausgebildete Theologen, die den Menschen in grellen Farben solche Straforte, Höllen, ausmalten, in die sie nach dem Tod gelangten, wenn sie den landesüblichen Gesetzen oder Moralvorstellungen zuwiderhandelten. Als Strafen ersinnt die Fantasie solche Qualen, die auch unter den Lebenden die schlimmsten Leiden hervorrufen. In den asiatischen und orientalischen Religionen ist dies das Feuer, während die nordische Mythologie als Merkmale dieses Strafortes im Jenseits Kälte und Nässe hervorhebt.

Neben der Trennung der guten von den bösen Seelen gibt es in einigen Religionen auch eine Absonderung der Toten, die unter ungewöhnlichen Umständen gestorben sind. Bei den altamerikanischen Völkern gehen die natürlich Verstorbenen in die Unterwelt ein, während die an Fieber gestorbenen oder vom Blitz erschlagenen Menschen auf einem Berggipfel hausen, die Seelen der im Krieg gefallenen Toten oder der im Kindbett gestorbenen Frauen jedoch zur Sonne gehen.

Beim Ausmalen dieser Höllen gibt es große Unterschiede unter den Religionen. Am wenigsten entwickelt ist dieser Strafort bei den afrikanischen Völkern. Die bösen Seelen begeben sich auf einer langen Reise zum bösen Geist in dessen dunkle Wohnung. Sie dauert umso länger, je größer ihre Sünden sind. Bei den Ägyptern wird dieser Ort zwar voll von Gefahren und Schwierigkeiten beschrieben, aber ein langer Aufenthalt ist für die durch das Totengericht verurteilten Seelen nicht vorgesehen. Sie werden von einem Totenfresser vernichtet. Auch bei den altorientalischen Völkern bleibt dieser Ort in Dunkel gehüllt. Man beschreibt ihn vage als das „Land ohne Heimkehr". Eine wirkliche Hölle kennen die alten Iraner. Die Seelen werden während eines Totengerichtes nach ihren Taten gewogen, was man sich bildlich als das Überschreiten einer Brücke vorstellte. Die sündigen Seelen werden kopfüber in den Höllenabgrund gestürzt, wo sie alle möglichen Qualen erleiden müssen. Abgesehen von dem christlichen Höllenbild findet sich die klarste Vorstellung von diesem Strafort im Islam, wo die dorthin Verbannten Feuer und Eiter kosten müssen. Bei den altamerikanischen Völkern werden die Seelen der Sünder ins Erdinnere verbannt, wo sie keine Ruhe finden und Krankheiten aller Art erleiden. Die Südseeindianer sind der Auffassung, dass Übeltäter nach dem Tod in ein finsteres Land kommen, in dem niemals die Sonne scheint. Bei den Griechen und Römern ist die Hölle der Tartarus, der in Homers „Odyssee" und Vergils „Aeneis" beschrieben wurde.

Aber auch in Religionen wie dem Hinduismus und besonders im Buddhismus, die einen Kreislauf der Wiedergeburten lehren, finden sich ausgeprägte Höllenvorstellungen. Die Lebewesen werden je nach ihren Taten in ungleiche Höllen wieder geboren, wo sie grausame Folterungen erdulden müssen. Dieser Glaube geht auf die uralte Vorstellung zurück, dass ein Verstorbener als Kind in seiner Familie wieder geboren wird. Man beobachtete nämlich, dass ein Kind manchmal einem verstorbenen Verwandten sehr ähnlich sah und sich körperliche Eigentümlichkeiten wie Muttermale zeigten. Diese Beobachtungen wurden zu einem System ausgebaut, in dem jedes Neugeborene auf einen verstorbenen Vorfahren zurückgeht. Eine höhere Stufe dieser Vorstellungswelt ist die Seelenwanderungslehre, die auf der schon erwähnten Trennung des Körpers in zwei Wesen basiert.

Für die frühchristliche Kirche war die Hölle kein wichtiges Thema. Erst im frühen Mittelalter bildete sich die christliche Glaubenslehre von der Hölle heraus. Diese gilt allgemein als das Reich des Bösen, in dem sich die von Gott abgefallenen Engel aufhalten. Zu ihnen gesellen sich alle Menschen, die sich eine Todsünde zuschulden kommen ließen. Als Strafe verbüßen sie dort die ewige Verdammnis. Bildlich stellt man diese Hölle als einen Schlund dar, dessen Eingang meist ein mit Zähnen besetzter Tierrachen bildet. Diese Hölle wird im Erdinnern angesiedelt, weil die Vulkanausbrüche und die heißen Quellen aus dem Erdinnern den Gedanken nahe legten, dass sich dort ein riesiges Feuer befinde.

KAPITEL II

Die Hölle ist überall: Die Höllenvorstellungen der nichtchristlichen Religionen

Alter Orient

Völker des Zweistromlandes

Die Jenseitsvorstellungen der Völker des Zweistromlandes, der Sumerer, Babylonier und Assyrer, können aus den archäologischen Funden und besonders aus Keilschrifttexten, die an den bekannten Fundorten wie Assur und Ninive mit der berühmten Bibliothek des Königs Assurbanipals (668–626 v. Chr.) entdeckt wurden, in Umrissen dargestellt werden. Diese meist lückenhafte Texte, die in epischer Form von Jenseitsfahrten berichten oder Vorschriften für Toten- und Dämonenbeschwörungen enthalten, stammen in ihrer überlieferten Form aus dem 7. Jh. v. Chr., sind jedoch lediglich Abschriften älterer Texte, die bis in das 2. Jahrtausend v. Chr. zurückweisen.

Im Glauben der Völker des Zweistromlandes war der Tod ein unvermeidliches Geschick der Götter, das zwar nicht das endgültige Ende des Menschen bedeutete, sondern ihn in der Gestalt einer Seele fortleben ließ. Aber diese Existenz im Jenseits, im „Land ohne Wiederkehr", verdiente nicht den Namen Leben. Das Schicksal des Toten ließ sich jedoch mildern, wenn er entsprechend der Begräbnisriten und Totenbräuche beerdigt wurde. Eine wichtige Quelle für diese Anschauung ist das Gilgamesch-Epos (2. Jh. v. Chr.), das die

Irrfahrt des Königs von Uruk nach dem Tod seines Freundes zu der Insel der Seligen beschreibt, wo er das Geheimnis des Lebens erfahren und seinen toten Freund zurückholen will. Dort wird ihm gesagt: „Gilgamesch, wohin schweifst du? Das Leben, was du suchst, wirst du hier nicht finden! Als die Götter die Menschen schufen, haben sie für die Menschheit den Tod bestimmt. Das Leben aber haben sie in ihrer Hand behalten."

Dem Helden wird aus diesem Grund in dieser Erzählung der Rat erteilt, das Leben in vollen Zügen zu genießen: „Gilgamesch, voll sei dein Bauch, Tag und Nacht vergnüge dich! Mach täglich ein Freudenfest, Tag und Nacht tanze und springe!"

Welches Schicksal die Seelen in dem Totenreich zu erwarten haben, wird eindringlich in einer bruchstückhaft überlieferten Erzählung aus dem 7. Jh. v. Chr. beschrieben, die als die „Niederfahrt der Innana" betitelt ist. Innana oder Ischtar, die Göttin des Himmels, unternimmt eine „Höllenfahrt", wie diese Erzählung oft zitiert wird, um das Totenland zu sehen. Eine andere Vermutung besagt, dass sie ihre Macht zu vermehren strebt, indem sie die dort herrschende Totengöttin Ereschkigal entmachtet:

„Ischtar, die Tochter des Mondgottes, gedachte, das Land ohne Heimkehr, das finstere Haus des Totengottes Nergal zu betreten, von dem es keine Rückkehr gibt. Die Bewohner dieses Hauses sind dem Licht entrückt. Es ist ein Ort, dessen Bewohner von Staub und Lehm leben. Sie kennen kein Licht und leben in ewiger Finsternis."

Von diesem Totenreich, das die Babylonier als Bergland, Steppe, Land ohne Wiederkehr bezeichneten oder nach dem Namen des Kultortes des Totengottes Nergal Kutha nannten, sagt die Überlieferung, dass es 3600 Doppelstunden entfernt im Westen liegt. Den Zugang dorthin stellte man sich als eine Fahrt auf den „Gewässern des Todes“ oder einem „Totenfluss“ vor, die beide im Südosten liegen. Dieser Unterweltfluss

Darstellung des babylonischen Weltbildes:
Der himmlische Ozean umgibt den Himmel und die Erde mit dem irdischen Ozean. Darunter das Totenreich, umgeben von Mauern.

trennt die Welt der Lebenden von den Toten. Man überquert diesen „Fluss, der den Menschen entgegenfließt“, im Boot eines Unterweltfährmannes. In Königsgräbern in Ur fand man

Schiffe aus Bitumen, die den Verstorbenen in das Totenreich befördern sollten. Aus demselben Grund werden Schiffsmodelle auch bei der Dämonenbeschwörung benutzt, wenn ein Dämon in die Unterwelt gebracht werden soll.

In der Mitte dieses von Staub bedeckten Landes der Toten liegt ein gewaltiger Palast, in dem die Unterweltgöttin Ereschkigal regiert. Auf Abbildungen wird sie als ein löwenköpfiges Ungeheuer mit Schlangen in den Händen und Tieren, die an ihren Brüsten saugen, dargestellt. Neben ihrem Gatten Nergal gehört zu ihrem Hofstaat Nedu, der als Oberpförtner die sieben anderen Wächter beaufsichtigt, des Weiteren ihr Sohn Namtar, ein Bote, der die neuen Seelen am Haar packt und wegschleppt, sowie eine Schreiberin beim Gericht mit dem Namen Gestinanna oder Beletseri, die über die Toten Buch führt. Dazu kommen 300 Anunnaki oder Götter der Unterwelt. Ihre wichtigste Aufgabe ist die Bewachung der in einem besonderen Heiligtum verborgenen Quelle des Lebens, deren Wasser die Seelen wieder zum Leben erwecken kann. In einem sumerischen Hymnus werden die Anunnaki neben der Ereschkigal zu Totenrichtern gemacht:

„Die edle Ereschkigal sitzt auf dem Thron, die sieben Anunnaki sitzen vor ihr und sprechen Recht. Ihre Augen, die Augen des Todes, sind auf die Göttin geheftet. Auf ihren Befehl hin werden die Toten gefoltert."

Die einzige Aufgabe dieses Totengerichtes scheint es zu sein, den Tod eines Verstorbenen festzustellen. Der Name der toten Seele wird von der Schreiberin auf eine Tafel eingetragen. Wie in der Unterwelt der Totengott Listen über die Seelen führt, so wurden in der babylonischen Verwaltung die Namen der Toten registriert, wie zahlreiche Funde von Tontäfelchen beweisen.

Als nun Ischtar vor den Toren dieses Palastes stand und der Pförtner Nedu sie nicht hereinlassen wollte, sagte sie zu ihm: „Wenn du nicht öffnest und mich eintreten lässt, werde ich die Tür zertrümmern und die Riegel zerbrechen. Alle Schwel-

Darstellung des Hades der Babylonier:
Oben der Himmel, unten die Totenwelt mit dem Totenfluss.

len werden zerstört und aufgerissen werden. Dann werde ich die Toten emporführen, damit sie essen und leben!“

Ischtars Wunsch, ihr Totenreich zu betreten, konnte sich Ereschkigal nicht erklären. Niedergeschlagen fragte sie ihre Gehilfen:

Ein Ungeheuer bewacht den Eingang zum Totenland der Babylonier.

„Was hat ihr Herz dazu veranlasst? Siehe, ich trinke mit den Unterweltgöttern Wasser und esse statt Speise Lehm und Staub! Ich muss über die Männer weinen, die ihre Gattinnen verlassen mussten, über die Frauen, die aus den Armen ihrer

Männer gerissen wurden, über die kleinen Kinder, die vorzeitig verstorben sind! Doch, Pförtner, lass sie herein! Behandle sie nach den alten Gesetzen!"

Nun durfte Ischtar die sieben Tore des Unterweltpalastes durchschreiten. Am ersten Tor musste sie ihr Kopftuch ablegen, am zweiten wurde ihr das Ohrgehänge abgenommen, am dritten der Halsschmuck, am vierten die Schmuckstücke an der Brust, am fünften der Gürtel mit den magischen Steinen, welche die Geburt erleichtern, am sechsten die Armspangen und am letzten Tor ihr Lendentuch, das ihre Scham verhüllte. Auf ihre Frage, weshalb man ihr dies alles abnehmen würde, erhielt sie als Antwort, das Reich der Toten dürfe man nur nackt betreten. Sofort erteilte Ereschkigal ihrem Sohn Namtar den Befehl, Ischtar zu packen und wie alle Toten einzuschließen und sie von den Dämonen der Unterwelt mit 60 Krankheiten am Kopf, an den Augen, am Herzen und an den Hüften quälen zu lassen. Der Sinn dieser Strafe besteht darin, dass alle Sinne und Körperteile mit dem Tod vernichtet werden.

Diese bösen Geister zählen zum Gefolge des Unterweltkönigs Nergal, der als Pestgott bei den Babyloniern gefürchtet war. Ein babylonischer Mythos erzählt, wie Nergal den Rang eines Unterweltkönigs erhalten hat. Als Ereschkigal einst nicht zum Göttermahl erschienen ist, sollte sie sich ihren Anteil abholen. Sie entsandte ihren Sohn Namtar in die Oberwelt. Doch Nergal, damals noch einer der himmlischen Götter, weigerte sich, vor dem Sohn der Ereschkigal aufzustehen. Als Rache forderte die Unterweltherrscherin sein Leben. Sein Vater Ea, der Herr der Erde, gab Nergal zur Unterstützung zweimal sieben Fieberdämonen. Obwohl Namtar die Tore des Palastes der Unterwelt von seinen Dienern bewachen ließ, konnte Nergal mit seiner Dämonenschar bis zum Thron der Ereschkigal vordringen. Er packte sie an den Haaren, warf sie vom Thron herunter und wollte ihr den Kopf abschlagen. Sie bat um Gnade und bot ihm als Gegenleistung an, ihn zum Gemahl zu nehmen und die Unterweltherrschaft mit ihm zu teilen. Zusätzlich erhielt er die Herrschaft über die Erde, die von da an von seinen Dämonen heimgesucht wurde. Diese Dämonen gelten Ausgeburten der Unterwelt, weil sie in der Wüste geboren sind, die als Sitz der Unterwelt im Westen liegt. Wenn die Sonne aufgeht, werden sie von der Erde verjagt. Fast jeder Körperteil des Menschen ist von einem Dämon bedroht, wie Ischtar erfahren musste. Der Aschakku bringt Fieber, der Uttuku greift den Hals an, der Alu die Brust, der Ekimmu die Hüfte, der Gallu die Hand, der Rabisu die Haut, der Labartu ist ein Alp, der den Schlaf stört, und der Labasu ruft Fallsucht hervor. Man stellte sich diese Wesen als blutsaugende Ungeheuer vor, die selbst vor Götterbildern nicht Halt machten. In einem Beschwörungstext mit dem Titel „Die bösen Dämonen" wird ihr Treiben so beschrieben:

„Sie entführen die Frau dem Mann, reißen das Kind vom Schoß des Vaters weg, vertreiben die Mägde aus den Kammern, führen den Sohn aus dem Haus der Schwiegereltern, die Kinder verjagen sie aus dem Haus des Vaters, die Tauben holen sie aus dem Schlag, den Vogel aus seinem Nest, den Schwalben nehmen sie ihre Nester weg, schlagen die Stiere, die Lämmer, ja sie sind gewaltige Geister, böse Dämonen und Jäger. Auf der Weide tasten sie die Zäune an, bringen Krankheit in die Ställe der Pferde, füllen den Mund der Esel mit Staub und bringen Krankheiten in den Stall der Eselinnen."

In den aufgefundenen Keilschrifttexten gibt es keine sicheren Hinweise, dass das Totengericht den Seelen wegen ihres guten oder schlechten Verhaltens auf Erden ein unterschiedliches Schicksal im Totenreich zuteilt. Tote, die nicht beerdigt wurden, finden keine Aufnahme und müssen ruhelos umherirren. Am Schluss des Gilgamesch-Epos heißt es:

„Wessen Leichnam auf ein Feld geworfen wurde, dessen Totengeist ruht nicht in der Unterwelt."

Zusammen mit den Dämonen und aus dem Totenreich entwichenen Seelen bilden diese Seelen die große Schar der umherirrenden Totengeister, welche die Menschen quälen. Für ein mögliches unterschiedliches Los der Seelen hat man Stellen aus dem Gilgamesch-Epos herangezogen wie beispielsweise folgende:

„Wessen Totengeist keinen hat, der sich um ihn kümmert, der muss die Reste von Speisen essen, die auf die Straße geworfen werden."

Diese Stelle bezieht sich nur auf das Schicksal der Verstorbenen, denen nicht der übliche Begräbnisritus zuteil wurde. Diese Seelen gelangen niemals in das Totenreich. Fraglich ist, ob der Tod ewig ist oder vielleicht nur eine gewisse Zeit dauert. In einem Abschnitt des Gilgamesch-Epos, der die Vergänglichkeit alles Lebens behandelt, findet sich diese Aussage:

„Es versammeln sich die Anunnaki, die großen Götter, die ziegenköpfige Göttin Mammetu, eine Nebenfrau des Nergal, und setzen Tod und Leben fest. Die Todestage werden nicht kundgetan."

Nicht von der Hand zu weisen ist eine Deutung, welche die Todestage auf die zeitliche Dauer im Totenreich bezieht.

Nur Göttern wird das Schicksal zuteil, das „Land ohne Wiederkehr" zu verlassen, wie die Erzählung von Ischtars Höllenfahrt lehrt. Nach Ischtars Verschwinden wird der Zustand auf Erden folgendermaßen beschrieben:

„Nachdem Ischtar ins Totenland abgestiegen war, bespringt der Stier nicht mehr die Kuh, und der Esel beugt sich nicht mehr über die Eselin, ebenso der Mann enthält sich der Frau, denn es schläft der Mann an seiner Stätte und die Frau für sich allein."

Auf Befehl von Ea, dem Herrn der Erde, wurde ein Spielmann mit dem Namen Asuschu-Namir erschaffen, der die Göttin Ereschkigal derart erheitern sollte, dass diese der gefangenen Ischtar aus der von den Anunnaki bewachten Quelle des Lebens einen Krug geben würde. Auf diese Weise hätte Ischtar wieder einen Körper annehmen und zur Erde zurückkehren können. Doch Ereschkigal wies den Spielmann mit den Worten ab, er würde etwas begehren, was ungesetzlich sei. Erfolglos begab sich der Spielmann zu den Göttern zurück. Nun sandten sie Tammuz, den Geliebten der Ischtar, zur Totengöttin. Er beklagte so eindringlich das Leid seiner Geliebten, dass Ereschkigal stark berührt war und Ischtar die Rückkehr erlaubte. Ihr Diener Namtar brachte die Seele Ischtar herbei und besprengte sie mit dem Lebenswasser. Auf der Stelle war sie von den Krankheiten der Unterweltdämonen sowie vom Tod befreit. Durch die sieben Tore, an denen sie ihre Kleidungsstücke wiedererhielt, kehrte sie mit Tammuz in die Oberwelt zurück. Sofort gab es auf der Welt wieder Liebe und Fruchtbarkeit.

Der Jenseitsglaube beherrschte das religiöse Leben der Ägypter so sehr, dass sie viele Mühen aufwandten, sich ein gutes Leben im Jenseits zu sichern. Die Beschäftigung mit dem Tod und die Sorge, die man den Toten entgegenbrachte, verleiht dieser Religion einen düsteren Charakter und macht den Zugang zu ihr nicht leicht. So ist es nicht verwunderlich, dass es in erster Linie die Gräber sind, die einen Einblick in die Kultur der alten Ägypter geben. Außer den reichhaltigen Zeugnissen, welche die Archäologie aus den Gräbern hervorbrachte, sind es umfangreiche Texte, die Auskunft über den Jenseitsglauben dieses Volkes geben. Die ältesten Texte dieser Art sind die Pyramideninschriften, die aus der Zeit um 2350–2134 v. Chr. stammen. Sie enthalten Sprüche und Gebete ohne Überschriften, die dem verstorbenen König seine Ernährung und die Hilfe der Götter im Jenseits sichern sollen. Die beigefügten magischen Sprüche sollen Schlangen und Skorpione abwehren. Andere Texte beschäftigen sich mit dem Begräbnisritual. Ab dem Jahr 2100 v. Chr. finden sich auf Holzsärgen zahlreiche Totentexte, die einen Titel und eine Überschrift haben, so dass man die Absicht des Textes erkennen kann. Diese „Sargtexte" haben dieselbe Aufgabe wie die älteren Pyramidentexte.

Aber trotz dieser Vielzahl von Texten findet sich keinerlei Ansatz, die ägyptische Religion systematisch zusammenzustellen und die religiösen Vorstellungen in heiligen Büchern – vergleichbar mit dem Alten Testament der Juden, den Veden der alten Inder oder dem Koran der Moslems – zu überliefern. Die Texte der alten Ägypter enthalten oft sehr widersprüchliche Lehren, die auf die zahlreichen, oft sehr unterschiedlichen religiösen Vorstellungen der ägyptischen Landesteile bzw. Städte zurückgehen.

Der beste Einstieg in diese zunächst verwirrenden Vorstellungen über das Jenseits, welche die literarischen Quellen überliefern, erfolgt über die Totenbräuche und Bestattungssitten. Das wichtigste Ziel dieser Bräuche besteht darin, den Zustand des toten Körpers solange wie nur irgend möglich zu erhalten. Um den Körper vor der Verwesung zu schützen, wurde er sorgfältig einbalsamiert, indem man ihn in Natron legte und alle Weichteile entfernte. Mit der Herstellung dieser Mumien waren besonders angestellte Beamte beauftragt. Die Mumien wurden sorgfältig in Särge gelegt und anschließend – je nach der gesellschaftlichen Stellung des Toten – entweder in den Pyramiden, den monumentalen Begräbnisstätten der Könige und Königinnen, in unterirdischen Grüften, die in das Gebirgsmassiv von Theben hineingehauen wurden, in Privatgräbern, den so genannten Mastabas, oder einfach im Wüstensand beerdigt, wenn es sich bei den Toten um einfache Menschen handelte. Interessant sind die Mastabas, die in drei Räume unterteilt waren: einen mit Inschriften verzierten Vorraum, dessen wichtigstes Inventar ein Opfertisch war, einen Nebenraum, in dem sich die Totenstatuen befanden, sowie die eigentliche Grabkammer mit der Mumie des Toten. Die Grabanlagen der Städte lagen im Westen, weil man glaubte, dass dort, wo die Sonne untergeht, sich auch das Jenseits befindet. Das Grab, „das ewige Haus des Toten“, versuchte man möglichst groß und wohnlich zu gestalten, indem man darin alles aufstellte, was für den Toten zu Lebzeiten von Wichtigkeit war. Man fand in diesen Gräbern Möbel, Waffen und Reste von Speisen, die auf den Opfertisch gelegt wurden, damit der Tote keinen Hunger oder Durst leiden musste. Diese Opfer konnten auch durch bildhafte Darstellung von Speisen ersetzt werden, die man an den Wänden des Grabes anbrachte, weil man glaubte, der Tote könnte diese Bilder mit Hilfe von beigegebenen Zauberformeln in echte Speisen verwandeln. Damit der Tote im Jenseits auf sinnliche Vergnügungen nicht verzichten musste, wurden dem Grab weibliche Figuren beige-

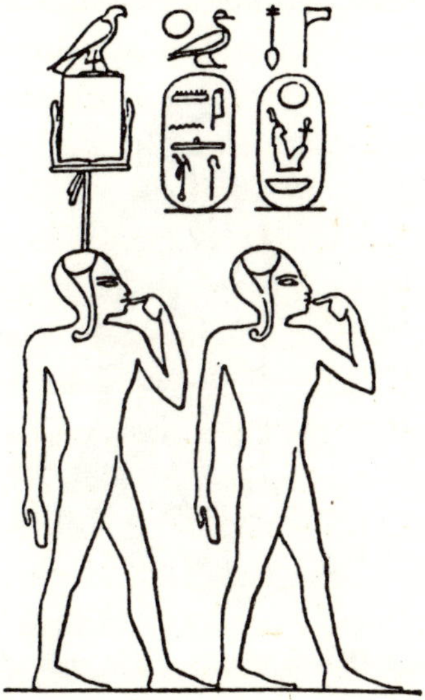

König Amenophis III. Hinter ihm sein Ka.

geben. Zudem sollten ihm Figuren von Schreibern und Handwerkern das jenseitige Leben wie zu Lebzeiten erleichtern.

Hinter diesen aufwändigen Totenbräuchen steht der Glaube, dass der menschliche Körper weiterlebt. Die alten Ägypter kannten wie die Religionen der benachbarten Völker einen unsterblichen Teil im Menschen, den sie Ka nannten. Hierbei handelte es sich um das Ebenbild des Menschen, das nur in Verbindung mit dem toten Körper weiterlebt. Im Augenblick des Todes trennt sich das Ka, das dem Menschen mit der Geburt gegeben wurde, um als sein eigentliches Ich weiterzuleben. Man bezeichnet zwar das Grab als „das Haus des Ka", und alle Totenopfer und Gebete richten sich an diesen unsichtbaren Teil des Menschen, aber es kann auch in das Jenseits gehen und sich anschließend wieder im Grab mit der

Die Seele (Ba) in der Darstellung eines Vogels.

Mumie vereinigen. Zusätzlich gab es noch etwas Zweites, das vom Menschen weiterlebte und von den Ägyptern als Ba bezeichnet wurde. Obgleich die Vorstellungen vom Ba schon frühzeitig mit dem Ka vermengt wurden, ist dennoch gut erkennbar, dass das Ba ursprünglich die Eigenschaften einer Seele hatte. Diese war nämlich nicht an das Grab gebunden, sondern entfernte sich von dem Toten in der Gestalt eines Vogels. Jeder Mensch besitzt noch einen weiteren unkörperlichen Teil, nämlich seine „Schatten" (ägypt. Sawat), die man sich als das schwarze Umrissbild seiner Gestalt vorstellte. Von Wichtigkeit für den Toten ist auch die pietätvolle Bewahrung seines Namens (ägypt. Ren). Wer den Namen am Grab eines Toten tilgt, begeht ein schweres Verbrechen. Von Bedeutung für den Jenseitsglauben sind vor allem, wie oben beschrieben, das Ka und die Seele, Ba, eines Menschen, die sich beide nach dem Tod vom Körper trennen, aber auch zurückkehren können, um den Körper zeitweise auf der Erde oder für immer im

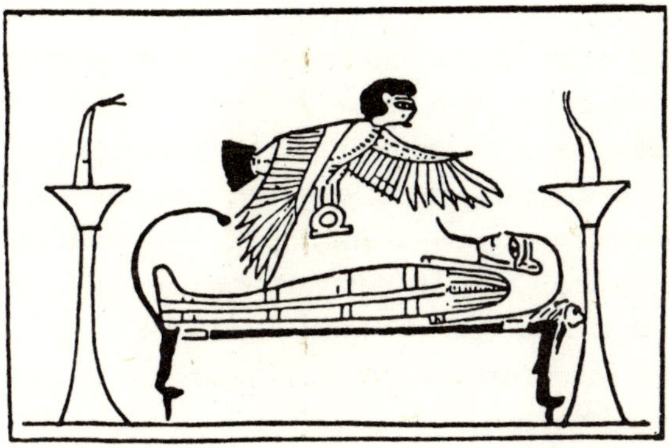

Die Seele (Ba) in der Darstellung eines Vogels.

Jenseits zu beleben, wenn er in die Gefilde der Seligen aufgenommen wurde. Wenn Übeltätern die Aufnahme in den Himmel versagt worden ist, bleiben deren Seele, Schatten und Ka mit ihrer Mumie in der Unterwelt.

Dieser Glaube vom Schicksal der Seele und der anderen unkörperlichen Teile des Toten beruht auf Sagen, die sich mit der Gestalt des Ackerbaugottes Osiris und mit dem Sonnengott Re beschäftigen. Osiris, der Sohn des Gottes der Erde und der Göttin des Himmels, soll der erste König gewesen sein, der in Ägypten geherrscht hat. Aber sein eigener Bruder Seth ermordete ihn. Er soll seine Leiche in einen Sarg gelegt und diesen in den Nil gestoßen haben. Erst nach einer langen Irrfahrt wurde dieser Sarg von Isis, der Gattin und Schwester des Osiris entdeckt. Durch magische Zaubersprüche erweckte seine Gattin Osiris wieder zum Leben. Verbreiteter ist aber eine andere Erzählung, die berichtet, Osiris sei von seinem Bruder Seth zerstückelt und seine Leichenteile seien im ganzen Land verteilt worden. Seine Gemahlin Isis musste durch ganz Ägypten umherziehen, um die einzelnen Stücke wiederzufinden. Sie setzte sie zusammen und erweckte Osiris auf diese Weise wieder zum Leben, der fortan als Herrscher der Toten regierte. Auf dieser zweiten Sage beruht der Glaube, dass ein Toter durch Mumifizierung wiederbelebt werden kann. Wenn nämlich ein Toter wie Osiris behandelt wird, lebt er wieder auf und wird ein zweiter Osiris. Ursprünglich war dies nur ein Vorrecht des Königs, aber später konnte jedem Toten ein solches Schicksal widerfahren, wenn er nach den Totenbräuchen beerdigt worden war.

Das Totenreich des Osiris, wohin jeder Tote aufzubrechen wünschte, ist eine paradiesische Landschaft, das „Binsenfeld" (ägypt. Iaru), das man nach dem fruchtbaren Nildelta gestaltet hat. Die wichtigste Quelle für diese Jenseitsbeschreibung ist das „Totenbuch", das aus der 18. Dynastie (1527–1306 v. Chr.) stammt. Hierbei handelt es sich um eine umfangreiche Sammlung von Texten und Sprüchen auf Papyrusrollen, die den Toten den Weg zum Reich des Osiris erleichtern sollten. Mithilfe von Zauberformeln sollten sie alle Hindernisse überwinden können, die sich ihnen auf ihrem langen Weg entgegenstellten. Vor allem enthält das Totenbuch eine lange Liste von

Namen der Unterweltdämonen, deren Kenntnis nach ägyptischem Glauben diese Mächte unschädlich machen kann. So ist der Name nicht bloß eine zufällige Benennung, sondern verrät das Wesen einer Person. Ein gut erhaltenes Exemplar eines solchen Totenbuches, das aus 165 Kapiteln besteht, hat der deutsche Ägyptologe Karl Richard Lepsius 1842 in Turin entdeckt und herausgegeben. Da diese Texte dazu bestimmt waren, im Grab des Verstorbenen aufbewahrt zu werden,

Das „Binsenfeld" (Iaru), aus einem ägyptischen Totenbuch.

haben sich die Schreiber bei der Abschrift allerdings oft keine große Mühe gegeben, besonders wenn sie Stellen nicht verstanden haben. Über das Leben der Toten im Reich des Osiris berichtet das Totenbuch:

„Ich kenne das ‚Binsenfeld', dessen Mauern aus Erz sind, dessen Gerste 7 Ellen [3,5m] hoch sind, dessen Ähren 2 Ellen [1 m] und dessen Halme 5 Ellen [2,5m] sind ... dort pflückst du

Papyrus und Sumpfpflanzen, Lotosblumen und Blüten. Zu dir kommen die Sumpfvögel und die Tiere. Du wirfst dein Wurfholz gegen sie. Tausende von Gänsen, Grünbrustvögeln,

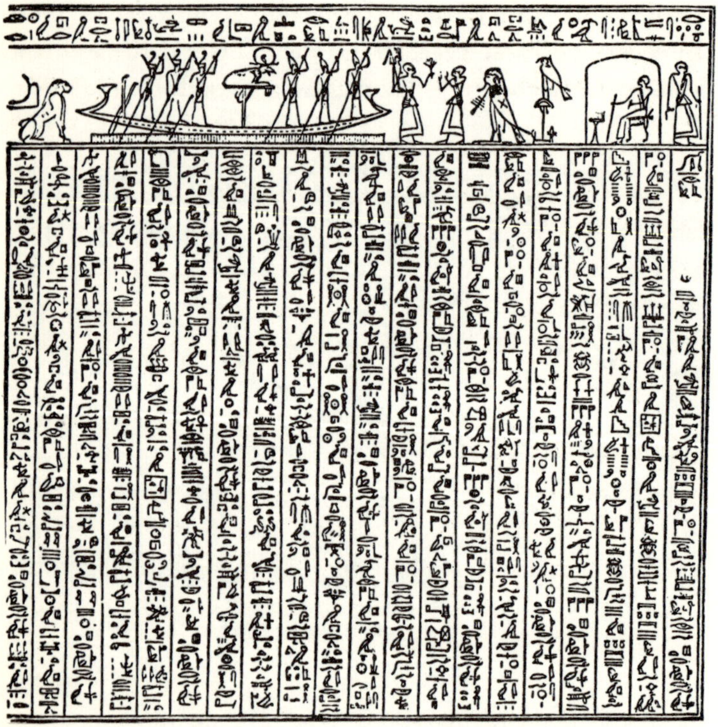

Die Abbildung einer Seite aus einem ägyptischen Totenbuch.

Wachteln und Enten fallen wegen des Sausens, das der Wind des Wurfholzes hervorruft. Ich lasse dir Gazellenjungen bringen und weiße, hornlose Stiere … Nut, die Himmelsgöttin, streckt ihre Arme gegen dich aus. Du fährst auf dem See und segelst im Achterboot."

Die Verehrung des Sonnengottes Re, der ab der 5. Dynastie (ab 2563 v. Chr.) nach der Thronbesteigung einer Königsfamilie aus Heliopolis („Sonnenstadt") wie ein Weltgott angebetet wurde, ist die zweite Quelle, aus der sich die ägyptischen Jenseitsvorstellungen entwickelten. Von Re erzählen die Sagen, er würde mit seiner Sonnenbarke über den Himmelshorizont fahren, den man sich wie den Nil als riesigen Ozean vorstellte. Die Tagesfahrt dieser Sonnenbarke begann im Osten und endete im Westen. Re setzte seine Fahrt mit einer anderen Barke fort, indem er auf einem Strom, der das Nachtreich durchströmt, zum Osten zurückfuhr. Ziel der verstorbenen Seelen war es, auf dieser Sonnenbarke mit Re täglich mitzufahren. Auf dieses Schiff wurden die Seelen von einem Fährmann gebracht, der viele Gemeinsamkeiten mit dem Charon der griechischen Mythologie hat. Nach anderen Sagen musste die Seele am westlichen Horizont, wo die Sonne nahe der Stadt Abydos durch einen tiefen Felsspalt in die Tiefe versank, auf die Barke klettern, oder sie musste über eine Leiter zum Himmel emporsteigen. Das Gebiet, durch das die Sonnenbarke während der Nacht fuhr, wurde als das Reich der Finsternis oder Unterwelt (ägypt. Duat) bezeichnet. Mit dem Aufkommen dieser Vorstellung von der Allmacht des Sonnengottes verlor Osiris seine Stellung als König des Totenreiches und wurde zu einem der Totengötter im Reich der Finsternis. Mit dieser Zweiteilung des Jenseits wurden auch unterschiedliche Aufenthaltsorte für die Seligen und die Verdammten geschaffen. Natürlich glaubte kein Ägypter, dass er jemals diese düstere Seite des Jenseits kennen lernen würde. Die Hölle war aus dem Bewusstsein der Menschen verdrängt.

Den Jenseitsglauben der Menschen etwa im 3. Jahrtausend v. Chr. könnte man folgendermaßen zusammenfassen: Tagsüber verbringt die Seele ihre Zeit in der Totenkammer und genießt die reichlichen Speisen. Bei Anbruch der Nacht besteigt sie die Sonnenbarke Res, um in die Finsternis der Unterwelt einzudringen. Da sie zu den Seligen gehört, kann sie auch in das „Binsenfeld", das Paradies der Ägypter, eintreten. Nachdem sie bei Sonnenaufgang in der Barke Res zum Osten zurückgekehrt ist, fliegt sie wieder in Tiergestalt zurück zur Erde in das Grab des Toten.

Dieser optimistische Jenseitsglaube wurde schon in den Pyramidentexten infrage gestellt, in denen dem König eine gerichtliche Untersuchung über sein Verhalten auf Erden im Jenseits angedroht wurde. Auch berichten diese Texte, dass der Fährmann, der die Seelen auf die Sonnenbarke bringt, berechtigt sei, sie nach ihrem irdischen Verhalten zu befragen. Besonders als am Ende des Alten Reiches (2628–2134 v. Chr.) die staatliche Ordnung zusammenbrach und die wirtschaftlichen Voraussetzungen für den Aufwand des Totenkultes fehlten, entstand allmählich der Glaube, das Schicksal des Toten sei von seinem moralischen Verhalten auf Erden abhängig.

Deutlich entwickelt ist diese Jenseitsvorstellung in den Unterweltbüchern des Neuen Reiches (1510–1070 v. Chr.) Zwar enthalten die Pyramiden- und Sargtexte Hinweise auf Strafen im Jenseits, aber erst drei jüngere Bücher, die man in thebanischen Königsgräbern entdeckte, beschreiben die Unterweltregionen mit vielen Einzelheiten, besonders die Straforte der Verdammten. Solche Unterweltbücher bezeichneten die Ägypter als Amduat („Das, was in der Unterwelt ist"). Das älteste Amduat mit dem Titel „Schrift des verborgenen Raumes" stammt aus dem 16. Jh. v. Chr. Darin wird die Unterwelt in zwölf Höhlen bzw. Felder eingeteilt, deren Städte von einem regierenden Gott, Untergöttern, Dämonen und Seelen bewohnt werden. Das zweite Werk, das aus der Zeit um 1320 v. Chr. stammt, wird in der modernen Wissenschaft als „Das Pfortenbuch" bezeichnet. Es ist eine Art Führer durch die Unterwelt, die danach aus sechs Gebieten besteht. Das dritte Unterweltbuch, „Das Höhlenbuch", stammt aus derselben Zeit wie „Das Pfortenbuch", weist aber einen anderen Aufbau auf.

Wie der ägyptische König die zwölf ägyptischen Provinzen seines Reiches durchreiste, so heißt es hier, fährt der Sonnengott mit den Seelen durch sein Unterweltreich. Seine Ankunft löst bei den Seelen, die in der Unterwelt leben, Freude aus und sein Abschied am Morgen Wehklagen. Einen Teil der Seelen, die ihn begleiteten, lässt er in den zwölf Regionen der Unterwelt zurück, weil sie vor einem Totengericht zur Verdammnis in der Unterwelt verurteilt wurden.

Dieses Totengericht, das im 125. Kapitel des Totenbuches beschrieben wird, hat nicht seinen Sitz in der ersten Region, die Re durchquert, sondern unterbricht die Fahrt nach der Hälfte. Man hat deshalb vermutet, dass dieses Totengericht ursprünglich nicht zum Text des Totenbuches gehörte, weil die Vorstellung einer Bestrafung aus der späteren Zeit stammt. Bekannt ist dieses Totengericht durch zahlreiche Abbildungen. Zwischen der fünften und sechsten Nachtstunde werden die Toten von der Göttin Maat, welche die Weltordnung und die Wahrheit symbolisiert, in einen Saal geführt. Von den Göttern Horus und Anubis wird das Herz des Toten, das bei den Ägyptern als Sitz des Gewissens galt, in eine Waagschale gelegt, während in die andere eine Straußenfeder als Sinnbild der Wahrheit und Gerechtigkeit liegt. Das Ergebnis wird von Thot auf einer Tafel verzeichnet. Den Vorsitz über dieses Gericht führt Osiris, der auf einem Thron sitzt und als Zeichen seiner Machtstellung mit einer Krone, einem Krummstab und Geißeln ausgestattet ist. Auf einer Lotosblume sitzen die vier Totengötter Imset, Hapi, Dewamutef und Kebehsenuf, über denen 42 Totenrichter stehen. Der Tote erhebt eine Hand zum Schwur in Richtung zum Himmel und hält die andere auf das geöffnete Herz. Nun muss er die Namen der 42 Richter nen-

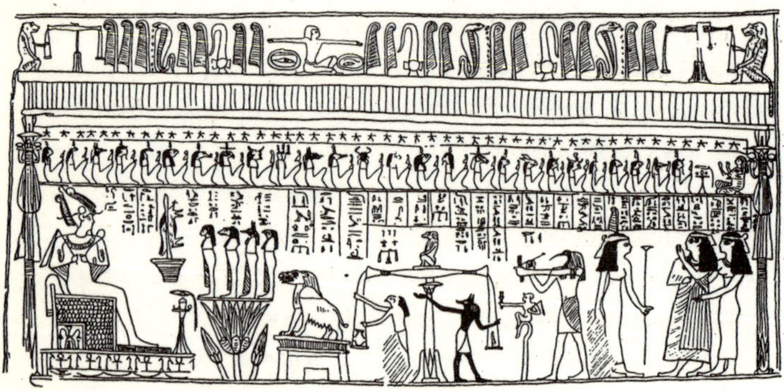

Das Totengericht, aus einem ägyptischen Totenbuch.

nen und bekennen, dass er 42 Todessünden nicht begangen hat, wie zum Beispiel: „Nicht habe ich gesündigt gegen die Menschen, nicht die Menschen elend gemacht, nicht den Gott verflucht und nicht getan, was den Göttern ein Abscheu ist, einen Diener bei seinen Vorgesetzten schlecht gemacht, jemanden hungern lassen, einen zum Weinen gebracht, gemordet, den Befehl zu einem Mord erteilt." Mit den Worten: „Ich bin rein, ich bin rein, ich bin rein!" versucht der Tote die Richter freundlich zu stimmen. Das Urteil hängt nur vom

Wiegen des Herzens ab. Der Tote spricht beim Wiegen die Bitte aus: „O Herz, Herz von meiner Mutter, Herz meines Daseins auf Erden, tritt nicht auf gegen mich als Zeuge, streite nicht gegen mich als ein göttlicher Fürst, lege nicht Zeugnis ab wider mich vor dem großen Gott!"

Wenn die Wiegeprobe für das Herz positiv ausfiel, wurde der Tote mit dem Wasser des Lebens übergossen und konnte verjüngt in das Reich der Seligen eintreten. Wie es dem als Sünder ertappten Toten erging, wird oft nur allgemein angedeutet mit den Worten: „Schlechtes ist ihnen gegeben oder anbefohlen worden." Diese Verdammten werden wehrlos unter den Füßen des Totengottes Osiris dargestellt. Andere Bilder zeigen Thot, den Gott der Weisheit, in der Gestalt eines Affen mit einem Hundekopf, wie er den Gott Seth, der durch ein Schwein verkörpert wird, als Sinnbild des Bösen aus der Halle treibt. Ausführlich werden diese Strafen erst in den Unterweltbüchern beschrieben, während die Pyramiden- und Sargtexte sowie das Totenbuch eher das positive Schicksal des Toten betonen.

Das negative Schuldbekenntnis, das der Tote vor Osiris ablegen muss, könnte die Vermutung nahe legen, es existierten in der Unterwelt der Verdammten unterschiedliche Straforte für die verschiedenen Vergehen. Doch in der ägyptischen Hölle erleiden alle Verdammten unterschiedslos die dort üblichen Strafen. In der Regel sagen die Unterweltbücher, der Verdammte habe etwas gegen die Weltordnung getan und ebenso wie der Osirismörder Seth und seine Gehilfen Schuld auf sich geladen. Durch solche Handlungen haben sie sich bereits auf der Erde außerhalb der Weltordnung gestellt, die von den Ägyptern als Maat bezeichnet wird. Deshalb werden sie von der gleichnamigen Göttin in den Gerichtssaal geführt. Eine Läuterung dieser Menschen ist im Jenseits nicht möglich.

Die Hölle wird als ein Ort beschrieben, der sich in der Finsternis befindet, über welche die Sonnenbarke des Gottes Re hinüberfährt. In dieser Höllenwelt herrscht Chaos, alles ist im wahrsten Sinn des Wortes auf den Kopf gestellt. Diese Region, in der die Urfinsternis und das Urgewässer sich erhalten haben, ist ein Rest des Weltchaos vor der Schöpfung. Die Stelle in dieser Hölle, an der die Verdammten vom Sein in das Nichtsein befördert werden und somit den „zweiten Tod" erleiden, heißt „Vernichtungsstätte". Als Wächter und Vollstrecker der Strafen sind dort Schlangen an der „Schlachtbank" eingesetzt, wie dieser Ort auch genannt wird. Bevor die Bestrafung einsetzt, werden die Toten auf verschiedene Weise so gefesselt, dass sie bereits furchtbare Schmerzen erleiden. An diese Fesselung kann sich die Einsperrung in hölzerne Käfige oder Gruben anschließen. Bei den Strafen auf der „Schlachtbank" soll möglichst viel Blut fließen. Die Toten werden dort geschlachtet, niedergemetzelt und zerstückelt, oder ihnen wird der Kopf zu Brei geschlagen. Das Blut, das reichlich aus den Körpern der Toten fließt und sich gleichsam zu einem See ausweitet, wird von Dämonen gierig aufgesogen.

Einen großen Raum nehmen in diesen Beschreibungen die Feuerstrafen ein, die der Tote in einem See aus Feuer oder in brennenden Gruben erdulden muss. Anstelle des Feuersees können ganze Landschaften wie eine Flammeninsel oder auch Feueröfen treten. Diese Feueröfen werden von riesigen Scharen von Dämonen angeheizt, und die Herzen, Seelen, Innereien und Schatten der Sünder werden in sie hineingeworfen. Um sie herum winden sich Unmengen Schlangen, aus deren Mäulern Feuer hervorzüngelt.

Die Höllenstrafen müssen nicht unbedingt nur auf den Körper gerichtet sein, sondern können auch auf die unkörperlichen Teile des Toten allein angewandt werden. Seine Seele und seine Schatten können ebenso zur „Schlachtbank“ geführt werden, wo sie gebraten, zerschnitten und zertreten werden. Eine besondere Strafe für die Seele besteht darin, dass sie auf dem Kopf gehen muss, wodurch bildlich die völlige Trennung vom Körper angedeutet werden soll. Diesen Seelen ist die Rückkehr in das Grab für immer verwehrt. Die Schatten, welche die Umrisse des Toten darstellen, werden „ausgewischt“ oder „eingeschlürft“, wie diese Strafe in den Unterweltbüchern beschrieben wird. Aber es wird der Seele des Toten auch die Möglichkeit genommen, sich vorübergehend mit der Mumie zu vereinigen oder in der Sonnenbarke des Gottes Re in das Reich der Finsternis zu fahren, was zu den Vorrechten der Seligen gehört. Die einzelnen Teile des Toten sollen für immer getrennt bleiben. Diese totale Vernichtung der Existenz eines Toten findet seinen bildhaften Ausdruck durch die Gestalt der „Fresserin“. Sie wird als ein Monster mit dem Vorderleib eines Krokodils, dem Mittelleib eines Löwen und dem Hinterleib eines Nilpferdes dargestellt.

Iraner

Als die alten Iraner im 2. Jh. v. Chr. noch eng mit den Indern zusammenlebten, teilten sie auch die religiösen Vorstellungen, soweit dies heute erkennbar ist. Sie glaubten, dass im Körper eine Seele wohnt, die nach dem Tod im Jenseits weiterlebt. Wie auf Erden herrschte auch in diesem Jenseits ein König.

Dieses Reich, das von Yama regiert wird, könnte man als das goldene Zeitalter bezeichnen. Dort nämlich gibt es nur Freude, und der Tod und die Vergänglichkeit sind aus diesem Paradies verbannt. Der Jenseitsgott Yama gilt zusammen mit seiner Schwester Yami bei den alten Iranern als der einzige „Sterbliche" unter den Göttern. Beide waren einst das erste Menschenpaar, von dem die gesamte Menschheit abstammt. Als Yama, dieser erste Sterbliche, starb, ging seine unsterbliche Seele ins Jenseits ein. Als Erster, der zur Unsterblichkeit gelangte, gebührt ihm auch die Herrschaft im Jenseits über die nachrückenden Seelen der Menschen. Als Totengott besitzt Yama zwei Hunde, welche die Menschen auslesen, die zu ihm kommen, und sein Totenreich bewachen sollen.

Als Schauplatz dieses Jenseitsreiches dachten die Iraner sich den Himmel. Daneben existiert auch die Vorstellung, dass dieses Paradies im Jenseits nur den Guten und Frommen vorbehalten ist, die sich dort wegen ihrer guten Werken und der Totenopfer, die ihnen ihre Angehörigen darbringen, aufhalten.

Im Rigveda, der ältesten Dichtung der Inder, deren älteste Teile bis in das 2. Jh. v. Chr. zurückgehen, wird dieses Jenseits so beschrieben:

„Wo Licht ist, das nie erlischt, und wo Himmelsglanz erstrahlt, dahin in die Unsterblichkeit bringt mich Soma, der berauschende Opfertrank. Wo als König Yama regiert, wo das Innerste des Himmels ist und wo jene ewigen Wasser sind. Oh Soma, mach mich unsterblich! Wo man nach Wunsch lebt und sich in der dritten Höhe des Himmelsreiches aufhält! Wo jene ewigen Wasser sind, oh Soma, berauschender Göttertrank, mach mich unsterblich! Wo Wunsch und Sehnsucht sind gestillt am Gipfel der roten Sonne, wo Lust und Sättigung zugleich, oh Soma, mach mich unsterblich! Wo Lust, Freude, Fröhlichkeit und Wonne wohnen, wo der Wunsch des Wünschenden Erfüllung hat, oh Soma, mach mich unsterblich!“

Der in dem Gedicht genannte berauschende Somatrank wurde aus einer Pflanze, bei der es sich wahrscheinlich um den Fliegenpilz handelte, hergestellt und gehörte zu den wichtigsten Bestandteilen des Opferkultes der Inder und Iraner.

Schon früh findet sich die Vorstellung, dass Übeltäter keinen Zutritt zum Himmel haben. Was aus ihnen wurde, darüber herrscht in der Frühzeit der indo-iranischen Gemeinschaft keine Klarheit. Es wird eine Grube erwähnt oder ein finsterer Kerker, in dem sich die Seelen der Übeltäter aufhalten müssen. Diese Vorstellungen sind vielleicht erst entstanden, als die Inder weiter ostwärts in das heutige Indien zogen und sich von den alten Iranern auch räumlich trennten.

Vermutlich ab dem 6. Jh. v. Chr. tritt eine entscheidende Veränderung im iranischen Volksglauben ein. Ein Mann namens Zarathustra, von dessen Herkunft wenig bekannt ist, verkündete seine Offenbarungen und stellte dem überlieferten Volksglauben eine durchdachte Theologie entgegen. Diese Religion Zarathustras, die auch als Parsismus bezeichnet wird, wurde ab 227 n. Chr. offizielle Staatsreligion der Perser und fand erst 642 mit dem Vordringen des Islam ihr Ende. Lediglich in Randgebieten lebte die Religion fort. Wenn man die Zeit des ersten Auftretens des Religionsstifters hinzunimmt, wurde sie über 1000 Jahre praktiziert.

Die Hauptquelle für die Religion Zarathustras ist das Awesta, die heilige Schrift der Parsen. Diese ist in einem ostiranischen Dialekt verfasst und besteht aus fünf Teilen: Das erste Buch ist Yasna, ein Opferbuch, das Hymnen für rituelle Handlungen enthält. Einen Teil dieser Hymnen bilden die

Gathas oder Gesänge. Sie sind in einer sehr alten Sprachform abgefasst und dürften vermutlich aus der Zeit des Religionsstifters stammen. Bei den Parsen standen diese Lieder in höchstem Ansehen, so dass sie bei den feierlichsten Augenblicken während eines Opfers zitiert wurden. Der zweite Teil heißt Vispered und ist ein Anhang zum Yasna. Als dritten Teil gibt es den Vendidad. Hierbei handelt es sich um ein Gesetzbuch, welches die Ethik und das Gerichtswesen der alten Perser beschreibt. Daneben enthält es auch Abschnitte über die Weltentstehung und das Jenseits. Im vierten Teil, Yashts, gibt es eine Sammlung von Opferliedern. Der fünfte und letzte Teil, Khorda Avesta oder kurz Awesta, ist ein kleines Gebetbuch. Diese Schriften sind nur sehr lückenhaft überliefert. Sie werden ergänzt von Texten aus der Zeit nach Christi Geburt. Diese Schriften, die in Pehlevi, einem jüngeren iranischen Dialekt abgefasst sind, enthalten die Theologie der Parsen auf der Grundlage der älteren Awestatexte. Der wichtigste dieser Pehlevitexte mit dem Namen „Bundahish" („die ursprüngliche Schöpfung") wurde im 9. bis 10. Jh. n. Chr. verfasst und enthält das Wissen der Parsen von der Welt und eine Weltgeschichte von der Urzeit bis in die jüngsten Tage.

Die Religion der Parsen ist geprägt von dem Gegensatz zweier feindlicher Mächte: Ormuzd, der das Gute verkörpert, steht mit den guten Geistern und Engeln und den gut gesinnten Menschen der bösen Macht, Ahriman, gegenüber, zu der die Teufel mit den bösen Dämonen und die Übeltäter unter den Menschen gehören. Die Aufgabe der guten Wesen besteht darin, die Herrschaft über das Böse zu erringen. Die wirksamste Waffe gegen das Böse ist das Gesetz, das von Zarathustra verkündet wurde. Wer von den Menschen dieses Gesetz annimmt, ist ein erfolgreicher Streiter gegen Ahriman und die Teufel.

Wenn die gut gesinnten Menschen ihren Lohn nicht auf Erden erhalten, so ist er ihnen im Jenseits gewiss, wo die Übeltäter und Ungläubigen furchtbare Strafen erleiden müssen.

Dieser Gegensatz der beiden Mächte gehört zu der religiösen Vorstellungswelt der Zeit, als die Inder und Iraner noch ein Volk bildeten. Dem alten Himmels- und Gewittergott Indra steht eine Schlange gegenüber mit dem Namen Ahi, die sich bei jedem neuen Gewitter bildet. Sie wird von dem Gott Indra besiegt. Die alten Iraner machten Indra zu dem guten Prinzip Ormuzd und die Gewitterschlange Ahi zu dem bösen Prinzip Ahriman. So verwandelte sich der ursprüngliche Wolkenkampf in einen Kampf von entgegengesetzten Welten. Die Anhänger Ormuzds finden im Himmel ihr Paradies, während Ahriman und sein Gefolge als Aufenthaltsort die Hölle bekommen. Zum festen Bestand der parsischen Religion gehört auch der Glaube an eine unsterbliche Seele im Menschen. Im Awesta heißt es, dass die Seele eines Menschen ins Jenseits gelangt, in dem die Frommen als Lohn für ihre Taten Unsterblichkeit genießen. Der Böse aber gelangt nicht ins Paradies, sondern in die Welt der Finsternis. In dieser dunklen Hölle hausen Ahriman und seine Teufel.

In einem der Opferlieder wird anschaulich beschrieben, was die Seele nach dem Tod erlebt. Das oberste Prinzip des Guten, der Gott Ormuzd, beantwortet die Fragen nach dem Schicksal der toten Seele folgendermaßen:

Wenn ein Mensch stirbt, so weilt in den ersten drei Nächten die Seele nahe der Stelle, wo das Haupt lag, als sie den Körper verließ; die Göttin Gatha Ushtavaiti ruft: „Wer auch immer der Tote sei, ihm möge Ormuzd, der freie Herrscher, seinen Segen geben!“ In diesen drei Nächten erlebt diese Seele so viel Freude wie die ganze Welt zusammen. Nach Ablauf dieser drei Nächte weilt die Seele der Frommen unter Bäumen und in Düften. Wenn sie diesen Duft einatmet, sagt sie: „Woher weht dieser Wind, der so nach Duft riecht, wie ich es noch nie erlebt habe?“ Zugleich erscheint in der Gestalt eines wunderschönen Mädchens von 15 Jahren ihr eigenes Wesen. Auf ihre Frage, wer sie sei, erhält die Seele als Antwort: „Ich bin dein eigenes Wesen, das von dir selbst durch deine Größe, Güte und Schönheit geschaffen wurde, mit dem ich die Feinde überwältige, die dir erscheinen werden. Während andere gottlose Werke vollbrachten, hast du die heiligen Lieder rezitiert und stelltest den frommen Mann zufrieden, der von der Ferne kam. Wenn ich auf einem hohen Thron schon saß, hast du mich noch auf einen höheren Thron durch deine guten Gedanken, Worte und Werke gesetzt. Mich werden künftig die Menschen wie Ormuzd verehren!“

Als die Seele von einem Frommen, der zuvor verstorben war, gefragt wurde, wie er gestorben und in die geistige Welt gekommen sei, sagt der Gott Ormuzd: „Stelle keine Fragen, wie diese Seele den leidvollen Weg der Trennung vom Körper zurückgelegt hat! Bringt ihm Speisen!“

„Wenn aber ein Gottloser stirbt“, so sagt Ormuzd, „läuft sie drei Tage und drei Nächte in der Nähe des Kopfes umher und spricht die Worte aus dem Awesta: Nach welchem Land soll ich fliehen und wohin soll ich flüchtig gehen?“

In der Nacht ihres Todes erlebt die Seele so viel Leid wie die Lebenden auf Erden zusammen. Am Ende des dritten Tages, wenn die Morgenröte aufleuchtet, erscheint die Seele an einem schrecklichen Ort mit grässlichem Gestank. Aus dem Norden weht ein so übel riechender Wind, wie ihn die Nase noch nie gerochen hat. Zur selben Zeit erscheint ihr eigenes Wesen in der Gestalt eines sehr hässlichen Mädchens.

Auf die Frage, wer sie sei, erfährt die Seele, dies sei ihr eigenes Wesen, das durch die schlechten Taten so hässlich geworden sei. „Du hast nur den Willen des Teufels Ahriman erfüllt", tadelt das Mädchen die schlechte Seele. „Mich wird man so verfluchen wie Ahriman, und ich werde einst in der dunklen Finsternis wohnen."

Als die Seele ein anderer Gottloser fragt, wie er aus der Welt der Lebenden hierher gekommen sei, fährt ihm Ahriman ins Wort und sagt: „Bringt ihm Speisen aus Gift und übel riechenden Stoffen! Dies ist für einen, der schlecht denkt, die richtige Speise nach dem Tod!"

Dieses Bild von dem Schicksal der Seele nach dem Tod muss noch durch Hinweise aus anderen Stellen ergänzt werden. In der dritten Nacht nach dem Tod passiert die Seele die „hohe Hara", ein Gebirge, das die Erde umgibt und bis zum Himmel reicht. Dort befindet sich eine Brücke mit dem Namen Tschinvat, über die sowohl der Fromme als auch der Gottlose gehen muss. Diese Brücke, die geradewegs zum Paradies führt, wird von zwei Hunden bewacht. Außerdem gibt es bei dieser Brücke viele furchtbare Dämonen, welche die Seele zu verletzen oder zu verschlingen suchen. An dieser Brücke erscheinen den toten Seelen wieder die beiden Mädchen, um sie dem Seelenführer Sraosha zu empfehlen.

Nach einer anderen Überlieferung müssen sie vor die drei Seelenrichter Mithra, Rashnu Razistha und Sraosha treten, die ein Urteil über ihre Taten fällen. Den Vorsitz führt Mithra, der Gott der Gerechtigkeit, der von Rashnu mit einer Waage in der Hand unterstützt wird. Diese Waage ist so genau, dass sie nach keiner Seite abweicht und niemanden begünstigt, weder den Gerechten, den Gottlosen, den einfachen Mann noch den König. Das Urteil, das von diesem Gericht gefällt wird, zeigt sich, wenn die Seelen die Brücke überschreiten. Der frommen Seele bereitet es keine Mühe, mit Hilfe des Seelengeleiters hinüberzuschreiten, denn die Brücke ist für sie breit wie eine Meile. Nachdem die Seele der Frommen ungehindert diese Schicksalsbrücke überschritten hat, wird sie an deren Ende vom Geist Vohumano („der gute Sinn") mit den Worten begrüßt: „Wie bist du, Frommer, aus der vergänglichen Welt hierher gekommen?" Mit Freude geht die Seele zum goldenen Thron des Ormuzd und der Ameshaspentas, der guten Geister, ins Paradies Garonmana.

Die Sünder dagegen werden vom Teufel Vizarsha („Fortschlepper") gefesselt, zur Tschinvatbrücke gebracht, wo ihnen vom Totenrichter ihre Schlechtigkeit gezeigt wird, dann werden sie mit Schlägen und Beschimpfungen über die Brücke getrieben, die für sie nur ein sehr schmaler Steg ist und von der sie in die Finsternis der Hölle hinabstürzen.

Als Ort der Hölle wird außer den Abgründen unter der Schicksalsbrücke die Mitte der Erde genannt, wo einst Ahriman die Erde durchbohrte, um in sie einzudringen. Damit die Sünder die Hölle nicht verlassen können, dreht sich vor dem Eingang das Gestirn des großen Bären mit 99.999 Geistern. In den heiligen Schriften der Parsen wird die Hölle als ein tiefer Schlund beschrieben, der mit Seelen voll gestopft ist. Jede Seele in dieser Hölle glaubt, sie sei dort allein. Die Qualen und die Leiden der Höllenbewohner sind eisige Kälte, glühende Hitze, furchtbares Ungeziefer, das an den Seelen nagt, und stockdunkle Nacht. Das Geschrei von Ahriman und seinen Teufeln ist so gewaltig, dass die Erde erschüttert wird. In einem jüngeren religiösen Text mit dem Titel „Artai Viraf" schildert ein gleichnamiger Parsenpriester seine Erlebnisse in der Hölle mit folgenden Worten:

„Ich sah die Seele einer Frau, die schreiend umherlief, während es auf ihren Kopf hagelte und unter ihren Füßen glühendes Blei strömte. Währenddessen zerfetzte sie sich ihren Kopf mit einem Messer. Auf meine Frage, welche Sünden diese Frau begangen habe, erhielt ich als Antwort, diese Frau habe von einem fremden Mann ein Kind empfangen und es dann getötet. In ihren Schmerzen und Leiden glaubt sie das Kind schreien zu hören. Sie will immer wieder das Kind sehen, aber dieser Wunsch wird ihr nicht erfüllt werden."

Wenn die Totenrichter an der Schicksalsbrücke feststellen, dass die guten und bösen Taten sich im Gleichgewicht halten, dann kommen diese Seelen an den Ort Hamestagan, der zwischen Hölle und Paradies liegt. Hier müssen die Seelen nur Kälte und Hitze ertragen.

Der einzige Trost für diese Seele ist, dass ihr Aufenthalt in der Hölle einmal ein Ende finden würde. Die Parsen glauben nämlich, dass dieser Kampf zwischen dem Guten und dem Bösen nach 9000 Jahren ein Ende haben würde. Wenn die Bösen bis zum Ende für ihre Übeltaten gebüßt haben, kommt der „Jüngste Tag", an dem alles Böse vernichtet wird und die Welt, die von allen Übeln befreit ist, neu erblüht. Wer sich schon zu Lebzeiten für die Herrschaft Ormuzds und die Vernichtung Ahrimans einsetzt, der erhält bei den Parsen den Namen Soshian („Heiland"). Bis zum Ende der 9000 Jahre werden viele Soshians auf der Erde leben, die aber alle von einem Heiligen übertroffen werden, der kurz vor dem Ablauf dieser Frist auf der Erde erscheint. Er ist mächtiger als alle Soshians vor ihm. Die Herrschaft Ahrimans verliert dagegen schon nach 6000 Jahren ihre Stärke. Das siebte Jahrtausend wird vom ersten Sohn Zarathustras, Husedar, das achte von seinem zweiten Sohn, Hushedarmah, regiert. Ihre Aufgabe ist es, den Götzendienst zu vernichten und die Welt zu reformieren, damit im folgenden Jahrtausend die Voraussetzungen vorhanden sind für eine radikale Erneuerung der Welt durch einen Soshian. Unter der Herrschaft des Hushedarmah verlieren die Menschen allmählich das Bedürfnis zu essen. Von einer Opferspeise werden sie drei Tage und Nächte satt sein. Zuerst hören sie auf, Fleisch zu essen, und ernähren sich nur noch von Pflanzen und Milch. Danach ersetzen sie die Milch- und Pflanzenkost durch Wasser. In den letzten Jahren vor Ablauf der 9000 Jahre werden sie überhaupt nichts mehr essen. Dann kommt dieser letzte „Heiland", der die Toten wieder erweckt. Zuerst werden die Gebeine von Gayomart, des Urmenschen, auferstehen, anschließend die von Mashia und Mashiana, des ersten Menschenpaares, und schließlich die der übrigen Menschheit. Dieses Werk der Wiedererweckung der Toten durch den Soshian, der als Helfer je 15 Männer und Jungfrauen hat, dauert 57 Jahre. Alle Menschen, sowohl die frommen als auch die gottlosen, sind dann auferstanden von den Toten und besitzen nun wieder an dem Ort, an dem die Seele aus dem Körper getreten ist, ihre früheren Eigenschaften und Merkmale. Es folgt nach der Auferstehung der Toten eine Versammlung aller Menschen unter der Leitung von Isatvastara, einem weiteren Sohn Zarathustras. In dieser Versammlung sieht jeder Mensch seine guten und schlechten Werke. Nachdem der Soshian auf Befehl Ormuzds die frommen Menschen von den gottlosen getrennt hat, werden die Frommen in den Himmel und die Gottlosen in die Hölle geworfen, in der sie drei Tage und drei Nächte fürchterlich bestraft werden. Die Metalle in den Bergen werden zum Schmelzen gebracht, damit die Gottlosen hindurchgehen, um rein zu werden. Währenddessen genießen die Frommen alle Freuden im Himmel. Nach dieser Reinigung werden alle Menschen wieder eins sein und nur den Gott Ormuzd verehren. Damit die Menschen unsterblich werden, bereitet der Soshian einen Trank aus einem Kraut, das in der Tiefe eines Sees wächst und von 99.999 Geistern bewacht wird. Ihren endgültigen Abschluss findet die Weltzeit in einem Kampf zwischen Ormuzd und Ahriman und seinen Teufeln. Ahriman wird in die Finsternis gestürzt, und seine Hölle wird zerschmolzen, damit dieses Land wieder ein Teil der Welt wird. Auch die Tschinvatbrücke wird eingeebnet.

Diese Lehre der Parsen vom Jenseits hat tiefe Spuren im jüdischen Glauben hinterlassen. Es kann heute als gesichert gelten, dass die jüdischen Vorstellungen vom Satan während der Babylonischen Gefangenschaft (597–538 v. Chr.) ausgebildet wurden, als Jerusalem vom babylonischen König Nebukadnezar zerstört und eine große Zahl von Juden nach Babylon deportiert wurde. Dort machten sie die Bekanntschaft mit den altiranischen Glaubensvorstellungen, unter deren Einfluss sie die Gestalt des Satans, der ursprünglich nur ein Gehilfe des jüdischen Gottes Jahwe war, zu seinem Gegenspieler und Widersacher machten.

Antikes Europa

Griechen

Auch bei den Griechen bestand schon in ihrer Frühzeit der Glaube, dass im Menschen ein hauchartiges, luftartiges Wesen existiert, das nach seinem Tod in die Unterwelt, den Hades, eingeht. Neben dieser Unterwelt, in der die Seelen der meisten Menschen wohnen, gibt es noch die Insel der Seligen, die elysischen Gefilde, am Ende dieser Welt, wo die Menschen wie im Paradies leben. Menelaos, der König von Sparta und Ehemann der Helena, soll dorthin nach seinem Tod versetzt worden sein, wie Homer berichtet. An diesen Ort der Glückseligkeit gelangte man aber nicht durch seinen gesellschaftlichen Rang oder durch Verdienste auf Erden, sondern durch die Gnade der Götter. Ein noch besseres Los konnte einem Menschen nach den Vorstellungen der Griechen widerfahren, wenn er in den Kreis der Götter aufgenommen wurde, wie Ganymed, der einst als Mensch auf Erden lebte, aber wegen seiner Schönheit zum Mundschenk Zeus' gemacht wurde.

Das Wort Hades, das man mit „der Unsichtbare" oder „der Ewige" übersetzt, war ursprünglich der Name des Herrschers des Reiches der Seelen. Diese Seele oder die Psyche, wie sie die Griechen bezeichneten, ist ein unkörperliches Abbild des Menschen, sein Doppelgänger. Wenngleich die Psyche auch ein Schattenbild ist, so sind die Umrisse des Lebenden deutlich zu erkennen. Wenn die Seele einmal in das „dunkle Haus" des Hades eindringt, so gibt es für sie keine Rückkehr. Um dies sicherzustellen, wurden die Toten verbrannt. Dennoch wurde der vielleicht ältere Brauch, die Toten zu bestatten, zum Beispiel in Athen weiter ausgeübt. Wenn eine Verbrennung oder Bestattung, die auch aus einer bloßen Zudeckung mit Staub bestehen kann, unterlassen wird, so finden diese Seelen der Unbestatteten im Jenseits keine Ruhe. Dem Volksglauben nach gehen sie als Gespenster umher und verursachen Spukerscheinungen, wie eine in der Antike bekannte Erzählung berichtet. Einst soll es in Athen ein Haus gegeben haben, das alle Bewohner verließen, weil sie nachts von Spukerscheinungen gequält worden waren, so dass sie nicht mehr schlafen konnten oder sogar den Tod fanden. Aus diesem Grund wollte niemand in Athen das leer stehende Haus kaufen. Als ein gewisser Philosoph, von dem nur der Namen Athenagoras überliefert ist, von diesem Haus hörte, mietete er sich dort ein, weil er diese Spukphänomene untersuchen wollte. Athenagoras wurde wie die einstigen Bewohner nachts durch die Geräusche einer Eisenkette aufgeweckt, aber er flüchtete und versteckte sich nicht vor der herannahenden Spukgestalt, die sich als ein alter, ergrauter Mann offenbarte. Athenagoras folgte ihr und kennzeichnete die Stelle, an der die Gestalt plötzlich verschwand. Auf sein Anraten hin haben die Behörden von Athen an dieser markierten Stelle den Boden aufgegraben. Man entdeckte ein gefesseltes menschliches Gerippe, was den Verdacht nahe legte, dass hier ein Mensch einem Verbrechen zum Opfer gefallen und nicht nach den Totengebräuchen beerdigt worden war. Dazu gehört, dass dem Toten von den Angehörigen die Augen und der Mund verschlossen werden, der Leichnam aufgebahrt wird, eine Totenklage stattfindet und Totenopfer dargebracht werden, die aus Honig, Wasser, Milch und Wein bestehen. Nachdem die Leichenteile nach diesen Bräuchen bestattet worden waren, verschwand der Spuk. Die Seele des Ermordeten war ins Jenseits eingegangen.

Diesen Ort der Toten stellten sich die Griechen entweder fern im Nordwesten gelegen vor, wo das „neblige Dunkel“ ist und die Sonne untergeht, oder gewöhnlich unter der Erde. An diesen Ort der Finsternis gelangen die Seelen, wenn das Feuer bei der Leichenbestattung den Körper verzehrt hat. Im Volksglauben hat man schon sehr früh der Seele für dieses Hinabgleiten in die Unterwelt einen Seelenbegleiter, den Gott Hermes, gegeben. Für die Griechen ist der Aufenthalt im Hades eine Verschlechterung gegenüber dem irdischen Leben, denn in den Epen Homers (8. Jh. v. Chr.) fürchten sich nicht nur die Menschen vor dem Totenreich, sondern sogar die Götter. Dem Unterweltgott Hades war bei der Teilung der Herrschaft unter den Söhnen des Göttervaters Kronos die Herrschaft über das Schattenreich zugefallen. Da er in seinem Herrschaftsbereich zahllose Menschen versammelte, erhielt er

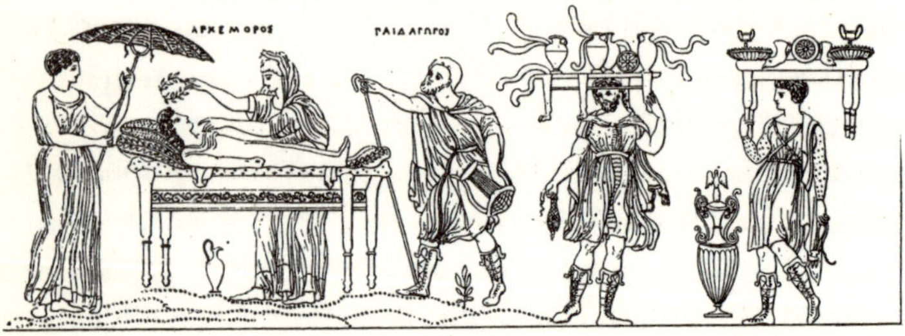

Aufbahrung einer Leiche im alten Griechenland.

auch den Beinamen „Vielaufnehmender“. In der späteren Bildkunst der Griechen wird er mit einem Schlüssel abgebildet, um dadurch seine Rolle als Torwächter zur Unterwelt darzustellen. Obwohl ihn noch niemand gesehen hat, was schon sein Name zum Ausdruck bringt, soll er einen Helm tragen, der die Aufgabe einer unsichtbar machenden Tarnkappe hat. Verheiratet ist er mit Persephone, der Tochter der Demeter, die er in die Unterwelt entführte. Gelegentlich wird Hades auch Pluto, „Reichtumsspender“, genannt, weil aus dem Erdinnern die Fruchtbarkeit kommt.

Eine Beschreibung des Hades hat Homer im elften Buch des Epos „Odyssee“ überliefert. Odysseus, der vom Meeresgott Poseidon nach der Eroberung Trojas umhergetrieben wurde und seine Heimat Ithaka nicht erreichen konnte, landete mit seinen Gefährten am westlichen Rand des Ozeans, im Land der in Nebel und Wolken gehüllten Kimmerier. Seine Gefährten hoben eine Grube aus, an deren Rand Odysseus Schafe und einen Widder opferte. Als das Blut der Opfertiere in die Grube floss, stiegen aus ihr Seelen hervor, die von dem Blut trinken wollten. Unter den zahllosen Seelen erkannte er seine toten Gefährten, die toten Helden, die vor Troja im Kampf fielen, sowie auch seine Mutter Antikleia. Nachdem ihm der Seher Teiresias eine glückliche Heimkehr und ein langes Leben in seiner Heimat prophezeit hatte, wollte Odysseus seine Mutter umarmen. Aber alle Versuche scheiterten. Wie ein Traumbild schwebte sie davon. „Oh Mutter“, sagte er, „warum kann ich dich nicht anfassen? Oder hat etwa Persephone nur ein Fantasiegebilde in mir hervorgerufen?“ Antikleia antwortete: „Unglücklicher Sohn, nicht hat dich Persephone getäuscht. Sobald das Feuer den Leib verzehrt hat, entflieht die Seele gleich einem Traum!“

Odysseus gelangte nicht in das eigentliche Innere des Hades, den Erebos, wo der Unterweltkönig mit seiner Gattin herrschte. Die Toten, die ihm begegneten, befanden sich auf der Asphodeloswiese, die am Vorhof des Hades begann und sich unter dem gesamten Gebiet des Hades hinzog. Asphodelos ist ein Unkraut mit einem abstoßenden Geruch, das auf Gräbern gepflanzt wurde. Über diese Wiese näherte sich Odysseus der Finsternis des Erebos. Unterwegs sah er Minos, den berühmten Herrscher von Kreta, der unter den Schatten Recht sprach. Auch sah er die ehemaligen Götter, die von Zeus wegen ihrer Vergehen in die Unterwelt verbannt wurden. Tityos, dem Sohn der Göttin Erde, fraßen zwei Geier die Leber weg, ohne dass er sich dagegen wehren konnte. Tantalus stand in einem See und versuchte vergeblich, daraus zu trinken. Jedes Mal, wenn er sich bückte, floss das Wasser weg. Und über seinem Haupt waren Bäume voller Früchte. Kaum griff er jedoch nach den Zweigen, da wehte ein Sturm die Äste weg. Sisyphos wälzte mit großen Mühen einen Stein einen Berg hinauf. Hatte er ihn endlich zum Gipfel gebracht, rollte der Stein wieder zurück, und die Mühen begannen von neuem. Als immer mehr Seelen sich um Odysseus drängten, ergriff ihn die Furcht, dass er sich zu weit vorgewagt hätte, und er befahl seinen Gefährten den Aufbruch zu den Schiffen. Diese beschriebenen Strafen sind jedoch nicht die Folge eines in der Unterwelt über sie gehaltenen Gerichtes. Die Vorstellung, dass die Seelen Lohn oder Strafe im Hades erhalten, ist den Griechen ursprünglich fremd.

In der späteren Zeit malte man die Örtlichkeiten des Hades weiter aus. So verlegte man Eingänge in den Hades an Stellen, wo es höhlenartige Schluchten gab, von denen man annahm, sie würden ins Erdinnere führen. Bekannte Eingänge zur

Unterwelt waren bei Hermione auf dem Peloponnes, im Vorgebirge Tänarion, bei Heraklea am Pontos und bei Cumä in Italien, wo man auch die sagenhaften Kimmerier ansiedelte. Durchflossen wurde die Unterwelt von gewaltigen Strömen, dem Styx, dem Acheron („Wehestrom"), dem Kokytos („Heulstrom"), einem Abfluss des Styx, und dem Pyriphlegethon („Feuerstrom"), von denen die beiden Letzteren sich vereinigen und in den Acheron stürzen. Dazu kommt noch der Lethefluss, aus dem die abgeschiedenen Seelen Vergessenheit (Lethe) trinken. Nachdem sich die Griechen die Unterwelt als eine Region vorstellten, die von Strömen umflossen wurde, war ein Fährmann, der Charon, notwendig, um die Seelen, die vom Totenbegleiter Hermes aus der Oberwelt herabgeführt wurden, über den Acheron zu fahren. Deshalb steckte man den Toten eine kleine Münze als Fährgeld zwischen die Zähne, denn Charon kann jeden abweisen, der nicht nach dem Brauch bestattet wurde. Am jenseitigen Ufer am Tor zur Unterwelt hält der Hund Kerberos, ein Ungeheuer mit vier Köpfen, Wache, damit niemand mehr die Unterwelt verlässt.

Im 6.–5. Jh. v. Chr. veränderten sich die Vorstellungen vom Hades. Schon bei Homer findet sich ein Hinweis, dass der Hades ein Strafort für Menschen ist. Eidbrüchige nämlich werden dort von den Erinnyen, den Rachegöttinnen, bestraft. Der bekannte Dichter Pindar (5. Jh. v. Chr.) aus Theben führte eine strenge örtliche Trennung der abgeschiedenen Seelen ein. Ins Elysium, den Wohnort der Seligen, gelangen nur Menschen, deren Tugenden und gute Taten auf Erden im Jenseits belohnt werden sollen. Die Gottlosen und Übeltäter bekommen als Strafort den Tartarus zugewiesen, ein Gebiet im Innern des Hades. Während der Hades in der Erde liegt, befindet sich der Tartarus am untersten Ende der Erde. Diejenigen Seelen, deren gute und schlechte Taten sich aufwiegen, irren auf der Asphodeloswiese am Eingang des Hades umher. Bei Pindar findet sich auch die Vorstellung, dass Seelen, die durch ein besonderes Missgeschick in den Hades gekommen sind, nach acht Jahren der Reinigung und Buße zurückkehren können. Das Urteil darüber, an welchem Ort sich die Seele aufhalten muss, wird von den drei bzw. vier Totenrichtern Minos, Rhadamanthys, Aiakos und Triptolemos gesprochen. Der Philosoph Platon (4. Jh. v. Chr.) hat dieses Totengericht in seinem Werk „Gorgias" folgendermaßen beschrieben:

„Ursprünglich wurde an dem Tag, an dem jemand sterben sollte, über ihn Gericht gehalten. Aber es waren Lebende, die Lebenden das Urteil sprachen. Deshalb beschwerten sich der Unterweltkönig und die Aufseher über das Elysion bei Zeus, dass zu viele unwürdige Seelen bei ihnen eintreffen. Zeus ordnete an, dass erst das Urteil gesprochen werden darf, wenn die Menschen tot sind und nur ihr Abbild, die Psyche, vor den Totenrichtern erscheint. Zwei von diesen Richtern, Minos und Rhadamanthys, nahm er aus Asien, den dritten Richter, den Aiakos, aus Europa. An der Asphodeloswiese, wo der eine Weg in den Tartarus und der andere in das Elysion führt, sollen sie über die aus Asien und Europa kommenden Seelen Gericht halten. Falls es zu Zweifeln kommt, hat Minos die letzte Entscheidung. Der Tod ist nichts anderes als eine Trennung der Seele vom Körper. Jedes von beiden behält seine Beschaffenheit, die es im Leben hatte. Wenn jemand zu Lebzeiten einen großen Leib hatte, dann ist er auch bei seinem Tod noch groß. Auch weist der Leichnam Anzeichen von allen Verletzungen der Glieder auf, die der Tote einst erlitten hatte. Ebenso die Seele behält nach dem Tod ihre Merkmale, welche durch die Lebensführung des Toten bei ihr eingeprägt wurden.

Die Seelen kommen nun mit dieser Beschaffenheit vor die Totenrichter, da der Meineid Schwielen hinterlässt, Ungerechtigkeiten zu Verrenkungen und andere Untaten zu einem Missverhältnis und Hässlichkeit der Seele führen."

Platon beschreibt dann, welche Strafen über die bösen Seelen verhängt werden. Wenn die Vergehen noch „heilbar" sind, werden die Seelen durch einen zeitweisen Aufenthalt im Jenseits bestraft, damit sie durch Schmerzen und Leiden von der ihnen anhaftenden Ungerechtigkeit befreit werden. Diejenigen Seelen, die besonders schwere Frevel begangen haben und „unheilbar" geworden sind, müssen für alle Zeiten als abschreckendes Beispiel in der Unterwelt bleiben. Dazu gehören besonders die ungerechten Herrscher und Tyrannen. Der Aufenthalt im Elysium und die Dauer der zeitweisen Strafe für die Seelen, die wegen geringerer Vergehen in den Hades kamen, gibt Platon in dem Dialog „Phaidon" mit 1000 Jahren an. Danach müssen die guten und die schlechten, aber heilbaren Seelen eine neue Daseinsform wählen. Diese Wahl ist abhängig vom Wesen der Seele, ob sie noch eine Erinnerung an ihre einstige göttliche Herkunft hat, oder von den Erfahrungen ihres früheren Aufenthaltes auf Erden. Es besteht also nach Platon ein enger Zusammenhang zwischen einer Seele und ihrem Leib. Die meisten Seelen durchlaufen eine Reihe von irdischen Verkörperungen, die auch die Gestalt eines Tieres einschließen kann. Davon sind solche Seelen betroffen, welche die Erinnerung an ihren göttlichen Ursprung völlig vergessen haben. Das Ziel aller Seelen ist es, sich von der irdischen Daseinsform zu lösen und zu Zeus in den Himmel zurückzukehren, von wo sie auf die Erde herabgestürzt sind. Diese Befreiung wird allen Seelen nach 10.000 Jahren zuteil, vorausgesetzt, dass sie nicht für alle Zeiten in den Hades verbannt wurden.

Diese Lehren des Philosophen Platon stehen in enger Verbindung mit der religiösen Strömung der Orphiker, die sich nach der bekannten Sagengestalt Orpheus benannten. Ab dem 6. Jh. v. Chr. gab es in Griechenland und Unteritalien geschlossene Gemeinden dieser Sekte. Den mythologischen Hintergrund ihrer Lehre bildet die Sage von Orpheus' Abstieg in die Unterwelt. Als der sagenhafte Sänger, als dessen Heimat Thrakien angegeben wird, seine Ehefrau Eurydike geheiratet hatte, verlor er sie durch einen Schlangenbiss. Seine Trauer war so groß, dass er seine Gattin aus der Unterwelt zurückholen wollte. Mit Hilfe eines geheimnisvollen Baumzweiges verschaffte er sich den Zutritt in das Reich des Hades. Durch sein Leierspiel und seinen Gesang, durch den er schon auf Erden Bäume und Felsen bewegen konnte, versuchte er, Pluto und seine Gemahlin Proserpina umzustimmen. Alle Seelen in der Unterwelt waren von Orpheus' Bitte gerührt, und selbst die großen Büßer wie Sisyphos, Tantalus etc. stellten ihre Arbeiten ein. Orpheus durfte Eurydike schließlich nur unter der Bedingung mit in die Oberwelt nehmen, dass er sich unterwegs nicht nach ihr umdrehte. Zusammen mit dem Seelengeleiter Hermes trat er mit Eurydike den Rückweg an. Als er sich aber kurz vor dem Eintritt in die Oberwelt nach seiner Gemahlin umsah, um sich zu überzeugen, dass ihm Eurydike auch folgt, wurde sie ihm wieder entrissen und musste für alle Zeiten im Hades bleiben. Orpheus selbst wurde von den Bacchantinnen, den Dienerinnen des Gottes Bacchus, zerrissen, weil er sich weigerte, mit einer zweiten Frau eine Ehe einzugehen.

Nach der Lehre der Orphiker sind die Seelen der Menschen durch ihre eigene Schuld in den Körper gelangt, wo sie gleichsam wie in einem Kerker ein leidvolles Leben führen. Wenn ein Mensch gestorben ist, kommt er vor ein Gericht in der

Unterwelt. Die Übeltäter, zu denen auch alle Menschen gehören, die nicht nach den Vorschriften ihrer Sekte leben, erleiden im tiefsten Teil des Hades, dem Tartarus, Strafen und werden gereinigt. Wer aber den orphischen Lehren gefolgt ist, kommt in das Elysium, wo er ein glückseliges Leben mit den Göttern der Erde führt. Aber die Dauer ihres Aufenthaltes ist nicht ewig. Denn sie müssen wie die sündigen Seelen in einen neuen Körper eintreten, und dieser Kreislauf der Wiedergeburten dauert so lange, bis die Seele frei von allen Sünden ist. Wichtig hierfür ist ein strenges Leben nach den Vorschriften der Lebensführung der Sekte. Nach ihnen gilt es alles zu vermeiden, was die Seele unrein macht und weiter an das irdische Leben bindet, sowie auf den Genuss von Fleischnahrung zu verzichten, weil das getötete Tier eine menschliche Seele haben könnte. Nach dem Glauben der Orphiker erreicht der in die orphische Lehre Eingeweihte das Ziel der Sündenfreiheit schneller als jemand, der sich nicht an die strengen Vorschriften hält.

Etrusker

Die Etrusker, deren Herkunft bis heute Rätsel aufwirft, haben von dem 9. bis zum 1. Jh. v. Chr. in Italien eine eigenständige Kultur entwickelt, die viele Gemeinsamkeiten mit den Völkern des Alten Orients aufweist. Diese kulturellen Übereinstimmungen sprechen vielleicht dafür, dass sie aus Kleinasien nach Italien eingewandert sind. Ihre Religion ist in Umrissen bekannt durch die zahlreichen archäologischen Funde. Obwohl bis in die Gegenwart fast 10.000 Inschriften gefunden wurden, geben diese nur in beschränkter Weise Auskunft über die Religion der Etrusker, weil man diese Inschriften zwar lesen, aber nur teilweise übersetzen kann. Das Etruskische nämlich ist mit keiner Sprache der Welt verwandt, so dass die Wortbedeutungen nur erraten werden können. So gibt es zu den Inschriften oft entgegengesetzte Deutungen und Übersetzungen.

Es kann als gesichert gelten, dass die Religion der Etrusker in der Zeit ab dem 6. Jh. v. Chr. nachhaltig von der griechischen Religion beeinflusst wurde. Wenn es ein Merkmal gibt, durch das sich die Etrusker von den benachbarten Völkern unterscheiden, dann ist es die Fürsorge und Zuwendung, die man den Toten entgegenbringt. Vielleicht nur bei den Ägyptern findet sich ein Totenkult, der das Denken und Handeln der Lebenden so nachdrücklich beeinflusste wie bei den Etruskern. Sie bauten für ihre Toten Städte, Nekropolen, deren Häuser unter der Erde angelegt waren. Diese unterirdischen Grabhäuser (Tomben), die aus dem unterirdischen Kalkgestein herausgehauen wurden, waren mit einer kegelförmigen Erdaufschüttung bedeckt. Man fand Tomben mit einem Durchmesser von 10 bis 50 m. Wie die späteren römischen Häuser verfügen sie in der Mitte über ein großes Zimmer mit Nebenräumen. Die großen Tomben waren in der Regel die Grabstätten für eine Familie und deren Nachkommen. Die Wände dieser Totenhäuser sind mit Gemälden bedeckt, die Szenen aus dem Privatleben der Etrusker wie feierliche Bankette, Trinkgelage, sportliche Spiele und Tänze darstellen. Vielleicht sollen diese ausgelassenen und fröhlichen Ausschnitte aus dem Leben der Etrusker zum Ausdruck bringen, wie man sich das Leben im Jenseits vorstellte. Weil bei den Etruskern sowohl die Bestattung als auch die Verbrennung der Toten gebräuchlich war, enthalten die Räume dieser Tomben neben zahllosen Gefäßen – in großen Tomben

Innenansichten einer etruskischen Tomba.

Der Eingang zu einer etruskischen Grabhöhle (Tomba) in Veji.

oft über 150 – und privaten Gebrauchsgegenständen die Urnen mit der Asche der verbrannten Toten sowie Steinliegen für die beerdigten Toten. Daneben finden sich für die weniger Begüterten Kammergräber, Schachtgräber oder einfache Urnengräber. Einen guten Eindruck vom Umfang dieser Nekropolen vermittelt die Stadt Caere (heute Cerveteri, in der Nähe von Rom), die bei einer Stadtfläche von 150 Hektar eine Totenstadt von 400 Hektar besaß. Diese Totenstadt wurde vom 7. bis 1. Jh. v. Chr. kontinuierlich benutzt.

Diese Nekropolen der Etrusker beginnen zu sprechen, wenn die zahlreichen Grabgemälde und die Zeugnisse der lateinischen Schriftsteller herangezogen werden. In der Frühphase der etruskischen Kultur glaubte man, der Tote lebe im Grab weiter. Deshalb baute man ihm ein Totenhaus unter der Erde, das mit allen notwendigen Gebrauchsgegenständen ausgestattet war, damit er sich so wohl fühle wie zu Lebzeiten. Vielleicht besaßen die Etrusker auch bereits die Vorstellung von einer Seele, die sich vom toten Körper trennt und ins Jenseits wandert. Wie sich im lebendigen Körper etwas befinden muss, das für das Leben verantwortlich ist, so besteht der Tote aus einem Leichnam und einer Seele. Der tote Körper ist gleichsam der figürliche Teil der Seele. In dieses Bild vom Toten passen sehr gut die Urnen, deren Deckel in Form von Menschenköpfen gestaltet sind. Offenbar wollte man durch diese Form den Urnen, die man Kanopen nennt, eine menschliche Gestalt geben. Anfänglich hatten die Kanopen nur diesen Menschenkopf, später wurden sie mit Augen und sogar mit Ohren und Händen versehen. Um zu verdeutlichen, dass sich in einer Urne die Asche einer Frau befand, versah man die Ohren dieser Kanopen mit Ohrringen. Den Weg ins Jenseits stellten sich die Etrusker, wie die Wandgemälde in den Tomben zeigen, als eine Reise zu einer Insel über das Meer vor. Diese Insel, vergleichbar mit der Insel der Seligen bei den Griechen, ist ein idyllischer Ort, bewachsen mit Lorbeerbäumen. Meistens reitet der Tote auf einem Hippokam, einem Mischwesen mit einem Pferdekörper und Fischschwanz, in das Jenseits, das nicht unter der Erde, sondern jenseits eines Meeres liegt. In anderen Darstellungen wird der Tote auf einem Wagen bis zum

Ein etruskischer Kanopus.

Meer gebracht, wo der Hippokam auf ihn wartet, um ihn zu der Insel der Toten zu bringen. Diese Bilder vermitteln den Eindruck, dass die Jenseitsfahrt für den Toten nichts Unheilvolles und Bedrückendes in sich birgt. Die gelegentlich beigefügten Bilder von Löwen und Schlangen werden als Symbole des Todes interpretiert. Offenbar war das Jenseits der Etrusker kein düsterer Strafort, sondern die Toten lebten dort ihr früheres Erdenleben weiter, vielleicht sogar führten sie ein besseres Leben, wenn man das etruskische Jenseits als „Insel der Seligen" deutet. Von späteren lateinischen Schriftstellern wird berichtet, dass der Gott Mantus dort als Unterweltherrscher regiert. Man habe sich ihn, so berichten die Quellen, als einen uralten Mann mit einer Krone auf dem Haupt und mit Flügeln vorgestellt, der in der einen Hand eine umgekehrte Fackel trägt. Im etruskischen Inschriftenmaterial konnte bisher ein Gott dieses Namens nicht nachgewiesen werden. An seine Seite stellen die antiken Schriftsteller die Göttin Mania. Sie wird als eine fürchterliche Furie beschrieben, die nur durch Menschenopfer besänftigt werden kann. An ihrem Jahresfest sollen ihr Knaben geopfert worden sein, die später symbolisch durch Zwiebeln und Mohnköpfe ersetzt wurden. Diese antiken Berichte, die durch das Bildmaterial aus den Gräbern nicht bestätigt werden können, sind dafür verantwortlich, dass Gelehrte bis in die Gegenwart hinein von der Religion der Etrusker ein sehr düsteres Bild entwarfen.

Auf den Grabgemälden tauchen häufig zwei Unterweltdämonen auf: Ein männlicher Dämon mit einem Hammer, den die etruskischen Bildunterschriften als Charun bezeichnen, hat die Aufgabe eines Totenbegleiters. Meistens wird er als ein Mischwesen mit einer Nase, die einem Geierschnabel gleicht, und spitzen Tierohren abgebildet. Obwohl er den Namen des griechischen Fährmanns Charon trägt, der die Toten über den Fluss Acheron fährt, hat er eine völlig andere Aufgabe. Sein Hammer schlägt niemanden, sondern stellt nur die Unerbittlichkeit des Todes dar. Oft wird er von einem Dämon begleitet, der eine Buchrolle in den Händen hält. Falsch ist sicherlich die Deutung, dass diese Rollen die Taten der Toten enthalten. Da das Jenseits kein Strafort ist und die Etrusker in den älteren Darstellungen der Jenseitsreise nichts von einem Totengericht erwähnen, enthalten diese Rollen eher den „Marschbefehl" für die Toten und unterstützen die Deutung des Charun als Seelengeleiter. Der Dämon, der diese Buchrolle in den Händen hält, trägt in den Bildunterschriften den Namen Vanth. Es handelt sich um eine weibliche Gottheit mit großen Flügeln, die entweder nackt ist oder nur einen kurzen Rock trägt, dessen Träger die beiden Brüste deutlich sehen lassen. Ihr Haar, das Schlangen ähnelt, endet auf der Stirn in einem Diadem aus zwei verknoteten Schlangen. Manchmal hält sie statt der Buchrolle eine Fackel oder auch beides zusammen in den Händen. Neben Charun gibt es noch den männlichen Unterweltdämon Tuchulcha, über dessen Aussehen und Funktion uns die Grabgemälde einige Hinweise geben. Er wird dargestellt mit wilden Haaren, Flügeln sowie mit Schlangen in den Händen. Der römische Schriftsteller Livius (59 v.–17. n. Chr.) berichtet, wie die Etrusker 336 v. Chr. in einer Schlacht die römischen Truppen durch eine Art „psychologischer Kriegsführung" in Angst und Schrecken versetzten. „Die Priester der Etrusker haben die römischen Soldaten durch Fackeln und Bilder mit Schlangen in Verwirrung gebracht, so dass diese sich fluchtartig in ihr Lager zurückzogen. Als sie von ihren Kommandeuren belacht wurden, weil sie auf einen Schaustellertrick hereingefallen seien, rannten sie zurück und zerschlugen dieses Gaukelwerk."

Offensichtlich haben die Priester diese Wirkung erzielt mit Götterbildern wie dem des Gottes Tuchulcha, die durch das Licht der brennenden Fackeln lebendig aussahen und echte Schlangen vortäuschten. Von den römischen Militärschriftstellern wurde dieses „Gaukelwerk" als eine wirkungsvolle Kriegslist gepriesen.

Ab dem 4. Jh. v. Chr. scheint ein Wandel in den etruskischen Jenseitsvorstellungen eingetreten zu sein, die zwar den Tod als ein unabweisliches Schicksal jedes Menschen anerkennen, aber gleichzeitig die Reise und den Aufenthalt im Jenseits als nicht furchterregend ansehen. In den Grabgemälden tauchen nun Götter mit den Bildbeischriften „Aitia" und „Phersipnei" auf, welche die etruskische Variante des griechischen Unterweltherrscherpaares Hades und Persephone sind. Der etruskische Hades trägt abweichend von den griechischen Darstellungen einen Wolfshelm und hält in der Hand eine mit Schlangen umwundene Lanze, während seine Gemahlin blonde Haare hat, aus denen zwei Schlangen emporzüngeln. In der Forschung nimmt man an, dass diese Übernahme griechischer Unterweltgottheiten keine Veränderung der Vorstellungen der Etrusker vom Jenseits in Richtung eines Strafortes mit einem Totengericht bedeutet. Vermutlich handelt es sich hierbei nur um eine Veränderung in der Kunstrichtung, indem die Künstler ihren Auftraggebern etwas Neues bieten wollten.

Römische Autoren wie zum Beispiel der Redner Arnobius (4. Jh. n. Chr.) berichten, die Etrusker hätten religiöse Bücher mit dem Titel „Liber acheruntici" besessen, die offenbar – wie der Name „acheruntici", abgeleitet von dem Unterweltfluss Acheron, lehrt – die Jenseitslehre der Etrusker behandelten. Aus diesen Büchern zitiert Arnobius: „Wenn das Blut bestimmter Tiere dargebracht wird, können die Seelen von Verstorbenen zu Göttern werden und von der Sterblichkeit befreit werden."

Abgesehen davon, dass die etruskischen Grabgemälde keinen Hinweis auf eine Rückkehr der Toten ins Leben enthalten und die Unsterblichkeit der Seelen für die Künstler außer jedem Zweifel stand, wirft die Vergöttlichung der Seelen viele

Fragen auf. Eine mögliche Erklärung wäre, dass es bei den Etruskern eine besondere Menschengruppe gab, die nach ihrem Tod durch bestimmte Riten zu den Göttern entrückt wurden. Dies waren Könige, Beamte und Priester.

Römer

Die Vorstellungen der Römer über das Jenseits sind schon in der Frühzeit vom Volk der Etrusker geprägt worden. Die Religion spielte im Leben der Römer eine wichtige Rolle, so dass der bekannte Schriftsteller und Staatsmann Cicero sagen konnte: „Wir Römer haben alle anderen Völker an Frömmigkeit und Religiosität sowie in der Erkenntnis der Wahrheit, dass alles vom Willen der Götter gelenkt und regiert wird, übertroffen." Die Einstellung der Römer gegenüber den Göttern ist jedoch von einer auffälligen kühlen Zurückhaltung und wenig liebevollen Zuneigung geprägt. Denn man betrachtet die Götter als die stärkeren Wesen, mit denen man sich abfinden muss, so gut es eben geht. Die Römer erfüllen mit geradezu peinlicher Gewissenhaftigkeit alle Forderungen, die ihnen der religiöse Brauch auferlegt. Möglicherweise haben sie diesen Formalismus bei der Ausübung der religiösen Handlungen und Bräuche von den Etruskern übernommen.

Wie die Etrusker fassten die Römer die Seelen als Wesen auf, die nicht zugleich mit dem Körper sterben, sondern in veränderter Gestalt im Haus des Toten unsichtbar weiterleben. Die Seelen der Verstorbenen nannte man Manen oder Laren und, weil sie im Innersten des Hauses (lat. penetralia) wohnten, Penaten. Außer den einzelnen Laren, die in ihrer Anzahl der Summe der Menschengeschlechter entsprachen, die einst das Haus bewohnt hatten, verehrte man auch einen göttlichen Repräsentanten der Familie und des Geschlechtes, den Ahnengeist (lat. lar familiaris), der allen Zusammenkünften und Festlichkeiten der Familie beiwohnte. Am Altar der Laren opferten die Römer täglich, indem sie ihnen von ihrer Mahlzeit etwas in eine kleine Schüssel gaben und die ersten Tropfen des Weines darüber gossen. Neben den Laren kannten die Römer auch böse Geister von Verstorbenen, die sie Lemuren oder Larven nannten. Zu einem solchen bösen Geist wird ein Verstorbener, wenn er im Leben schlechte Taten vollbracht hatte. In der Spätzeit unterschied man den Aufgabenbereich dieser Totengeister genauer nach den Verdiensten des Verstorbenen. Wer gute bzw. schlechte Taten auf Erden vollbracht hatte, wurde ein Lar bzw. Lemur. Von den Letzteren wurden die Larven unterschieden, die ruhelos auf der Erde umherirrten und Spuk und Qualen bei den Lebenden verursachten, weil sie von ihren Schandtaten wussten. Manen wurden diejenigen Totengeister genannt, bei denen nicht deutlich war, ob sie zu Lebzeiten mehr schlechte oder mehr gute Taten vollbracht hatten. Dieser altrömische Glaube vom Jenseits wurde allmählich von den griechischen Vorstellungen überlagert, die genaue Beschreibungen des Totenreiches enthielten.

Eine Zusammenfassung dieser vom Griechentum beeinflussten Jenseitsvorstellungen, die zum Gedankengut des gebildeten Römers um die Zeitenwende gehörte, hinterließ der Dichter Vergil (70–19 v. Chr.) in seinem Epos „Aeneis“. Zehn Jahre bis zu seinem Tod arbeite Vergil an diesem Werk, das in Anlehnung an die „Odyssee“ des griechischen Dichters Homer die Erlebnisse Aeneas’ schildert, der als einziger Trojaner den Untergang seiner Vaterstadt überlebte. Auf Befehl Jupiters soll er in Italien ein neues Troja gründen. Im sechsten Buch beschreibt Vergil, wie sein Titelheld in die Unterwelt hinabsteigt. Nachdem er in Cumae in der Nähe von Neapel gelandet ist, besucht er eine Seherin, die als Sibylle von Cumae Berühmtheit erlangt hat, und bittet sie, ihm dabei zu helfen, in die Unterwelt einzudringen. Dort möchte er seinen Vater treffen. Aeneas muss zunächst Opfer darbringen und einen goldenen Zweig suchen, mit dessen Hilfe er gleichsam wie mit einem Ausweis in die abgeschlossene Unterwelt gelangen kann. Wie die antiken Tempel hat das Reich der Toten einen Vorhof, der als das „Haus des Dis" (Dis ist der Gott der Unterwelt) bezeichnet wird. Dieses Haus wird von Ungeheuern bewohnt, die menschliche Leiden und Ängste verkörpern wie Trauer, Sorgen, Krankheiten, Furcht, Hunger, Durst, Mühen, Krieg, Zwietracht und Rache. Als Aeneas sein Schwert ziehen will, um sich ihrer zu erwehren, hält ihn Sibylle mit dem Hinweis zurück, dies seien unkörperliche Wesen. Sie erreichen nun den Fluss Acheron, der das Totenland von den Lebenden abtrennt. Die Seelen, die nach den Vorschriften der Religion bestattet wurden, transportiert der struppige Fährmann Charon über den Fluss. Die Unbegrabenen, die in einem großen Gewimmel dort umherirren, können erst nach 100 Jahren den Frieden des Todes erlangen, indem sie in das Totenreich übergesetzt werden. Das jenseitige Ufer, das von dem schrecklichen Höllenhund Kerberos bewacht wird, erreichen sie, weil sie Charon durch den goldenen Zweig von der Berechtigung zur Überfahrt überzeugen können. Den Hund Kerberos schläfern sie ein, indem sie ihm einen Kuchen aus Honig und Kräutern geben. An der folgenden Wegstrecke begegnen sie verschiedenen Gruppen von Toten, die jeweils

Der Höllenhund Kerberos bewacht den Eingang der Hölle. Illustration aus dem 16. Jh. zu Vergil, „Aeneis", VI. Buch.

ein gemeinsames Schicksal hatten: die zu früh Verstorbenen wie Säuglinge, die zu Unrecht zum Tod Verurteilten, die Selbstmörder. Danach kommt ein Bereich mit dem Namen „die trauernden Gefilde", wo die Seelen dahinsiechen, welche die „grausame Liebe" zu Tode brachte. Diese toten Seelen haben nur den einen Wunsch, wieder ins Leben zurückzukehren und bereitwillig alles zu erdulden. Aber es gibt keine Rückkehr zur Erde, weil: „Hier aber ward ihnen nicht ihr Platz ohne Wahl, ohne Richter." Der Totenrichter Minos schüttelt die Urne und prüft die toten Seelen, indem er ihr Leben und ihren Ruf untersucht. Der Raum vor dem inneren Bereich des Orkus ist angefüllt mit den Seelen der berühmten griechischen und trojanischen Krieger. Hier trifft Aeneas auf seine gefallenen Freunde aus Troja sowie auf seine Kriegsgegner, die bekannten griechischen Helden, die ihn auch jetzt noch fürchten. Nun gelangen sie an einen Kreuzweg, bei dem der eine Weg zum Tartarus, der Hölle, und der andere zum Elysium, dem Paradies, führt. Vor dem Elysium befindet sich der Palast des Unterweltherrscherpaares Pluto und Proserpina. Aeneas darf die Hölle nicht betreten, aber seine Begleiterin beschreibt ihm diesen Strafort:

„Die Hölle der Römer, die durch eine dreifache Mauer und den Feuerfluss Phlegethon gesichert ist, hat eine Tiefe, welche die Höhe des Himmels zweifach übertrifft. Die Seelen, welche in diese Hölle kommen, werden zunächst von Rhadamanthus abgeurteilt, und dann werden sie von Tisiphone, der Türwächterin des Tartarus, die mit einem blutfarbenen Umhang bekleidet ist und Schlangen in der linken Hand hält, ausgepeitscht, durch einen Vorhof getrieben, wo eine riesige Schlange mit 50 Rachen wohnt, und in die Tiefen der Hölle gestürzt. Dort büßen neben den bekannten Frevlern gegen die Götter wie zum Beispiel Tantalus, Prometheus und Sisyphos, die schon aus der griechischen Hadesbeschreibung bekannt sind, alle Seelen, die gegen die Gesetze der Familie und der Gemeinschaft verstoßen haben. Wer seine Brüder gehasst hat oder wer seinen Vater schlug oder wer einen ihm Anvertrau-

Der Bereich der Hölle, den Vergil nicht betreten darf.
Herr über diesen Bereich ist Rhadamanthys.
Illustration aus dem 16. Jh. zu Vergil, „Aeneis", VI. Buch.

ten betrogen hat, wer seinen Angehörigen nicht den gebührenden Anteil an einer Erbschaft gab, wer wegen Ehebruch niedergehauen wurde, wer sich an einem ruchlosen und ungesetzlichen Krieg beteiligte, wer die Treue seinem Herrn gegenüber nicht einhielt, muss gewaltige Leiden und Schmerzen erdulden. Einige wälzen einen gewaltigen Block, andere hängen gefesselt an den Speichen von Rädern, und sie rufen: ‚Lernt Gerechtigkeit, lasst euch warnen und achtet die Götter!' Zu ihnen gehören auch die Vaterlandsverräter, die mit den Tyrannen gemeinsame Sache machten, oder Herrscher, die für Geld Gesetze aufhoben; auch diejenigen, die sich der Blutschande schuldig machten, indem sie das Schlafzimmer der Tochter betraten. Ich müsste 100 Zungen und Münder haben, um all die Verbrechen und die Strafen aufzuzählen, die hier abgebüßt werden."

Schaudernd wendet sich Aeneas vom Tartarus ab und geht mit seiner Begleiterin zum Elysium. Hier begegnen sie bekannten Gestalten der antiken Mythologie. Anchises, der Vater des Aeneas, erklärt seinem Sohn, dass die Seelen, die vom himmlischen Geist abstammen, durch den Aufenthalt im Körper gleichsam wie in einem Kerker Schaden nehmen und mit Leidenschaften erfüllt werden. Sie können in einen neuen Körper in die Oberwelt zurückkehren, sobald sie durch Wind, Wasser und Feuer von ihren irdischen schlechten Taten gereinigt worden sind. Zuvor jedoch müssen sie sich noch 1000 Jahre im Elysium aufhalten und anschließend im Hain des Vergessens vom Wasser eines Flusses trinken, das ihre Sorgen löst und Vergessen hervorruft. Wenn sie in neuen Körpern zur Oberwelt kommen, sollen sie frei sein von allen Erinnerungen an ihr früheres Leben. Nach diesen Lehren durch seinen Vater verlässt Aeneas den Orkus mit seiner Begleiterin durch das „Tor der Träume".

Spätantikes / frühmittelalterliches Europa

Germanen

Um ein genaues Bild von der germanischen Religion oder Teilen von ihr – wie zum Beispiel dem Jenseitsglauben – zu entwerfen, fehlen schriftliche Quellen. Hätten die Germanen, als sie im ersten nachchristlichen Jahrhundert die Runenschrift erfanden, ihre Geschichte, Gesetze und Literatur aufgeschrieben, dann hätten sie vielleicht wichtige Zeugnisse über das germanische Heidentum hinterlassen. Das Christentum, das den Germanen auch beibrachte, über ihre Geschichte zu schreiben, hat aus verständlichen Gründen alles getilgt, was nur auf den alten Glauben der Germanen hinwies. Gelegentlich werden in den christlichen Schriften, besonders in Bußbüchern, die Sitten, Bräuche und Zaubersprüche der heidnischen Germanen erwähnt, wenn sie für die Entfaltung des christlichen Glaubens als störend empfunden wurden. Die wichtigsten schriftlichen Quellen sind die Schriften der römischen Autoren wie Cäsar (1. Jh. v. Chr.) und Tacitus (2. Jh. n. Chr.), die durch Inschriften und Gräberfunde ergänzt werden müssen. Eine Ausnahme macht nur die kleine Insel Island im hohen Norden, auf der sich zahlreiche Mythen aus der vorchristlichen Zeit in den Eddas oder Sagas, den

Götterliedern, Fabeln, Fürstenliedern und Romanen der alten Isländer erhalten haben. Aber auch in dieser Literatur ist das heidnische Gedankengut vom Christentum herausgefiltert worden, so dass man in diesen Texten nur eine Nachwirkung des einstigen heidnischen Glaubens finden kann. Als Ergänzung dieser spärlichen Angaben müssen die sehr umfangreichen, aber auch durch das Christentum oft umgedeuteten Überlieferungen der Sitten und Bräuche der germanischen Stämme herangezogen werden.

Wichtige Einsichten über den Jenseitsglauben der Germanen vermitteln ihre Bestattungsgebräuche. Es finden sich im Siedlungsgebiet der Germanen, das sich zu Beginn unserer Zeitrechnung von der südlichen Hälfte Skandinaviens über Dänemark und den Niederlanden bis zum Erzgebirge und den Sudeten erstreckte, sehr unterschiedliche, oft nebeneinander bestehende Bestattungsformen. Im Osten waren die Germanen über die Weichsel hinaus in das Gebiet der Karpaten vorgedrungen. Als sicher kann gelten, dass die Germanen ein Mischvolk sind, das sich seit etwa 2000 v. Chr. aus einem vorwiegend Ackerbau betreibenden, sesshaften Volk in Dänemark und Norddeutschland sowie aus einem Kriegervolk, das aus Mitteleuropa in diese Gebiete eingewandert war, gebildet hat. Merkmal dieser einheimischen Ackerbaukultur waren große Megalithgräber, so genannte Hünengräber, in denen oft Dutzende von Toten beerdigt wurden. Die Eindringlinge, die Streitaxtleute, die nach der von ihnen als Waffe und Werkzeug benutzten Streitaxt ihren Namen erhielten, haben ihre Toten einzeln in Gräbern bestattet, wie es seit 1600 v. Chr. in Dänemark die Regel ist. Mit großer Sorgfalt wurden die Toten in Särge gelegt, die man mit Grabhügeln aus Sand oder Steinen bedeckte. Eine weitere Veränderung trat ab 1200 v. Chr.

Die verschiedenen Bestattungsformen bei den Germanen:

Bestattung in Grabhöhlen bzw. Erdbestattung

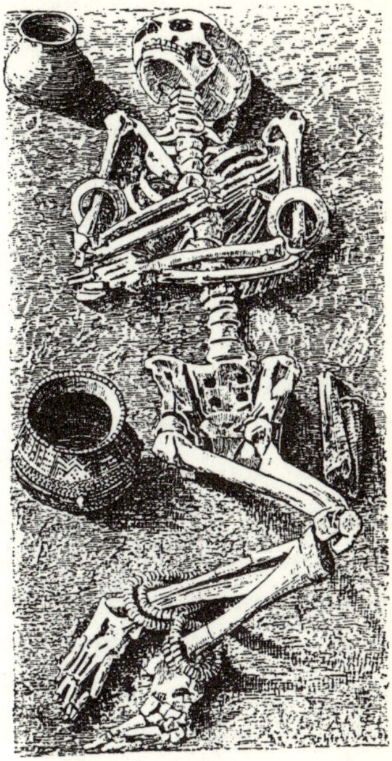

Urnenbestattung

ein, als die Einzelbestattung der Toten durch die Verbrennung ersetzt wurde, die in wenigen Jahrhunderten vorherrschender Bestattungsbrauch wurde. Dahinter stehen offensichtlich wichtige Veränderungen im Jenseitsglauben der Germanen. Das Megalithgrab mit zahlreichen Toten und das mit großer Sorgfalt hergerichtete Einzelgrab aus der germanischen Frühzeit legen die Vermutung nahe, dass die Germanen glaubten, ihre Toten lebten in Gemeinschaft mit ihren verstorbenen Verwandten in den Hünengräbern oder – wie man später dachte – in einem Einzelgrab weiter. Die Leichenverbrennung setzt den Glauben voraus, es gäbe neben dem Leichnam noch etwas anderes im Menschen, das den Tod überlebt. Wie die späteren Zeugnisse beweisen, hatten die Germanen die Vorstellung von einer Seele, die durch die Verbrennung des Leichnams von den körperlichen Banden befreit wird. Auch die Schiffsbilder auf Grabsteinen bestätigen diese Deutung. Im toten Körper befindet sich eine Seele, die nach dem Tod eine Reise antritt – dargestellt durch das Schiff. Das Wort „Seele", das bei den West- und Ostgermanen vorkommt, weist durch seine Wurzel auf eine Verbindung zur See und zum Meer hin, während das bei den Nordgermanen gebrauchte Wort ond zum Wortstamm an- („hauchen") gehört und mit dem lateinischen Wort animus („Seele") verbunden werden muss. Auf diese altnordische Wurzel geht auch das Wort Ahne zurück, womit ein Mensch bezeichnet wird, der seine Seele ausgehaucht hat. Bei allen germanischen Stämmen existierte die Vorstellung, dass die Seele eine Art Hauch oder Atem ist, der beim Tod aus den Körper heraustritt. Im Volksglauben gab es deshalb den Brauch, das Fenster des Sterbezimmers zu öffnen, damit die Seele des Toten hinausfliegen kann. Wenn sich jemand erhängte, nahm man an, es entstünde ein Sturm. Besonders häufig glaubte man, die Seele nähme eine Tiergestalt an und entferne sich als Vogel, Käfer, Schlange, Wiesel oder Maus. In der Sage vom Binger Mäuseturm ist diese uralte germanische Vorstellung von der Seele noch enthalten. Im Jahre 974, so erzählt die Sage, gab es in Mainz einen besonders geizigen Bischof mit dem Namen Hatto, dessen einziges Ziel es war, seinen Domschatz zu vermehren. Als viele arme Leute vor Hunger starben und versuchten, sich mit Gewalt Brot zu beschaffen, versammelte der Bischof diese Armen in einer Scheune vor der Stadt. Sobald diese Scheune mit den Armen angefüllt war, ließ er sie anstecken. Die in ihrer Todesangst schreienden Menschen verhöhnte der Bischof mit den Worten: „Hört, wie die Mäuse pfeifen!" Doch Gott bestrafte ihn, indem er Hatto Tag und Nacht von Mäusen quälen ließ, die an seinem Körper fraßen. In seiner Not wusste er keinen anderen Rat, als sich mitten im Rhein auf einer Insel bei Bingen einen Turm bauen zu lassen. Doch die Mäuse schwammen über den Rhein und fraßen den Bischof bei lebendigem Leib auf.

Die Seele kann aber nicht nur wie in der vorliegenden Sage eine Mäusegestalt annehmen, sondern auch als Gespenst in leiblicher Form des Toten auftreten. Dieses Phänomen wird als Wiedergänger bezeichnet. Besonders zur Nachtzeit glaubte man, dass ganze Scharen von Seelen, vor allem wenn ein Sturm die Wolken umhertrieb, wie ein „wildes Heer" durch die Lüfte eilten. Man glaubte sogar Schlachten in der Luft zu sehen. Vermutlich gab es bei den Germanen auch den Glauben an eine Wiedergeburt. So berichten nordische Sagen, dass König Olaf, der den Beinamen „der Heilige" trägt, weil er Norwegen zum Christentum bekehrte, die Wiedergeburt des verstorbenen Königs Olaf Geistada-Alf sei. Dieser König sei einem Mann im Traum erschienen und habe diesem befohlen, seine Waffen aus dem Grab zu holen und sie zu der schwangeren Fürstin Asta zu bringen. Denn das Kind, das diese zur Welt bringen würde, sollte den Namen Olaf erhalten. In verblasster Form lebt im Volksglauben diese Vorstellung von der Wiedergeburt in dem Brauch fort, dem Enkel den Vornamen des Großvaters zu geben.

Die Seele kann einem Menschen aber auch vor seinem Tod sichtbar werden. Man bezeichnete eine solche Seele als Fylgja, was „Folgerin" bedeutet, und legte ihr – vielleicht unter christlichem Einfluss – die Funktion eines Schutzengels bei.

Zu den ältesten Jenseitsvorstellungen der Germanen gehört der Glaube, dass die Seele eines Menschen, wie auf Erden so auch im „Seelenheim", mit den Seelen der Sippe zusammenlebt. Da die Toten und die Lebenden eine feste Gemeinschaft bildeten, beerdigte man die Verstorbenen wie oben beschrieben in große Hünengräber. Dies waren gleichsam Totenberge, wo die Sippenältesten ihre Herrschaft auch über die Lebenden ausübten. Die späteren Sagen berichten, dass Könige und Fürsten in Bergen weiterlebten wie zum Beispiel Kaiser Barbarossa, der sich im Kyffhäuser, einem Waldgebirge südlich des Harzes, aufhalten soll.

Daneben herrschte die Vorstellung vom Totenreich Niflheim, das man sich unter der Erde dachte. Wie das Wort Niflheim („Nebelheim") andeutet, handelt es sich um einen Ort, der in Nebel und Finsternis gehüllt ist. Die Aufsicht über das Totenreich hat die Tochter Lokis, Hel, die zusammen mit dem Fenriswolf, einem Ungeheuer mit einem riesigen Wolfsrachen, und Jormungand, einer gewaltigen Schlange, welche die gesamte Erde umschloss, als die Teufelsbrut unter den nordischen Göttern galt. Diese drei sollten den himmlischen Göttern Schlimmes antun, wie ihnen durch ein Orakel prophezeit worden war. Deshalb schleuderte der Göttervater Lokis Tochter unter die Erde und betraute sie mit der Herrschaft über das Totenreich. Da Loki und seine Kinder gleichsam die Rolle von Teufeln in der Welt der Götter innehatten, war es für das Christentum sehr leicht, diese Gestalten sowie das germanische Totenland, das auch nach der dortigen Herrscherin Hel Halya („Hölle“) hieß, in das biblische Weltbild einzubauen. In diese germanische Hölle kamen zunächst alle Toten, gleichgültig, ob sie zu Lebzeiten gute oder böse Taten auf der Erde verübt hatten. Als später die Hölle unter christlichem Einfluss zum Strafort für die Übeltäter wurde, fügte man zu dem Wort hel noch witi hinzu, was so viel wie Höllenstrafort bedeutet. Dass im 10. Jh. n. Chr. Hölle noch ganz allgemein Totenland bedeutet, berichtet der Schriftsteller Widukind (10. Jh. n. Chr.) in seiner „Sachsengeschichte“:

„Die Spielleute sangen nach dem Sieg der Sachsen über die Franken: ‚Wo gäbe es wohl eine Hölle so groß, dass sie die ganze große Welt verbergen möge.‘“

Es kann heute als gesichert gelten, dass der Göttername Hel vom gleichnamigen Totenland abgeleitet ist und nicht umgekehrt, wie in der Vergangenheit vermutet wurde.

In der nordischen Mythologie wird die Hölle folgendermaßen beschrieben: Der Weg zu ihr, der von den Toten zu Fuß, zu Pferd oder auf einem Wagen bzw. Schiff zurückgelegt wird, führt durch tiefe dunkle Täler. Der Höllenfluss Gjoll, über den eine von der Riesin Modgud bewachte Brücke führt, trennt das Totenreich von der Welt der Lebenden. An dem höhlenartigen Eingang (Gnipahellir) wacht der Hund Gamar, damit niemand aus dem Totenreich zurückkehren kann. Vermutlich wurde dieser germanische Höllenhund nach dem bekannten antiken Vorbild Kerberos’ gestaltet, ohne dass genau angeben werden kann, wie dieses griechische Gedankengut in den Norden Europas gelangte. Dieses Nebelheim der Hel ist durch ein Gitter besonders gesichert. Der ganze Bereich des Totenlandes ist von der Farbe Schwarz geprägt. Hel selbst wird teilweise ganz in Schwarz, teilweise fleischfarben mit einem herabhängenden Kopf dargestellt. Die dort lebenden Seelen haben eine schmutzige, hässliche Hautfarbe, die später den mittelalterlichen Teufel und seinen Anhang kennzeichnete. Unter den toten Seelen scheint es aber Rangabstufungen gegeben zu haben, wie die Sage von Balders Tod vermuten lässt: Als dieser Sohn des Göttervaters Odin vom teuflischen Loki erschlagen wird, bereitet ihm Hel in der Unterwelt einen würdigen Empfang. Ihm zu Ehren sind die Bänke mit Ringen übersät und die Dielen mit Gold geschmückt, wie die Sage berichtet. Balder wird auf einem Ehrenplatz in der Halle Hels mit Met bewirtet. Da alle Wesen, lebende und tote, wegen des Todes Balders Tränen vergießen, wird ihm die Rückkehr zur Erde gestattet. Vielleicht handelt es sich um uraltes germanisches Erbgut in dieser Sage, weil auch die babylonischen und antiken Höllenvorstellungen die Möglichkeit einer Rückkehr aus der Unterwelt kennen. Aber für den gewöhnlichen Toten gibt es keine Rückkehr aus der Hölle. Wenn sich jemand zufällig in das Totenland verirrt und von den dortigen Äpfeln isst, dann muss er für immer in Hels Reich bleiben.

Der Übergang des Totenlandes in einen Strafort für Übeltäter lässt sich in den nordischen Dichtungen des 10. Jhs. n. Chr. zeigen. Der Saal der Hel wird so furchtbar ausgemalt, dass der Name Eljudnir, der Plagenbereiter, für ihn angemessen ist. Ihre Diener und ihr Inventar tragen unheilvolle Namen. So heißt ihr Schlüssel Hunger, ihr Knecht Ganglati

(„zum Gehen zu träge"), ihre Magd Ganglot („fallendes Unheil"), die Schwelle oder das Tor zur Unterwelt „Geduldermüder", ihr Lager Kor („Krankenbett"). In dem eiskalten Höllenstrom müssen die Meineidigen, Mörder und Ehebrecher waten. Andere Sagen berichten, die Sünder müssten als Speise grausige Würmer verzehren oder der Saal der Hel sei mit giftigen Schlangen angefüllt.

Außer diesem Totenreich der Hel, das sich mit dem Eindringen des Christentums in die Welt der Germanen zur christlichen Hölle wandelt, gab es noch andere Aufenthaltsorte von Toten. Die im Kampf gefallenen Helden gelangen in die weite, goldglänzende Halle des Göttervaters Odin, die unter dem Namen Walhall zu einem Elysium erweitert wurde, in dem die verstorbenen Krieger wie in der antiken Mythologie ein paradiesisches Leben genießen. In dieses Paradies, das in Gladsheim, einem Ort im Himmel, liegt, kam man aber nicht wegen guter Werke, sondern nur aufgrund der Todesart. Die an Krankheit und Altersschwäche Verstorbenen mussten sich mit dem Nebelland der Hel begnügen. Dieses Paradies ist jedoch durch den wogenden Strom Thund vom Reich der Lebenden abgetrennt. Wer diesen Fluss durchquert hat, den hält noch die heilige, alte Todespforte, Walgrind, zurück. Walhall, die Wahlstatt der Krieger, wird als Saal beschrieben, dessen Wände aus Speeren und dessen Dach aus Schilden bestehen. In Walhall gibt es 45 Türen, aus denen über 800 Krieger herausgehen können. Beleuchtet wird diese Halle vom Glanz der Schwerter. Unbeschränkter Herr in Walhall ist Odin, der sich nur die besten Krieger, die als seine „Wunschsöhne" (Einherjer) bezeichnet werden, auswählt. In Gladsheim gibt es auch den Palast der Liebesgöttin Freyja, der den Namen Wingolf oder Folkwang trägt und in dem die Hälfte der gefallenen

Krieger Aufnahme findet. Die Göttin Freyja führt auch die Aufsicht über die Walküren, die in Walhall und Folkwang die Seelen bedienen müssen. Der Göttervater Odin sendet die Walküren in die Schlacht, damit sie die Männer auswählen, die sterben sollen. Diese „Wählerinnen", wie ihr Name im modernen Deutsch lauten würde, reiten mit ihren Rossen über die Meere und durch die Lüfte. In den Sagen werden sie als junge Mädchen von auffallender Schönheit beschrieben.

Der Aufenthalt der Seelen im Reich der Hel und in Walhall dauert nicht ewig, sondern wird unterbrochen, wenn die Welt durch einen gewaltigen Brand untergeht. Wenn sich dieses „Ende der Welt" (Ragnarök) nähert, kommt es zu einem Krieg zwischen den Göttern und den Höllenbewohnern. Die Höllenbrut, der Fenriswolf, Hel und die Weltenschlange bringt Loki vom Norden her mit einem Schiff heran. Vom Süden kommt Sutr, der die Herrschaft über die Feuerwelt, Muspellsheim, innehat, die man sich unter der Erde gegenüber dem nördlich gelegenen Nebelland, dem Herrschaftsgebiet Hels, vorstellte. Sutr hält in der Hand ein glühendes Schwert, mit dem er die Erde anzünden wird. Die Götter, die von den Bewohnern Walhalls unterstützt werden, bewaffnen sich und wenden sich gegen die Höllenbrut. Alle Teilnehmer dieser großen Schlacht werden getötet. Die Welt versinkt in einem Flammenmeer, um dann später neu zu entstehen und bevölkert zu werden. In der Sage heißt es: „Die Erde taucht aus der See auf, grün und schön, und Korn wächst darauf ungesät." Die Götter entstehen wieder aus der Vernichtung und bewohnen die Himmel, während das Menschengeschlecht sich aus einem Paar von neuem entwickelt, das dem von Sutr entfesselten Weltenbrand entgangen ist. Von diesen beiden Menschen mit den Namen Lif („Leben") und Lifthrasir („Lebenskraft“) stammt ein großes Geschlecht ab, das die ganze Erde bevölkern wird. Über das weitere Schicksal der einstigen Bewohner der Hölle und von Walhall wird berichtet, dass die Seelen der Übeltäter für alle Zeiten in Nastrand („Leichenstrand“) und die guten Seelen in Gimle („Himmel“) wohnen, wo sie die seligen Wonnen genießen. Der Einfluss der christlichen Jenseitsvorstellungen ist in dieser Schilderung der Endzeit der Welt unverkennbar.

Kelten

Die Kelten sind eine indogermanische Volksgruppe, die sich seit etwa 1200 v. Chr. von den nördlichen Alpenregionen über weite Teile Europas verbreitet hat. Keltische Stämme lassen sich seit dem 3. Jh. v. Chr. von Irland, Portugal, Spanien und Mittelfrankreich bis nach Ungarn nachweisen. Die keltischen Gebiete in Mitteleuropa gerieten seit dem 1. Jh. v. Chr. unter den starken Druck der Germanen, die sich von Norddeutschland aus verbreiteten. Das Vordringen der Römer unter Cäsar seit 58 v. Chr. trug ebenfalls dazu bei, dass die keltischen Staaten sich auflösten und ihre Kultur allmählich ausgelöscht wurde.

Die Kelten unterscheiden sich, was ihre Jenseitsvorstellungen betrifft, von den umliegenden Völkern wie den Germanen, Römern etc., weil sie das Jenseits (kelt. isiu = drüben) nicht von dem Diesseits (kelt. cenntar) trennen. Auch die Toten leben unter den Menschen, wenngleich sie sich nicht mit deren Angelegenheiten befassen. Nur einmal im Jahr, in der Nacht zum 1. November (kelt. samhain = „Ende des Sommers“), kommt es zu einem Austausch zwischen den Lebenden und den Toten. Im Volksglauben musste in dieser Zeit das Haus sehr sauber gemacht werden, um den Toten alle Ehren zu erweisen, aber man durfte sie nicht sehen, weil man sonst sehr bald zu ihnen gehören würde. Um in diese „Andernwelt“ (kelt. annwfn) der Toten zu gelangen, musste man Höhlen, Seen, Inseln oder Hünengräber (Megalithgräber) aufsuchen. Oft wird dieses Totenreich jenseits des Meeres angesiedelt, das man, wie in einer besonderen Literaturgattung der Kelten, der Imrama („Seereise“), ausführlich beschrieben wird, durch eine Seereise erreichen kann. In dieser „diesseitigen“ Jenseitswelt regiert als Herrscher der Gott Dagda, der auch den Vorsitz führt beim Festmahl im Jenseits. Dass man sich dieses Jenseits als eine paradiesische Welt vorstellt, wird durch zahlreiche in Gallien gefundene Inschriften belegt, die den Hinweis auf ein Fortleben in einer anderen Welt enthalten. Der römische Dichter Lukan (39–65 n. Chr.) berichtet in seinem Epos „Der Bürgerkrieg“ über die Religion der Kelten:

„Wenn man ihren Priestern Glauben schenken kann, erreichen die Schatten, die Seelen der Toten, nicht die stillen Wohnungen der Unterwelt und das farblose Reich des Gottes der Unterwelt, sondern der Geist bewegt unsere Glieder in eine andere Welt, die nicht irdisch ist. Der Tod ist nur die Mitte in einem langen Leben.“

Eine Beschreibung dieser „nicht irdischen, anderen Welt“, die Lukan erwähnt, liefert der griechische Schriftsteller Plutarch (1. Jh. n. Chr.). Nach seiner Ansicht glauben die Kelten, es gäbe eine Zauberinsel, die fünf Tagesreisen von der Bretagne entfernt sei, zu der die Seelen auf einem Schiff hingelangen. Auch in irischen Romanen, die noch sehr christliches Gedankengut enthalten, wird dieses Paradies der Toten als

„Insel unter den Wassern“ (kelt. tir fa tonn) beschrieben, oder es erscheint plötzlich auf dem Erdboden, als ob es jäh erschaffen worden wäre. Man gibt diesem Jenseits Namen wie „die andere Welt“, „das leuchtende Land“ oder das „Jugendland“. Weil die Bewohner dieses jenseitigen Paradieses unsterbliche Jugend, Schönheit und alle nur denkbaren Freuden genießen, wurde die Ansicht vertreten, es handele sich nicht um das Land der Toten. Dieser Eindruck entsteht, weil nach den Erzählungen und Dichtungen die Bewohner berühmte Gestalten der Mythologie sind. Bei den Griechen wurde ein solches Totenland als das Elysium bezeichnet, wohin bekannte Gestalten der Mythologie entrückt wurden.

In einem dieser keltischen Imramas, der „Fahrt des Maelduins“ aus dem 8. Jh. n. Chr., werden solche Toteninseln folgendermaßen beschrieben:

„Auf einer bergigen Insel hören wir Stimmengewirr von verschiedenen Vögeln, die schwarz, braun oder anders gefleckt sind. Alle sprechen und schreien mit menschlicher Stimme. Diese Vögel sind die Seelen der Verstorbenen. Sie bekommen von einem Engel jeden Morgen einen halben Kuchen, ein Stück Fisch und einen Becher Bier von der Quelle. Oder sie baden in einem See, dessen Wasser sie verjüngt und von allen Leiden befreit. Dies ist die Insel der Seligen.“

Vielleicht basieren die antiken Berichte über die Seelenwanderungslehre der Kelten auf diesen Vorstellungen von einem Weiterleben der Toten in einer Welt, die nicht von derjenigen der Lebenden getrennt ist. Nach Cäsar, der die Religion der Kelten in seinem „Gallischen Krieg“ (52. v. Chr.) erwähnt, glaubten die Kelten an die Unsterblichkeit der Seelen und an die Seelenwanderung. Andere antike Autoren wie etwa Diodor von Sizilien (1. Jh. v. Chr.) unterstellten den Kelten sogar, dass bei ihnen die Lehre des Pythagoras von der Seelenwanderung in großem Ansehen stünde. Die Menschenseele sei unsterblich und würde nach einer bestimmten Anzahl von Jahren wieder geboren, indem sie in einen anderen Körper eintrete. Die Kelten werden sogar als die Jünger des Pythagoras bezeichnet. Der griechische Philosoph Pythagoras (6. Jh. v. Chr.) lehrte wie die Sekte der Orphiker, die etwa zur selben Zeit aufkam, dass die unsterbliche Seele als Strafe in andere Körper, sogar in die von Tieren, eintreten müsse. Die religiösen Vorstellungen der Kelten mit den Lehren des Pythagoras in Verbindung zu bringen überzeugt wenig, weil für die Kelten die Wiedergeburt keine Strafe war und das Jenseits eher paradiesische Züge hatte. Reste dieser uralten Vorstellungen, welche die Kelten wie die anderen Indogermanen mit den alten Indern teilen, finden sich noch in den Liedern des keltischen Sängers Taliesin, die in einem Manuskript aus dem 17. Jh. überliefert sind. Diese Dichtung trägt den Namen „Cad Goddeu", Schlacht der Bäume und Sträucher:

„Ich habe gelebt unter einer Menge von Formen, bevor ich unter einer materiellen Form erschien: Ich war ein schmales, buntes Schwert; ich glaubte an das, was sichtbar ist; ich war eine Träne in der Luft; ich war der glänzendste der Sterne; ich war Wort unter Buchstaben; ich war Buch im Ursprung; ich war Glanz eines Lichtes".

Die Wanderung seiner Seele durch die verschiedenen Gestalten beschreibt Taliesin so:

„Ich bin der Wind auf dem Meer, ich bin die Woge des Ozeans, ich bin das Geräusch des Meeres, ich bin der Stier in den sieben Kämpfen, ich bin der Geier auf den Felsen, ich bin der Tautropfen, ich bin die schönste der Blumen, ich bin ein Eber voller Kühnheit, ich bin der Lachs im Meer."

Das schon erwähnte Zitat des Dichters Lukan, dass für die Kelten der Tod nur der Mittelpunkt des Lebens sei, dürfte die Gedanken Taliesins zusammenfassen. Der Glaube der Kelten, dass die Seele nach dem Tod eine neue körperliche Gestalt annehme, muss selbst noch in christlicher Zeit im Volk weitergelebt haben, wie diese Dichtung Taliesins beweist.

Die keltischen Sagen, Romane und Erzählungen, soweit sie nur in geringem Umfang vom Christentum beeinflusst sind, legen den Schluss nahe, dass nur die Seele von bestimmten herausragenden Persönlichkeiten in einer anderen Person wieder geboren wurde. Aber dies ist sicherlich nicht die Norm bei den Kelten gewesen. In einem keltischen Epos aus dem 9. Jh. n. Chr. mit dem Titel „Wie die beiden Schweinehirten den Kreislauf der Existenzen durchwanderten" wird beschrieben, wie diese beiden Hirten der Reihe nach zu Hauchvögeln, Wassertieren, Kriegern, Geistern, Wasserwürmern und Stieren wurden. Das keltische Wort für „Kreislauf der Existenzen" heißt cophur, das auf comsur zurückgeht, dessen Wurzel wiederum mit dem altindischen Wort samsara verwandt ist. Mit diesem Wort bezeichnen die alten Inder den Kreislauf der Wiedergeburten der Seele, bis diese ihre Schuld im diesseitigen Leben abgebüßt hat. In den Sagen des alten Irland finden sich auch Hinweise, dass die Kelten zwischen zweierlei Aufenthaltsorten der Toten unterschieden. Neben der „Insel der Seligen" (ir. Mag Mill), deren Beschreibung sich mit den schon erwähnten sagenhaften Inseln der Toten deckt, wird eine Toteninsel erwähnt, die man sich im Volksglauben als Aufenthaltsort der Seelen der gewöhnlichen Sterblichen vorstellte. Diese Insel mit dem Namen Teach Duin („Haus des Donn") soll eine kleine der Küste von Munster vorgelagerte Insel sein, wo der Totengott Donn über die Seelen der Toten herrscht. Da für die Iren dieser Totengott Donn auch der Ahnherr aller Menschen ist, verglich man ihn in der Fachwissenschaft mit dem altindischen Totengott Yama, der als erster Mensch ins Jenseits kam und dort die Herrschaft ausübte. Fraglich ist, ob in dem „Haus des Donn", wie die Iren die Toteninsel nannten, auch Sünder bestraft wurden. Die zahlreichen Gemeinsamkeiten mit dem altindischen Jenseitsglauben werfen die Frage auf, ob die Kelten im Jenseits auch einen Strafort kannten. Als die Kelten zum Christentum bekehrt wurden, haben die Vorstellungen von der christlichen Hölle die Fantasie und die Neugier der Menschen angeregt, diese christlichen Jenseitsvorstellungen in Bildern auszumalen. Die Imramas zeigen eindrucksvoll, wie man sich im Volk die Hölle vorstellte. Es ist nicht unwahrscheinlich, dass diese christlichen Höllenvorstellungen auf fruchtbaren Boden fielen, weil in der keltischen Religion ähnliche Vorstellungen vorhanden waren, die von dem allmächtigen Christentum übernommen wurden, so dass ihre Herkunft heute nur noch vermutet werden kann. In der Höllenschilderung, die in der „Vision Adamnas" enthalten ist, sind viele heidnische Vorstellungen eingeflossen. Dieses Werk, das vorgibt, von Adamnas (gest. 703 n. Chr.), dem Nachfolger des hl. Columbans, verfasst worden zu sein, stammt wahrscheinlich aus dem 10. Jh. n. Chr., aber es enthält bei weitem ältere Glaubensvorstellungen der Kelten:

„Adamna und sein Schutzengel treten zuerst in ein ausgebranntes Land ein, dessen Bewohner noch nicht bestraft werden. Danach kommt ein feuriges Tal mit acht glühend roten Schlangen. Über dieses Tal wölbt sich eine Brücke, die wie die Jenseitsbrücke der alten Iraner sich für die Sünder immer mehr verengt, so dass sie in die Tiefe herabstürzen. Die nächste Station ist ein Küstensaum, wo völlige Dunkelheit herrscht. Hier werden große Menschenmassen von der ‚Flut der Pein', die stündlich wiederkehrt, überflutet und gequält. An diesem Ort müssen sich diese Seelen aufhalten, bei denen sich die guten und schlechten Taten das Gleichgewicht halten. Daran schließt sich eine Region an, welche der Strafort der Mörder und Räuber ist. Ihre Strafe besteht darin, dass sie bis zum Kinn in einem Flammenmeer stehen und von feurigen Schlangen an glühend heiße Pfeiler gefesselt sind. Am nächsten Strafort müssen die Sünder bis an die Hüften in stinkendem Kot stehen. Bekleidet sind diese Toten mit Kapuzen aus Eis. Von ihren Gürteln werden sie abwechselnd mit Kälte und Hitze gepeinigt. Zusätzlich werden einige dieser Sünder von Dämonen mit feurigen Keulen geschlagen, andere haben feurige Nägel in den Zungen und Köpfen. Diese Strafen müssen die Diebe, Giftmischer und falschen Richter erdulden. Priester, die ihre Pflichten verletzt haben, müssen feurige Mäntel tragen, und um ihren Hals sind feurige Ketten und Räder gelegt. Die Wächter dieses Strafortes hetzen gewaltige Hunde auf sie. Gottlose Könige, Ehebrecher und Kuppler werden von Dämonen über feurige Steinplatten zu einem Pechsee getrieben, wo sie vergeblich Linderung für ihre Qualen suchen."

Am Ende dieses Gebietes kommt die eigentliche Hölle, deren Furchtbarkeit der Verfasser nur andeutet, weil sie offenbar jede menschliche Fassungsgabe überschreitet.

Altasien

Hindus

In den ältesten Schriften des Hinduismus, den Veden („Wissen"), deren Entstehung man in die Zeit 3000 bis 1000 v. Chr. ansetzt, finden sich kaum Ansätze für die spätere Lehre von dem Kreislauf der Wiedergeburten (samsara), welche die Grundlage und die wichtigste Aussage des Hinduismus ist. Sie lässt sich wie folgt zusammenfassen:

Jeder Mensch wird entsprechend seinen Taten (karma) in neue irdische Existenzen wieder geboren, bis sich sein Ich (atman) mit dem Urgrund alles Seins (brahman) vereinigt und dieser Kreislauf beendet ist. Es ist deshalb das höchste Ziel, dass sich dieses Ich, das seinen Sitz in einem bestimmten Körper hat, im großen unpersönlichen Brahman auflöst. In den religiösen Texten aus späterer Zeit wird dieser Kreislauf so formuliert:

„Wie fließende Ströme im Wasser verschwinden, indem sie Namen und Form ablegen, so geht der Weise, von Name und Form erlöst, in den himmlischen Geist ein, der höher als das Höchste ist."

In dem Gesetzbuch des Manu, einer der wichtigsten Schriften der Hindus, werden diese Wiedergeburten ausführlich beschrieben und es wird dargestellt, wie sich die bösen Taten während der früheren Existenzen auswirken. So wird ein Korndieb als Ratte, ein Milchdieb aber als Krähe wieder geboren. Als Mittel, um zukünftige schlechte Wiedergeburten auszuschließen, wird die Seele für ihre Taten für einige Zeit in Höllen verschiedenen Qualen ausgesetzt, die vom späteren Hinduismus in drastischen Farben ausgemalt werden.

Diese klassische Lehre war in der Frühzeit noch unbekannt. Man glaubte, dass ein Mensch nach seinem Tod im Reich des Totengottes Yama weiterlebte. Dieses Fortleben im Jenseits, das man sich im Himmel vorstellte, war das Recht jedes Menschen und nicht ein Geschenk eines Gottes oder die Folge guter Taten. Aber in diesem Jenseits gibt es auch eine Stätte, an der Übeltäter bestraft werden. So heißt es in den Veden: „Die Götter Indra und Soma schleudern die Missetäter in den Kerker, ein haltloses Dunkel."

An anderen Stellen wird dieser Kerker als „Grube" beschrieben. Diese Hölle, die nur vage vom Himmel der Seligen geschieden wird, entbehrt noch allen Ausschmückungen, wie sie für die Höllenvorstellungen des späteren Hinduismus typisch sind. Diese Höllenbilder des frühen Hinduismus werden in einem Text der Veden auf folgende Weise beschrieben:

„Varuna, der in den frühen religiösen Vorstellungen der Inder als Herr des Weltalls im Himmel thront, will seinen Sohn Bhrigu belehren, weil er sich gegen die Götter, Menschen und sogar gegen seinen eigenen Vater erhebt. Nachdem er ihm die Lebenskraft entzogen hat, lässt er ihn das Jenseits erblicken. Bhrigu sieht, wie dort ein Mensch den anderen zerstückelt und verzehrt. Die Opfer, an denen diese Handlungen vollzogen werden, sitzen entweder still da oder schreien laut. Er sieht weiterhin zwei Frauen, die ihren Besitz bewachen, zwei nebeneinander fließende Ströme, von denen der eine

Blut führt und von einem mit Keulen bewaffneten schwarzen Mann bewacht wird. An dem anderen Strom, der so aussieht, als ob er aus Schmelzbutter besteht, sitzen zwei Männer, die mit goldnen Bechern daraus schöpfen. Zuletzt erblickt er fünf Honigströme mit Lotusblumen, wo in Scharen Wasserfrauen tanzen und sich Spielen hingeben. Als Bhrigu zu seinem Vater zurückkehrt, verlangt er nach einer Erklärung seiner Beobachtungen. So erfährt er, dass eine falsche Verrichtung des Feueropfers, das zu den wichtigsten Opferhandlungen gehört, im Jenseits zur Lynchjustiz führt. Die beiden Frauen symbolisieren den Glauben und den Unglauben. Der Blutstrom hat seine Ursache darin, dass Menschen, die nicht opfern, den Brahmanen, den Priestern, das Blut auspressen. Der schwarze Mann ist der Zorn. Die schönen Gegenden, die sich am Schluss vor Bhrigus Augen auftaten, sind Bereiche des Himmels, über die Varuna herrscht.“

In der Folgezeit wurden diese religiösen Vorstellungen vom Jenseits weiter ausgemalt. Den Hintergrund bildet der Glaube, dass auch im Jenseits der Tod noch nicht überwunden ist. Die Leiden und alle Begleiterscheinungen des Todes sind fortan die Folge schlechter Taten. Man stirbt nicht einmal, sondern mehrfach. Jeder Wiedertod führt zu einer Wiedergeburt, wie oben schon dargestellt wurde. Durch Sühne und Reinigung konnten aber die zu Lebzeiten begangenen Frevel und schlechten Taten abgegolten oder gebüßt werden. Besonders im Volksglauben der Inder wurde aus diesem Grund ein umfassendes System von Höllen und Straforten geschaffen. Um die Gläubigen zu belehren, entstand eine umfangreiche Literatur von Wanderungen durch diese Höllen, die ausführlich und bildhaft die dortigen Qualen und Marter darstellten.

Besonders detailliert werden die Höllen der Hindus in einem Werk aus dem 8. bis 10. Jh. n. Chr. beschrieben, das „Markandeya-Purana" betitelt ist. Die Puranas sind Werke, die in Form von Sagen und Erzählungen philosophische und religiöse Probleme behandeln. Darin berichtet der Brahmanensohn Sumati seinem Vater von seinen Höllenvisionen. Der erste Teil seiner Schilderung beschreibt die Qualen der einzelnen Höllen:

„Nach ihrem Tod werden die Übeltäter und Bösewichte von den Gehilfen des Todesgottes Yama ergriffen. Es sind furchterregende Gestalten, die einen unerträglichen Fäulnisgeruch verbreiten. In ihren Händen tragen sie einen Stock und einen Hammer. Schon beim Herannahen werden die Sünder von einer großen Furcht gepackt, so dass sie nach ihren Eltern und Angehörigen rufen. Angstvoll und seufzend verlassen sie ihren toten Körper und erhalten einen neuen Leib, indem sie dem Wind nachfolgen. Dieser neue Körper ist ausschließlich für die neuen Qualen bestimmt, die sie erleiden müssen. Von den Gehilfen Yamas werden sie nun gefesselt und nach Süden verschleppt, wo sich Yamas Reich befindet. Schon auf diesem zwölftägigen Weg erhält der Sünder einen Vorgeschmack der zu erwartenden Strafen. So leidet er unter spitzen Steinen, Feuer, Sonnenglut und wird von Schakalen angefallen. Während dieser Reise blickt er auf die Erde zurück, von wo aus ihm seine Angehörigen Opfer bringen, die ihm als Wegzehrung dienen. Nun steht er vor Yama, der, von Krankheiten und Toten umgeben, ihn mit seinen roten, finster blickenden Augen ansieht und dann über ihn ein Urteil fällt, damit er seinen weiteren Weg in die Höllen antritt. Vor dem Sünder eröffnet sich eine wahre Flucht von Höllenabteilungen, deren Schrecken immer mehr zunehmen, je weiter der

Sünder darin eindringt. Die Zahl dieser Höllenabteilungen beträgt sieben:

Rauva („brüllende Hölle"): Ihre Ausdehnung beträgt 2000 Yonas, ein Längenmaß, das etwa der deutschen Meile entspricht. In den späteren buddhistischen Höllendarstellungen muss diese Maßangabe verdoppelt werden. Sie besteht aus einer knietiefen Grube, die mit glühenden Kohlen angefüllt ist, so dass der ganze Erdboden in Brand gehalten wird. Yamas Diener werfen den Sünder hinein und zwingen ihn, diese Grube in ihrer ganzen Länge zu durchwandern. Tag und Nacht sind seine Füße diesem Feuer ausgesetzt. Wenn er 1000 Yonas durchschritten hat, warten andere Höllen auf ihn. Nachdem er sie alle durchwandert hat, wird er als Tier wieder geboren, dann erlangt er einen menschlichen Körper und wird in eine niedere Kaste hineingeboren. Auf diese Weise büßt er seine Strafe ab und erlangt in den folgenden Wiedergeburten eine bessere Existenz. Am Ende kann er sich bis zu den Göttern erheben.

Maharaurava („stark brüllende Hölle"): Ihr Umkreis misst 3500 Yonas. Der Erdboden besteht aus Kupfer und ist durch die Hitze des darunter befindlichen Feuers mondhell. Gefesselt werden die Sünder in diesen Raum geworfen, nachdem sie schon auf dem Weg dorthin von wilden Tieren angefressen und zerfleischt worden sind. Jammernd rufen sie in der Gluthitze nach ihren Angehörigen.

Tamas („finstere Hölle"): Hier herrschen Finsternis und grausame Kälte. Dazu kommen Hunger und Durst und andere Widerwärtigkeiten. Der Frost schüttelt die Bewohner dieser Region und bricht ihre Zähne. Durch ein Eisstück, das der Wind mit sich führt, werden die Knochen freigelegt und das Mark und Blut herausgedrückt. Vor Hunger lecken sich die

Sünder gegenseitig ab, wenn sie bei ihrem Herumirren zusammentreffen und sich einander vor Kälte umschlingen.

Nikrintana („zerschneidende Hölle“): Hier werden die Sünder auf eine Töpferscheibe gestellt, die sich ständig dreht. Mithilfe eines schwarzen Fadens, den Yamas Diener in den Händen haben, werden sie vom Scheitel bis zur Fußsohle zerschnitten. Diese Prozedur wiederholt sich ständig, weil die Sünder niemals einen endgültigen Tod erleiden. Der zerspaltene Körper vereinigt sich immer wieder.

Apratishta („Hölle ohne Stütze“): Die Folterwerkzeuge sind in dieser Hölle ein auf Rädern angebrachter Ziehbrunnen, an dem die Sünder befestigt sind. Blut strömt aus ihrem Mund. Unaufhörlich weinen sie. Ständig beginnt die Qual von neuem, so dass ihr „Zustand 1000 Jahre lang“ derselbe ist.

Asipatravana („Hölle des Schwertblätterwaldes“): Diese Hölle besteht aus Feuerflammen, in welche die Sünder hineinfallen. Zusätzlich werden sie von glühend heißen Sonnenstrahlen gemartert. In der Mitte dieser Hölle ist ein Laubwald, dessen Blätter Schwertklingen sind. Angelockt von dem Anblick des Waldes, der ihnen an seinem Eingang lindernde Kühle verheißt, gehen die Sünder hinein, um dort Erholung von ihrem Schmerz und Durst zu suchen. Doch ein heftiger Wind lässt die Schwertklingen auf sie herabfallen, und sie sinken auf den aus Flammenhaufen bestehenden Erdboden nieder. Dann fallen Rudel von schrecklichen Hunden über sie her. Bei lebendigem Leib werden die Sünder von ihnen zerrissen und aufgefressen.

Taptakumbha („mit glühenden Töpfen versehene Hölle“): Hier werden die Sünder mit dem Kopf nach unten in Töpfe geworfen und dann in Öl und Eisenspänen gekocht. Der Schädel und alle Knochen bersten, das Mark spritzt heraus. Die zerfetzten Gliedmaßen werden von Geiern gefressen. Ständig werden sie von neuem in das siedende Öl geworfen, das von den Yamadienern gerührt wird. Schließlich sind die Menschenteile nur noch ein flüssiger Brei.

Nach dieser Beschreibung der einzelnen Höllenabteilungen berichtet der Brahmanensohn, was er persönlich dort erlebt hat. Er kam in die Maharaurava-Hölle, weil er in seiner siebten Wiedergeburt Kühe von der Tränke ferngehalten hatte. In dieser Hölle wurde er von Vögeln mit ehernen Schnäbeln gepeinigt. Die ganze Hölle war angefüllt mit Feuer und den abgetrennten Gliedern der Sünder. Dort musste er sich über 100 Jahre aufhalten. Plötzlich verspürte er Linderung durch einen kühlen Windhauch. Die Leiden aller Sünder hörten auf. In ihrer Mitte erschien der König Vispacit („der Weise"), der in Begleitung von Dienern Yamas in diese Hölle eingetreten war. Sofort fragte der König die Diener des Totengottes, weshalb er in diese Hölle gekommen sei. Man hielt ihm vor, er habe einst seine ehelichen Pflichten gegenüber seiner Gattin vernachlässigt. Die Sünder schilderten dem König ihre guten und bösen Handlungen, die in Taten, Gedanken oder Worten bestehen und deren Folge entweder der Aufenthalt im Himmel, der Hölle oder eine neue Wiedergeburt ist. Die Strafen der Sünder stehen in deutlichem Zusammenhang mit ihren Taten. So werden Personen, die anderen Menschen die gebührende Ehrerbietung nicht erwiesen haben, in die Rauva-Hölle gestellt. Wer die Eintracht stört, kommt in die Nikrintana-Hölle. Die schwersten Verbrechen sind der Diebstahl von Gold, die Tötung eines Brahmanen oder das Trinken von Wein.

Von diesen Höllenstrafen müssen die Wiedergeburtsstrafen unterschieden werden. So führt Vertrauensbruch zur Wiedergeburt als Fisch, und die Unterschlagung von Geld verschafft solchen Tätern die Existenz eines Wurms. Ehebrecher durchlaufen nacheinander die Wiedergeburt als Wolf, Hund und Schakal.

Als Vispacit sich die Erklärungen der Yamadiener angehört hatte, wurde er aufgefordert, die Hölle zu verlassen. Kaum hatte er den Befehl befolgt, da hielten ihn die flehentlichen Rufe der Sünder zurück: „Erweise uns doch deine Gnade und bleibe noch einen Augenblick hier. Denn durch deine Anwesenheit werden unsere Schmerzen gemildert.“ Dem verwunderten König Vispacit erklärten Yamas Gefolgsmänner, dass ein Mensch, der im Besitz guter Taten ist, die Qualen der Hölle lindern könne. Vispacit entschied sich, weiter in der Hölle zu bleiben, um die dort leidenden Sünder zu erlösen. Als der Unterweltkönig Yama und der Götterkönig Indra erschienen, um ihn persönlich aus der Hölle in den Himmel zu geleiten, widersetzte sich Vispacit und verzichtete auf dieses Anrecht. Aber er bedingte sich aus, dass der Götterkönig als Belohnung für diese Tat die Sünder von ihren Höllenqualen erlösen soll.

Auch der Erzähler Sumati erlangte auf diese Weise seine Erlösung von den Martern der Hölle.“

Der Hinduismus versuchte durch die Seelenwanderung eine Erklärung für die Ungerechtigkeiten des Einzellebens zu geben. Grundlage dieser Lehre ist die Erkenntnis von der Vergänglichkeit des menschlichen Daseins und der gleichzeitigen Überzeugung, dass der Mensch eine höhere Aufgabe hat. Die unzerstörbare Seele wird nach diesen Unterbrechungen durch den Tod in immer neue Körper wieder geboren, bis sie sich mit der Weltseele wieder vereinigt. Der Buddhismus dagegen kennt weder die Weltseele noch die Einzelseele. Die Annahme einer bestimmten Seele als der Wesenheit eines Körpers wird als Grundirrtum angesehen. Der Mensch ist nur eine Vereinigung gewisser stofflicher Elemente und geistiger Vermögen. Nach dem Tod löst sich diese Vereinigung auf, und aus den gleichen Bestandteilen bildet sich ein neues Wesen. Nach der Lehre der Buddhisten werden die Einzelexistenzen nicht durch die Seelenwanderung, sondern durch die Wiedergeburt verknüpft. Was nach dem Tod eines Menschen übrig bleibt, ist der Lebenswille, der ein neues Leben aus den früheren Bestandteilen entstehen lässt. Diese neue Form, in welche die früheren Bestandteile eingehen, wird entscheidend von Taten bestimmt, die ein Mensch in seinem früheren Leben begangen hat. Die moralischen Handlungen in diesem Leben finden ihre Vergeltung durch eine entsprechende Wiedergeburt in einem neuen Leben. Am Ende steht die Befreiung von diesem leidvollen Dasein. Um dieses Ziel zu erreichen, muss das Einzelwesen viele Wiedergeburten durchlaufen.

Eine Wiedergeburt kann in sechs Formen stattfinden, nämlich als Gott, Mensch, Dämon, Gespenst, Höllenwesen und Tier. Im Gegensatz zum Hinduismus ist diese Wiedergeburt nur auf belebte Wesen beschränkt. Solange ein Wesen lebt, ist ihm auch der Tod gewiss, und es muss sich einer neuen Wiedergeburt unterziehen. Dieses Gesetz gilt auch für das Dasein im Paradies oder Himmel sowie in der Hölle. Wie lange sich ein Wesen in den drei Bereichen Erde, Himmel oder Hölle aufhält, wird von seinen Taten in der früheren Existenz bestimmt.

Die Hölle (naraka) stellten sich die Buddhisten als ein Erdgefängnis unter dem mystischen Berg Meru, dem Mittelpunkt der Erdscheibe, oder zwischen den zahllosen Welten vor. Diese zwischenweltlichen Höllen, die genau zwischen unserem Weltall oder Sonnensystem und dem Weltall im leeren Raum angesiedelt werden, gelten als die schlimmsten und sind für die unverbesserlichen Sünder bestimmt. In der „südlichen Schule" (Hinayana) gibt es acht große Höllen, die wiederum in vier kleinere (usada) zerfallen. Im Ganzen umfasst der unterirdische Strafort der Buddhisten 32 Regionen der Qualen und Marter. Die Einteilung geschieht nach den Verbrechen, die gesühnt werden sollen. Die „nördliche Schule" (Mahayana) hat die Zahl der Höllen vergrößert und sie mit grausiger Fantasie ausgemalt. Den acht heißen Höllen (yoyü) der südlichen Schule – Sanjiva, Kalasutra, Sanghata, Raurava, Maharauva, Tapana, Pratapana und Avici – entsprechen acht kalte Höllen (hanyü) der nördlichen Schule – Arbuda, Nirabuda, Atata, Aba, Ahaha, Utpala, Padma und Pundarika. Die Zahl der kleineren Höllen beträgt in dieser nördlichen Schule 16, so dass sich die Gesamtzahl der Höllen auf 256 (8 + 8 x 16) beläuft. Dieser Gegensatz zwischen den beiden großen buddhistischen Schulen ist nur scheinbar. Denn die moderne Buddhismusforschung hat herausgefunden, dass die kalten Höllen der nördlichen Schule sich in der achten Hölle (Avici) des südlichen Buddhismus wiederfinden. Sie bezeichnen dort die unterschiedliche Dauer der dorthin Verdammten. Die Sekten des Buddhismus erhöhten lediglich die Anzahl der möglichen Aufenthaltszeiten in dieser Hölle, die unter allen Höllen als die schlimmste gilt, von acht auf zehn.

ÜBERSICHT: DIE BUDDHISTISCHEN HÖLLEN

Die acht großen (heißen) Höllen

Sanjiva

1. Art der Verdammten: Mörder
2. Strafe: Sie zerfleischen sich gegenseitig mit eisernen Krallen.
3. Dauer der Strafe: 10.000.000 Jahre (7 Nullen)

Kalasutra

1. Art der Verdammten: Lügner, schlechte Söhne, falsche Freunde
2. Strafe: Sie werden mit glühend heißen Ketten gefesselt, enthauptet oder zersägt.
3. Dauer der Strafe: 1 + 14 Nullen Jahre

Sanghata

1. Art der Verdammten: Diejenige, die Lebewesen töten
2. Strafe: Geröll fällt auf sie nieder und zermalmt sie zu Brei.
3. Dauer der Strafe: 1 + 21 Nullen Jahre

Raurava

1. Art der Verdammten: Diebe und Menschen, die Wesen körperlichen und seelischen Schaden zugefügt haben
2. Strafe: Sie brennen lichterloh und stoßen Schreie aus.
3. Dauer der Strafe: 1 + 28 Nullen Jahre

Maharauva

1. Art der Verdammten: Treulose Treuhänder, Ehebrecher
2. Strafe: Sie brennen in einem schrecklichen Feuer, so dass sie noch lauter schreien als die Sünder der vorhergehenden Hölle.
3. Dauer der Strafe: 1 + 35 Nullen Jahre

Tapana

1. Art der Verdammten: Brandstifter
2. Strafe: Sie werden in den Flammen geröstet.
3. Dauer der Strafe: 1 + 42 Nullen Jahre

Pratapana

1. Art der Verdammten: Gesetzesbrecher
2. Strafe: Sie müssen in brennenden Gruben sitzen.
3. Dauer der Strafe: 1 + 49 Nullen Jahre

Avici

1. Art der Verdammten: Ungläubige und Menschen, die sich Vorgesetzten bzw. Autoritäten (Vater, Mutter, Guru) widersetzt haben
2. Strafe: Das Feuer lässt nur noch ihre Knochen übrig; oder aber sie sitzen in einem Wagen und werden durch diese Feuerhölle gefahren, so dass das Feuer ihre Körper einhüllt.
3. Dauer der Strafe: 1 + 56 Nullen Jahre; nach einigen Quellen auch ewig. Wie oben beschrieben, finden sich in der Avici die acht bzw. zehn kalten Höllen der nördlichen Schule wieder. Deshalb werden meistens noch neun weitere Stufen von unterschiedlicher Zeitdauer der Strafen genannt:
   1 + 63 Nullen Jahre
   1 + 70 Nullen Jahre
   – – – – – –
   1 + 119 Nullen

Neben den großen gibt es auch kleine Höllen (Milahakupa, Kukkula, Aispatravana und Nadi), deren Beschreibung bei den einzelnen Autoren nicht einheitlich ist. So gibt es Höllen für ungehorsame Kinder, Mörder, Giftmischer sowie für Neider, Hasser etc. Die Verbrecher werden von den Dämonen zerstückelt, zerhackt, geröstet, die Gedärme herausgerissen und die Glieder abgesägt. Man kennt eine besondere Hölle für Frauen und Säufer sowie spezielle Hunger- und Dursthöllen. In einer Hölle herrscht völlige Dunkelheit, in der sich die Verdammten gegenseitig mit eisernen Krallen zerfleischen. Andere wiederum bestehen aus Feuerströmen, enthalten siedende Kessel, nägelgespickte Hügel, Bäume mit scharfen Messern, stinkenden Dreck, Teiche mit Blut oder sind mit

Würmern angefüllt. Die furchtbarste Erfindung ist sicherlich die Eishölle, in der den dorthin Verdammten das Fleisch von den Knochen friert.

Wie ein Sünder in diese Höllen gebracht wird, beschreibt lebhaft eine buddhistische Erzählung mit dem Titel „Vimana Vatthu“:

„Den Tugendhaften, wenn er diese Welt verlässt, empfangen seine guten Werke wie liebevolle Verwandten. Ganz anders werden die Sünder behandelt. ‚Erhebe dich Sünderin, deren Gewohnheit es war, niemandem etwas zu spenden. Wir wollen dich zu den verschlossenen Höllentoren führen‘, so sprachen die Yamaboten, zwei rothaarige Gespenster. Zunächst kamen sie zu einem prächtigen Palast, der mit Menschen angefüllt war und in der Farbe der Sonne glänzte.

‚Wer wohnt in diesem Palast?‘, fragte die Sünderin.

‚Er gehörte Nandiya, einem Buddhaverehrer aus Benares, der sehr freigebig war. Weil er als Belohnung den Himmel erlangt hatte, ergötzt er sich in diesem Palast‘, erwiderten die Gehilfen Yamas.

‚Ich bin seine Frau‘, sagte die Sünderin. ‚Deshalb möchte ich in diesem Palast wohnen.‘

‚Das ist unmöglich, weil für dich die Hölle vorgesehen ist, weil du in dieser Welt nichts Tugendhaftes getan hast‘, lautete die Antwort ihrer Begleiter.

‚Welch ein schmutziger Kot und Harn befindet sich hier! Wie sehr stinkt dieser Urin!‘, jammerte die Sünderin.

‚Das ist die tiefe Hölle Samsavaka, wo die Menschen kochen! Tausend Jahre brätst du hier, Sünderin!‘

‚Wie ist diese Hölle entstanden, wo die Menschen kochen?‘

‚Bettelmönche, Brahmane und andere Bittsteller hast du durch falsche Reden getäuscht. Diese Sünde ist von dir begangen worden. Durch solche Taten ist diese Hölle entstanden. Man schneidet dir die Hände, Füße, Ohren und die Nase ab. Raben, die in Scharen herbeikommen, fressen das noch zuckende Fleisch.'

‚Wohlan, führt mich zurück! Viel Gutes will ich tun!'

Doch die so jammernde Sünderin warfen die Gehilfen des Totengottes kopfüber in die grausige Hölle."

Bei den Buddhisten in Ceylon hat die Hölle wie bei Dante eine trichterförmige Gestalt und erstreckt sich 500 Kilometer in die Tiefe. Sie besteht aus acht großen Höllen, die je vier Tore als Eingänge zu vier weiteren, kleineren Höllen haben. Die Gesamtzahl der Höllen beträgt auch in dieser buddhistischen Glaubensrichtung 128. Die Buddhisten in Burma kennen 40.000 unterirdische Höllen, zu denen noch eine große Zahl von Höllen in der Luft und im Meer kommt. Es ist aber auch möglich, dass ein Verdammter auf einer Insel, auf Felsen, in einem Haus oder Baum eingeschlossen wird. Die Zeit der Marter ist für jede Hölle begrenzt, aber von unterschiedlicher Dauer. So dauert der Aufenthalt der Verdammten in der ersten der 21 Höllen so lange, bis ein Gefäß, das mit 20 Hanfsamen gefüllt ist, geleert ist. Bedingung ist aber, dass alle 100 Jahre nur ein Körnchen herausgenommen werden darf. Der Aufenthalt in der nächsten Hölle dauert zwanzigmal so lange als in der ersten, und so geht es weiter. Nach einer anderen Berechnung verlängert sich der Aufenthalt in der ersten Hölle sogar auf zehn Millionen Jahre und vergrößert sich bis zur siebzehnten Hölle, in der eine Zahl an Jahren erreicht wird, die mit 120 Ziffern geschrieben werden muss. Eine dritte Berechnung beginnt mit 500 Jahren, die stets verdoppelt werden, so dass der Aufenthalt in der achten Hölle bereits 64.000 Jahre beträgt.

Dabei handelt es sich jedoch um Götterjahre, von denen ein jedes 16.200 irdische Jahre umfasst. Nach dem Abbüßen ihrer Vergehen können die Verurteilten wieder geboren werden als Tiere oder Menschen auf der Erde oder im Himmel. Für alle Höllenwesen ist eine Erlösung möglich.

In der nördlichen Schule ist das Dogma entstanden, dass die Sünder in der achten Hölle (Avici) ewig bleiben müssten. Andererseits wird aber auch gelehrt, dass der Bodhisattva Avalokitesvara in die Hölle hinabgestiegen sei, um den Verdammten den Weg der Erlösung zu predigen. Bei einem Bodhisattva handelt es sich um ein Wesen, dessen Merkmal die Erkenntnis ist. Solche Menschen haben eine Anwartschaft auf die Buddhawürde, die sie nach ihrer Erleuchtung erhalten. Avalokitesvara ist eine religiöse Gestalt, die nichtbuddhistischen Ursprungs ist. Wahrscheinlich sind bei seiner Ausgestaltung Vorstellungen aus der altiranischen Religion übernommen worden.

Die Leitung der Hölle hat der aus dem Hinduismus übernommene Totengott Yama. Obwohl er zu gewissen Stunden selbst in seinem Machtbereich gefoltert wird, richtet er die anderen dorthin Verdammten. Er klagt sie an, in ihrer Blindheit die drei ausgesandten Boten, nämlich Alter, Krankheit und Tod, nicht erkannt zu haben. Nach anderen Quellen wird das Höllenreich von Ksitigarbha zusammen mit zehn Höllenkönigen geführt, zu denen Yama gehört. Fälschlich wird diese Rolle oft Mara zugeschrieben, der zwar der Geist des Bösen ist, aber nicht den Rang eines Oberteufels innehat. Er ist nur ein mächtiger Fürst in der Welt, der mit der Sinnenwelt gleichgesetzt wird. So besitzt er die Macht über den Tod und die Sinne. Diese zunächst widersinnige Verbindung erklärt sich aus der buddhistischen Lehre, dass die Lust nur ein verhüllter Tod ist.

Mara übt seine Macht aus, indem er die Lust fördert, die zum Tod führt. Später erhielt dieser Todesgott die Züge eines Dämons, der die Menschen verführt. Das berühmte Beispiel für seine Verführungskünste ist Buddha selbst. Weil Mara wusste, dass Buddha den Tod besiegt hatte, trat er an ihn heran und bat ihn, ins Nirvana, den Zustand der Erlösung und Befreiung von Wiedergeburten, einzutreten, ohne vorher den Menschen seine Lehre zu verkündigen. Auf diese Weise wollte er verhindern, dass auch die Menschen den Tod besiegten. So wurde Mara zu einem König der Teufel, dessen Dämonenheer im Volksglauben als Monster mit furchtbaren Tierfratzen dargestellt wurde.

Trotz dieser grausigen und abschreckenden Darstellungen der Höllenwelten kennt der Buddhismus auch den Gedanken der Erlösung. Besonders im volkstümlichen Buddhismus verehrt man eine männliche und weibliche Gottheit des Erbarmens, die den Namen Avalokitesvara bzw. Kuan-Yin bei den Chinesen trägt. Sie steigt sogar in die tiefsten Höllenregionen (Avici) herab, um dort die Sünder zu erlösen. Anstelle der brennenden Glut verschafft sie ihnen milde Lüfte. Die Töpfe, in denen Millionen von Sündern zu Brei gekocht werden, bersten. Das Feuermeer wird durch einen Teich mit Lotusblumen ersetzt. Als die Diener Yamas dies sehen, beschweren sie sich bei ihrem König. Doch auch Yama bezeugt Avalokitesvara seine Verehrung, so dass er sein Erlösungswerk fortsetzen kann. Von der Erlösergestalt des chinesischen Buddhismus, Kuan-Yin, wird Folgendes berichtet:

„Kuan-Yin weigert sich, dem Befehl ihres königlichen Vaters zu gehorchen und zu heiraten. Sie geht in ein Kloster, wo ihr auf Weisung ihres Vaters die geringsten Dienste für die Nonnen übertragen werden. Himmlische Diener verrichten

Der Bodhisattva Avalokitesvara, der nach dem Glauben der Buddhisten in die Hölle hinabsteigt und die dortigen Bewohner erlöst.

aber an ihrer Stelle diese Arbeiten. Deshalb lässt ihr Vater das Kloster in Brand stecken. Doch ein Regen löscht den Brand, so dass die Bewohner gerettet werden. Ihr Vater lässt das Mädchen wieder in den Palast holen, damit ihre Mutter sie durch Zureden zur Heirat bewegen kann. Als auch diese Maßnahme zu nichts führt, wird sie auf Befehl ihres Vaters geköpft. Sooft aber das Schwert des Henkers ihren Nacken trifft, zersplittert es in 1000 Stücke. Nun lässt sie ihr Vater erdrosseln. Als dies geschehen war, erscheint plötzlich ein weißer Tiger und trägt ihren Körper in einen dunklen Wald. Dort erblickt sie im Traum einen Jüngling, der sie auffordert, ihm in das Reich Yamas zu folgen. Während sie das Höllenreich durchschreitet, ruft sie unablässig den Buddha Amitabha (Das unermessliche Licht) an. Dieser Buddha Amitabha ist der Buddha der Erlösung, zu dem auch Avalokitesvara gehört. Diese Anrufung hat zur Folge, dass ein Blumenregen vom Himmel niedergeht. Auf dem Höllenboden sprießen Lotusblumen und die Folterwerkzeuge zerbrechen. Als sie nun vor den Totengott Yama tritt und dieser bemerkt, dass sich unter ihren Fußspuren die Hölle in ein Paradies verwandelt, ruft er entrüstet aus: ‚Wie kann die Welt gebessert werden, wenn wir kein Paradies mehr haben.' Sogleich gibt er den Befehl, Kuan-Yin wieder in den Wald zurückzubringen. Hier erwacht sie und fühlt sich völlig ratlos, wo sie wohnen soll. Da erscheint ein buddhistischer Einsiedler, der sie in seine Klause einlädt. Entrüstet weist sie sein Ansinnen zurück. Dann offenbart sich dieser Mensch als Buddha selbst, der nur ihre Tugend habe erproben wollen. Er sorgt dafür, dass sie durch eine überirdische Macht an die chinesische Küste gebracht wird. Hier lebt jetzt Kuan-Yin, zu deren Aufgaben es gehört, die Seeleute zu retten und das Leid der Menschen zu lindern. Als sie von einer schweren Erkrankung ihres Vaters erfährt, heilt sie ihn mit Fleisch, das sie sich aus den Armen herausschneidet. Als Zeichen seiner Dankbarkeit errichtet ihr Vater eine Statue für sie."

Tibeter

Vor dem Eindringen des Buddhismus im 7. Jh. n. Chr. war im Hochland von Tibet eine einheimische Religion verbreitet, die als „Bon-Religion" oder auch als die „Schwarze Sekte" bezeichnet wird. Erst aus buddhistischen Quellen ist überhaupt die Existenz dieser einheimischen Religion bekannt, von der wir auch heute noch sehr wenig wissen. Ihren Ursprung hat sie wahrscheinlich in Shang Shung, einem Königreich im Westen des heutigen Tibet. Diese Religion bestand im Wesentlichen aus Ritualen, mit deren Hilfe man die Gunst der Dämonen und Geister zu erwerben oder wenigstens ihren Zorn zu mildern versuchte. Aufgabe der Priester war es auch, das Leben des Königs zu schützen und die Seelen der Verstorbenen ins Jenseits zu führen. Vermutlich gab es neben dem Dämonenkult auch einen ausgeprägten Ahnendienst, in dessen Zentrum die Verehrung von Bergen, Flüssen, Seen und Naturgewalten als göttliche Wesen stand.

Der Buddhismus, der im 7. Jh. n. Chr. von König Srong-btsan-sgam-po übertragen wurden, gehörte zur Richtung des Mahayana („das große Fahrzeug"). Merkmale dieser auch als „Nördlicher Buddhismus" bezeichneten Glaubensrichtung sind die Einverleibung der indischen Götter, ein ausgebildeter Dämonenkult und die Verehrung Buddhas als Gott. Während der ältere Buddhismus, dessen Lehre der Hinayana („das kleinere Fahrzeug“) vertritt, als Ziel nur die eigene Erlösung vom Kreislauf der Geburten erreichen wollte, setzt sich der Mahayana als Ziel, die ganze Menschheit zu erlösen. Alle Wesen, also Tiere, Heilige und Gespenster, können zum Heil kommen, weil sie sich nur durch unterschiedliche Grade der Vollkommenheit unterscheiden. Nicht die Selbsterlösung durch ein asketisches Mönchsleben in einer abgelegenen Klause ist das Ideal dieser Glaubensrichtung, sondern die Befreiung aller Wesen von ihren Leiden. Dies ist möglich, weil die Zahl der Buddhas unbeschränkt ist. Jeder Mensch kann ein Buddha werden, wenn er zur Erleuchtung findet. Menschen, die sich schon auf dem Weg zur Buddhawürde befinden, werden als Bodhisattva bezeichnet. Sowohl die Buddhas als auch die Bodhisattvas haben die Pflicht, alle Menschen und Wesen von ihren Leiden zu erlösen. Dieser in Tibet eingeführte Buddhismus hat noch eine besondere Prägung durch den Tantrismus erfahren. Darunter versteht man eine in allen indischen Religionen und Sekten verbreitete Modereligion, die auf dem Glauben beruht, dass alle Erscheinungen des Kosmos in geheimnisvoller Weise miteinander verbunden sind. Von großer Wichtigkeit sind mystische Silben wie zum Beispiel om oder Formeln und Riten, mit deren Hilfe man die guten und bösen Mächte bannen will. Diesen magischen Zeremonien schreibt man dieselbe Wirkung wie einem sittlichen Leben und der Askese im älteren Buddhismus zu. Die magischen Kräfte in den Gedanken, Worten und Taten sollen auf diese Weise für die Erleuchtung dienstbar gemacht werden. Die Vorschriften für die einzelnen Riten sind in der Tantra („Gewebe“) gesammelt. In Form eines Gespräches zwischen dem Gott Shiva und seiner Gemahlin Shakti enthält die Lehrschrift eine bunte Mischung von mystisch-magischen Vorschriften, Zeremonien der verschiedensten Art sowie Zauberformeln. Der buddhistische Tantrismus wird der Überlieferung nach auf den buddhistischen Mönch Nagarjuna zurückgeführt, der im 2. Jh. n. Chr. lebte und den Mahayana begründet haben soll. Seinen Höhepunkt erreichte der buddhistische Tantrismus im 8. Jh. n. Chr. in den Lehren des Vajrayana („Diamantfahrzeug"), das auch als „Fahrzeug der Zauberformeln" (Mantrayana) bezeichnet wird, weil die Erlösung von den Leiden neben der sittlichen Vollkommenheit auch durch mystische Formeln erreicht werden kann.

Anfänglich hatte der Buddhismus viele Schwierigkeiten zu überwinden, um sich gegen den einheimischen Glauben durchzusetzen. Ab dem 11. Jh. kann man von einer Blütezeit des Buddhismus in Tibet sprechen. Durch Übernahmen und gegenseitige Ausgleichung war ein religiöses System entstanden, das wir als Lamaismus bezeichnen. An die Stelle des Königtums trat ein reiner Priesterstaat, der auf einer strengen Kirchenorganisation beruht. An der Spitze stehen zwei Würdenträger, der Dalai-Lama und der Pantschen-Erdeni-Lama. Dahinter steht die Lehre des tantrischen Buddhismus, dass ein Bodhisattva in Menschengestalt auf Erden auftreten kann, um die Menschheit zu erlösen.

Schon aufgrund seiner Herkunft aus dem indischen Raum besaß der tantrische Buddhismus eine reichhaltige Literatur, die sich mit dem Todesproblem und Reisen in das Jenseits, besonders in die Höllen, beschäftigte. Aber auch der einheimischen Bon-Religion waren solche Visionen bekannt, die sich mit dem Schicksal des Menschen bzw. seiner Seele nach dem Tod beschäftigten. Als zentralasiatische Religion besaß sie mit großer Wahrscheinlichkeit auch Elemente des Schamanismus. In diesem Kreis der asiatischen Religionen gehörten Priester zum religiösen Kult, die sich mithilfe Drogen oder durch Meditation in einen Trancezustand versetzten, um für den König oder einen Stammesangehörigen bei den Göttern im Jenseits Hilfe zu erreichen. Solche Jenseitsreisen wurden sicherlich auch aufgezeichnet, sofern eine Schriftkultur vorhanden war.

Im Kontext mit dem umfangreichen Gebiet des Todes und dem damit zusammenhängenden Themenkomplex des Jenseits hat sich in Tibet eine umfangreiche Totenbuchliteratur erhalten. Leider liegt bis jetzt nur eine Teilübersetzung eines Totenbuches in einer europäischen Sprache vor. 1953 veröffentlichte der Engländer Evan-Wentz eine Übersetzung von sieben der insgesamt 17 Kapitel des „Bardo-Thödal". Dieses Buch ist eine Belehrung für den eben Verstorbenen und soll ihm als Führer durch den Bardo-Zustand dienen, der nach der Lehre der tibetischen Buddhisten 49 Tage dauert. Nach Ablauf dieses Zwischenzustands erlebt der Verstorbene eine Wiedergeburt. Diese Vorstellung von einem Zwischenzeitraum nach dem Tod war aber auch der vorbuddhistischen Bon-Religion nicht unbekannt, wie einige in jüngster Zeit veröffentlichte Texte der Bon-Religion zeigen. Dieser 49-tägige Zwischenzeitraum wird wiederum in drei Abschnitte eingeteilt, von denen sich der dritte oder Srid-pa'i bar-do mit dem Zustand der Seele im Jenseits kurz vor einer etwaigen Wiedergeburt beschreiben lässt. Seelen, die mit keinen bösen Taten belastet sind, treten sofort in die himmlischen Gefilden ein, die man auf den Berg Kailasa in Westtibet ansiedelt. Dieser Berg ist identisch mit dem schon erwähnten Berg Meru, welcher der Mittelpunkt der Welt nach der buddhistischen Kosmologie ist. Die Erlösten bewegen sich vom Totengericht, das sich unter diesem Berg befindet, zum Gipfel. Auf der anderen Seite liegt der Abstieg zu den Höllenwelten. Wer wegen seiner bösen Taten dorthin zu einer zeitweisen Strafe verstoßen wird,

Das Gericht, aus einem tibetanischen Totenbuch.

der wird vom Abhang durch einen Sturm – in den tibetischen Höllenbildern dargestellt durch eine rote Wolke – in den Höllenschlund geworfen.

Die Höllenwelt unter dem Berg Kailasa ist eine Festung, die an den Eckpunkten von hohen Bergen eingerahmt wird, deren scharfe Spitzen ein unüberwindliches Hindernis darstellen. Sie wird weiterhin von vier Wällen umgeben, welche dieses Feuermeer gleichsam wie Ringe umschließen. Der innere Ring besteht aus Feuer, der zweite aus Schlamm, der dritte aus einer Ebene von Messern, und der vierte und letzte ist ein Hain, dessen Bäume als Blätter Schwerter haben. Mitten in dieser Höllenwelt thront der Totengott Yama Dharmarja. In den tibetischen Höllenbildern wird er als zornvolle Gestalt mit einer Schädelkrone und einem dritten Auge dargestellt. In seinen Händen trägt er das Flammenschwert der Erkenntnis sowie einen Spiegel, mit dessen Hilfe er die guten und schlechten Taten der Verstorbenen erkennen kann. Vor dem Totengott sitzt der affenköpfige Karmaführer, der die Waage der Gerechtigkeit in seinen Händen hält. An der Seite des Totenrichters befinden sich der Schreiber, der mit einem Tigerkopf versehen ist, sowie der Ankläger der Verstorbenen. Unter den insgesamt 13 Gehilfen Yamas ist er durch seinen Widderkopf erkennbar. Die anderen Helfer sind neben dem Karmaführer und dem Schreiber folgende Gottheiten:

1. dämonenköpfige Gottheit
2. bullenköpfige Gottheit
3. eine zweite dämonenköpfige Gottheit
4. skorpionköpfige Gottheit
5. hundköpfige Gottheit
6. löwenköpfige Gottheit
7. eberköpfige Gottheit
8. bärenköpfige Gottheit
9. furienköpfige Gottheit
10. schlangenköpfige Gottheit

Abbildungen von tibetischen Dämonen, aus einem tibetanischen Totenbuch.

Neben der Teilnahme am Totengericht müssen diese 13 Helfer auch die Eingänge der Höllenpaläste bewachen. Jeder Verstorbene tritt vor den Totenrichter mit zwei Geistern, die gleichzeitig mit ihm geboren wurden. Der gute Geist legt vor dem Totengericht weiße Steine hin, welche die guten Taten des Verstorbenen symbolisieren. Der böse Geist gibt durch schwarze Steine Rechenschaft über die bösen Taten. Beide Steinhaufen werden verglichen, und je nach dem Übergewicht und der Anzahl der weißen bzw. schwarzen Steine wird das Urteil gefällt. Wenn über die Taten Unklarheit besteht, zieht der Totenrichter seinen Spiegel zurate. Dieser Augenblick wird in dem von Evan-Wentz übersetzten tibetischen Totenbuch so dargestellt:

„Der Totengott: ‚Ich will den Spiegel des Karma befragen!' In seinem Spiegel sieht er die guten und bösen Taten. Lügen ist zwecklos. Darauf schlingt eine Gehilfin des Totengottes ein Seil um deinen Hals und zerrt dich entlang. Sie schneidet deinen Kopf ab, nimmt dein Herz heraus, reißt deine Eingeweiden heraus, leckt dein Hirn aus, trinkt dein Blut, isst dein Fleisch und nagt an deinen Knochen. Aber du bist unfähig zu sterben, selbst wenn dein Körper in Stücke zerrissen wird. Doch das wiederholte Zerhacken bereitet einen furchtbaren Schmerz und furchtbare Qual."

Auf die Verurteilten warten je acht heiße und kalte Höllen, deren Strafen den einzelnen Untaten der Verstorbenen zugeordnet sind. Unterhalb dieser 16 Höllen gibt es zwei weitere, die voneinander durch einen Ring von Ungeziefer und Schlammmassen mit Schlangen, Würmern und Skorpionen getrennt sind. Hier leiden die wegen schlimmster Untaten verurteilten Sünder schwerste Qualen. Die Vergehen und die zu erduldenden Strafen, die immer nur zeitweise sind, werden in den religiösen Handbüchern ausführlich beschrieben.

Auch der tibetische Buddhismus kennt Erzählungen, dass es unter bestimmten Bedingungen möglich ist, als Lebender in diese Höllenregionen einzudringen. So soll Maudgalyayana, der berühmte Musterschüler, wie eine tibetische Erzählung aus dem 18. Jh. berichtet, der Hölle einen Besuch abgestattet haben, als er von seinem Vater erfuhr, seine Mutter hielte sich dort auf. Dank seiner guten Beziehungen zu Buddha konnte er immer tiefer in die Höllenregionen eindringen, weil die Torwächter ihn bereitwillig einließen. Er überwand sogar den Wald mit den Schwertklingen. Als dieser Lieblingsjünger Buddhas seine Mutter erblickte, war er starr vor Entsetzen. Sie hatte einen Kopf, der einem Berg ähnelte, ihr Hals war dünn wie ein Faden und in ihrem Körper 360 eiserne Nägel befestigt. Als die Wächter ihr gerade erneut 1000 Nägel in den Leib schlagen wollten, stürzte Maudgalyayana zu ihnen hin und erklärte sich bereit, diese Marter für seine Mutter zu übernehmen. Aber seine Bitte wurde nicht erhört, sondern man schleppte seine Mutter fort, während er selbst ohnmächtig am Boden lag. Auf Befehl Buddhas holte ihn dessen Vetter Ananda aus der Hölle heraus und brachte seinen Lieblingsschüler zu ihm. Buddha selbst erklärte sich bereit, in die Hölle zu gehen und dessen Mutter zu erlösen. Sein Erscheinen führte zu einer völligen Umgestaltung der Höllenregionen. Die Eisenklumpen verwandelten sich in Edelsteine, die heißen Metallströme erkalteten, und die Büßer wurden in den Himmel wieder geboren. Aber Maudgalyayanas Mutter wurde als Gespenst wieder geboren. In dieser Existenzform wurde sie von unerträglichem Hunger und Durst gepeinigt. Mithilfe ihres Sohnes beschritt sie nun den Weg der aufsteigenden

Wiedergeburten, so dass sie über die Existenz einer schwarzen Hündin schließlich zu ihrem Gemahl in den Himmel kam. Von diesem Lieblingsjünger Buddhas sind noch weitere Höllenbesuche überliefert:

In der Erzählung vom „Weisen und dem Tor" wird berichtet, wie Maudgalyayana einen lamaistischen Geistlichen namens Paltschei vom Selbstmord zurückhielt, zu dem dieser sich entschlossen hatte, weil er von seinen Amtsgenossen verspottet worden war. Der Lieblingsschüler Buddhas wollte diesen Geistlichen davon abhalten, indem er ihm die Schrecken des Todes und der Hölle lebhaft vor Augen führte. Durch eine magische Kraft erhoben sich beide in den Himmel, wo sie Wesen antrafen, die sich im Bardo-Zustand befanden. Auffällig an diesem Bericht ist, dass schon in diesem Zwischenzustand von 49 Tagen die Verstorbenen für ihre Vergehen auf Erden erste Strafen erleiden müssen. Die endgültige Strafe jedoch wird erst durch das Totengericht unter Leitung Yamas festgelegt. Am Meeresufer bekamen Maudgalyayana und Paltschei den Leichnam einer erst kürzlich verstorbenen Frau von wunderbarer Schönheit zu Gesicht, aus deren Mund, Nase und Ohren sich eine Schlange wand. Diese Frau war zu Lebzeiten in ihren eigenen Körper verliebt gewesen. Anschließend sahen sie eine Frau, die in einen Kessel siedendes Wasser stieg. Aus den herausgeschleuderten Knochen entstand ein Mensch, der das Fleisch aus dem Kessel nahm und verzehrte. Die Frau war auf Erden eine Sklavin gewesen, die ihrem Herrn Speisen stahl. Dann erblickten sie einen heulenden Baum, der von Würmern zernagt wurde. In seinem irdischen Leben war dieser Baum ein untreuer Verwalter von kirchlichen Gütern gewesen. Weiterhin begegneten die beiden einem Menschen, den Ungeheuer, die einen menschlichen Körper mit Tierköpfen hatten, mit brennenden Pfeilen durchbohrten. Sein Vergehen bestand darin, dass er zu Lebzeiten Wild gejagt hatte. Ein anderer Mann, der auf Erden ein Krieger gewesen war, musste in Schwerter und scharfe Waffen, die er selbst aufgestellt hatte, hineinrennen. Diese Strafe wiederholte sich immer wieder. Aber all diese Büßer haben noch die endgültige Höllenstrafe vor sich. Schließlich gelangten Maudgalyayana und Paltschei zu einem 700 Meilen hohen Berg aus Knochen. Diesen Berg deutete Maudgalyayana als die Knochen seines Begleiters, die aus den früheren Existenzen stammten.

Auch der chinesische Buddhismus, eine Form des Mahayana, der ab dem 2.–4. Jh. n. Chr. in China eindrang und sich mit den einheimischen Religionen wie Taoismus und Konfuzianismus verband, kennt Jenseitsreisen. Gegenüber den einheimischen Religionen hatte er den Vorzug, dass er konkrete Aussagen über das Jenseits machte. Der in China verbreitete Ahnenkult, der nur das Fortleben der Toten im Jenseits kannte, erfuhr durch den Buddhismus eine Ergänzung, indem dem Gläubigen die Möglichkeit einer Wiedergeburt und einer Rückkehr zur Erde versprochen wurde. Abhängig war diese Wiedergeburt von den Verdiensten, die man sich auf Erden erworben hatte. Durch die Möglichkeit, auch die Toten wieder aus der Hölle zurückzuholen, haben sich die buddhistischen Priester einen starken Einfluss bei der chinesischen Bevölkerung verschafft, die solchen magischen Praktiken aufgeschlossen gegenüberstand. Die chinesischen Buddhisten kennen zehn Unterweltrichter, von denen der fünfte, der den Namen Yen Lo Wang trägt, dem buddhistischen Yama entspricht. Yen Lo Wang hat ein doppeltes Wesen. Zum einen ist er eine erhabene, himmlische Gottheit, zum anderen ein grausamer Höllenherrscher. Sechs Stunden am Tag hält er sich in seinem himmlischen Palast auf, von dem berichtet wird, er befände sich außerhalb der Berggürtel, welche die Erde wie ein Ring umschließen würden. Dieser Palast verwandelt sich in der Nacht in ein eisernes Gefängnis. Nach der Vorstellung der chinesischen Buddhisten thront dieser Gott nicht über den Büßern, sondern ist eher ein Erster unter Gleichen. Die Höllenwächter nämlich gießen ihm flüssiges Blei in den Hals. Aus Furcht und Schrecken ruft er: „Dies ist die Folge meiner früheren Sünden! Oh, könnte ich mich doch aus dieser Lage befreien und zu einer menschlichen Geburt kommen, um Buddhas Schüler zu werden."

Seine Sünden stammen aus der Zeit, als er ein irdischer König war. Als er einst einem Gegner im Kampf unterlag, schwor er, er wolle der Herrscher der Unterwelt werden. Dieser Wunsch wurde ihm erfüllt, und er wurde in seiner jetzigen Rolle wieder geboren. Seine einstigen Krieger dienen ihm als Richter, Wächter und Schreiber beim Totengericht.

Wie oben beschrieben, waren im chinesischen Buddhismus Jenseitsreisen von Lebenden bekannt. Der folgende Bericht eines Höllenbesuchs ist dem „Tsang-Sutra", einem Lehrtext des chinesischen Buddhismus, entnommen:

„Die Mutter eines Mädchens war mit dem Aufenthalt in der Avici-Hölle, der tiefsten aller Höllen, bestraft worden. In ihrem Kummer betete das Mädchen inbrünstig im Tempel vor einer Buddhastatue. Eine Stimme aus der Statue gab ihr die Anweisung, sich ganz der Meditation zu Hause hinzugeben. Als sie dem Befehl der Stimme nachgekommen war, verfiel sie in einen tiefen Schlaf. Im Traum sah sie, wie sie sich am Ufer eines Meeres befand, in dem zahlreiche Menschen schwammen und von Raubtieren aufgefressen wurden. Ein Dämonenkönig erklärte ihr, sie sei an dem großen Eisengürtel angekommen, der die Welt umspannt. Hier müssten sich die Übeltäter unter den Verstorbenen 49 Tage lang aufhalten, wenn kein Angehöriger auf Erden für sie eine Wohltat vollbringt. Dann müssten sie in zwei anderen Meeren noch schlimmere Leiden erdulden. Als sich das Mädchen nach ihrer Mutter erkundigte, erfuhr sie, dass diese wegen Verspottung des buddhistischen Glaubens eine Höllenstrafe verbüßen musste. Aber seit drei Tagen lebte sie im Paradies, weil die inbrünstigen Gebete ihrer Tochter sie erlöst hätten. Durch ihre Hingabe an Buddha habe sie nicht nur ihre Mutter erlöst, sondern noch zahlreiche andere Büßer wurden von den schrecklichen Höllenqualen befreit."

In den chinesischen Quellen wird eine Brücke erwähnt, welche die Verstorbenen im Jenseits überschreiten müssen. Diese „Brücke des Leidens" ist ein Probemittel, um die guten von den bösen Verstorbenen zu trennen. Offenbar handelt es sich um eine Vorstellung im buddhistischen Volksglauben, die aus dem Orient stammt. Eine solche Unterweltbrücke spielt in der Höllenfahrt des chinesischen Kaisers Tai Tsung (627–649 n. Chr.) eine Rolle. Dieser Kaiser war durch dämonische Einwirkung erkrankt, so dass er Maßnahmen für seine Nachfolge traf. Sein Kanzler Wei sprach ihm aber Mut zu, diese Reise ins Jenseits geduldig auf sich zu nehmen, weil er im Jenseits einen guten Freund kennen würde. Wei gab dem Kaiser für seinen Freund Tsui Chiao, der beim Totengericht als Schreiber tätig war, einen Brief mit, in dem er bat, dem Kaiser neues Leben auf Erden zu geben. Sobald der Kaiser im Jenseits diesen Freund erblickte, übergab er das Schreiben seines Kanzlers. Auf dem Weg in die Stadt der Finsternis, in der das Totengericht stattfand, schützte ihn Tsui Chiao. Für die Entscheidung des Totengerichtes war es erforderlich, das Schicksalsbuch einzusehen. Tsui entdeckte, dass dem Kaiser nur eine Regierungszeit von 13 Jahren zu Verfügung stand, die jetzt gerade abgelaufen war. Ohne dass die Totenrichter etwas merkten, veränderte er die Zahl der Regierungsjahre von 13 in 33. Da der Verstorbene nach dieser Eintragung nun noch 20 Jahre leben durfte, verfügte das Gericht, dass Tsui und ein zweiter Beamter die Seele des Kaisers zur Wiedergeburt in einen Körper bringen sollten. Auf diesem Weg zur Wiedergeburt sah der Kaiser, welche Strafen die Sünder erdulden mussten. Tsui, der ihm die Art der Verbrechen und ihre Bestrafung im Jenseits ausführlich erklärte, schärfte ihm ein, sich alles genau zu merken und nach seiner Rückkehr zur Erde den Menschen davon zu berichten. Der Kaiser musste drei Brücken überschreiten, über die er von zuverlässigen Helfern geleitet wurde. Zuerst überschritt er eine goldene, dann eine silberne Brücke, über die viele Personen von ehrwürdigem Aussehen geführt wurden. Anders verhielt es sich aber bei der dritten Brücke, wo eisige Winde wehten und das Rauschen von Blutströmen die Ankömmlinge in Angst und Schrecken versetzte. Diese dritte Brücke war über 1000 Fuß hoch und hatte eine Länge von vielen Meilen. Es schien fast unmöglich, sie zu überqueren, weil sie nur drei Hagebutten breit war und dazu kein Geländer besaß. Alle Sünder mussten den Übergang versuchen. An den Seiten lauerten Dämonen, die nur darauf warteten, die Sünder in den Blutstrom zu stürzen. Über dem Abgrund hingen an Bäumen die Tempelschänder und an den Felswänden die ehrlosen Frauen. Nach dieser Brücke folgte das Gebiet der Verstorbenen, die auf ungerechte Weise den Tod erlitten hatten. Diese missgestalteten Wesen liefen ziellos umher und verlangten von den Vorbeiziehenden ihr geraubtes Leben zurück. Durch Geldgeschenke konnte der Kaiser sie abwehren. Die Dämonen wurden mit dem Versprechen besänftigt, der Kaiser würde sich auf Erden für die Erlösung der Verstorbenen einsetzen. Dann kamen sie zu dem Platz, an dem sechs Richter den Seelen ihren neuen Körper geben. Schließlich erreichte der Kaiser wieder sein Königreich und löste seine Versprechen ein.

Moslems

Für den Moslem ist das Diesseits von nur geringem Wert. Im Koran heißt es: „Der Nutzen der Welt ist winzig, und das Jenseits ist besser für die Gottesfürchtigen. Verlockend sind zwar für den Menschen die Freude, die ihm die Frauen und die Kinder bereiten, das Gold, Silber, die Rennpferde, die Herden und das Ackerland, aber der schönste Aufenthalt ist bei Allah."

Als Mohammed im Jahre 615 n. Chr. mit seiner Predigt begann, spielte bei ihm das Jenseits eine wichtige Rolle und drängte die Botschaft vom gütigen Gott in den Hintergrund. Alle Glaubensvorstellungen des Islam werden von der Botschaft über das Jenseits eingerahmt. Die Aussagen Mohammeds über das Jenseits sind eingestreut in zahlreiche Textabschnitte des Korans, der aus 114 Kapiteln (Suren) besteht, sowie in die mündlich überlieferten Berichte (Hadith) von den Taten und Aussprüchen Mohammeds. Diese mündliche Überlieferung wuchs im Laufe der Jahrhunderte zu einer gewaltigen Stoffmasse an. Außerdem wurden die islamischen Glaubenslehren vom Jenseits in „Totenbüchern" zusammen-

بسم اللّه الرّحمن الرّحيم

وقد جاء فى الخبر انّ اللّه تعالى خلق شجرة ولها اربعة
الاف اغصان فسمّاها شجرة اليقين ثم خلق نور
محمّد عليه السّلام فى حجاب من درّة بيضاء مثله
كمثل الطاوس ووضعه على تلك الشّجرة فسبّح عليها
مقدار سبعين الف سنة ثم خلق اللّه مرآة الحياء فوضعها
باستقباله فلمّا نظر الطاوس فيها راى صورته احسن
صورة وهيئته ازين هيأة فاستحيى من اللّه حقّ الحياء
فسجد خمس مرّات فصارت علينا تلك السجدة فرضا
موقّتا فامر اللّه تعالى خمس صلوات على محمّد وامّته
فنظر اللّه تعالى الى ذلك النور فعرق حياءً من اللّه تعالى
فمن عرق رأسه خلق الملائكة ومن عرق وجهه خلق
العرش والكرسىّ واللّوح والقلم والجنّة والنار والشمس
والقمر والكواكب والحجاب وما كان فى السّماء ومن عرق
صدره خلق الانبياء والمرسلين والعلماء والشهداء
والصالحين ومن عرق ظهره خلق بيت المعمور والكعبة
وبيت المقدّس ومواضع مساجد الدنيا ومن عرق

*

Die Abbildung der ersten Seite eines islamischen Totenbuches.

gefasst, wie wir sie aus Ägypten und Tibet kennen. Ein solches Totenbuch veröffentlichte 1872 der Leipziger Rabbiner Maurice Wolf. In einer bilderreichen Sprache schildert dieses Buch, was die Seele eines Verstorbenen nach dem Tod bis zur Auferstehung und dem Jüngsten Gericht erlebt. Die Begriffe Auferstehung und Jüngstes Gericht zeigen, dass die islamische Jenseitslehre in wichtigen Punkten vom Judentum und Christentum geprägt wurde.

Die Prüfung des Toten beginnt bereits im Grab. Sobald der Körper beerdigt ist, erscheint ein Engel mit dem Namen Ruman, der den Toten bittet, auf einem Stück des Leichentuches mit seinem Speichel seine guten und schlechten Taten aufzuschreiben. Dann muss der Verstorbene das Geschriebene zusammenrollen und versiegeln. Die Rolle wird ihm um den Hals gehängt, und am Tag der Auferstehung muss er sie vor Gott vorlesen. Danach erscheinen zwei bleifarbene und bleiche Engel, Munkir und Nakir, die dem Toten befehlen, Auskünfte über sein Wissen von den Gläubigen zu geben. Wenn die Auskunft befriedigend ist, darf der Verstorbene weiter friedlich im Grab ruhen und wird von Düften aus dem Paradies erquickt. Ketzern und Ungläubigen schlagen diese Engel eiserne Keulen an die Schläfe, so dass sie laut schreien. Im Koran heißt es: „Wie aber wird es mit ihnen (den Sündern) sein, wenn sie sterben und die Engel ihr Angesicht und ihren Rücken schlagen werden?“ Danach drücken sie mit aller Macht die Erde auf den Körper der Toten, die von Schlangen zernagt werden.

Die Zeit zwischen dem Tod und der Auferstehung am Jüngsten Tag ist Gegenstand zahlreicher Erörterungen unter den islamischen Gelehrten. Unbestritten ist, dass die Seelen des Propheten Mohammed, seiner Jünger und anderer Auserwählter sofort in das Paradies eintreten würden. Über den Aufenthaltsort der Seele des Durchschnittsmenschen gibt es unterschiedliche Auffassungen. Die einen meinen, diese Seelen blieben wie die der Sünder und Gottlosen in der Erde, bis sie von den Trompeten des Jüngsten Gerichtes vor Gott gerufen würden. Andere islamische Gelehrte vertreten die Meinung, sie hielten sich in einem der Himmel auf. Unbestritten ist aber der Glaube, die Seelen der Frevler und Ketzer hätten weder einen Ruheplatz im Grab noch würden sie in den Himmel aufgenommen. Stattdessen werden sie in den unterirdischen Abgrund gebracht, wo sie gleichsam in einem unterirdischen Gefängnis die Zeit bis zum Jüngsten Tag verbringen müssen.

Es gibt aber auch die Vorstellung, die Sünder werden in den Rachen des Teufels (iblis) geschleudert und bekämen dort einen Vorgeschmack auf die Qualen der Hölle, die ihnen bevorstehen. Eine wichtige Rolle spielt in den islamischen Jenseitsvorstellungen auch der Jüngste Tag, an dem „das Fleisch auferstehen" wird und die Verstorbenen vor dem Gericht Gottes erscheinen müssen. Wann dieser Tag kommen wird, weiß nur Gott. Heftig tadelt Mohammed diejenigen unter seinen Anhängern, welche die Auferstehung verwerfen. Im Koran wird dieser Tag folgendermaßen beschrieben:

„Der Schall von Posaunen wird in der Welt ertönen, wenn der Erzengel Gabriel die Trompete des Schreckens geblasen hat. Bei dem Ton dieser Trompeten müssen alle Lebewesen sterben. In der Natur werden schwere Katastrophen eintreten. Die Sonne nämlich wird sich zusammenfalten, die Sterne werden herabfallen, die Berge geraten in Bewegung, die Meere gehen in Flammen auf, Beben erschüttern die Erde, so dass die Gebirge wie Sand zerfallen. Der ganze Himmel geht in Rauch auf, und alle Gestirne vereinigen sich. Auf der Erde gibt es keine Wohnungen und Städte mehr. Die noch am Leben sind, werden von einem entsetzlichen Schrecken gequält. Keiner dieser Menschen kümmert sich noch um den anderen, sondern ist nur noch auf seine eigene Rettung bedacht.“

Was nun kommt, wird im islamischen Totenbuch als die schwerste Stunde der Menschen nach ihrem Tod bezeichnet.

Der Teufel zeigt Mohammed, der neben dem Erzengel Gabriel auf einer Stute reitet, die Qualen der Hölle. 15. Jh.

Die Totengebeine kommen aus den Gräbern heraus und werden mit den Seelen vereinigt. Gott, der Himmel und Erde geschaffen hat, kostet es keine Mühe, die Verstorbenen wieder zum Leben zu erwecken. Nachdem alle Menschen an einem Ort versammelt und in Reihen aufgestellt sind, tritt Mohammed mit der Schar seiner Jünger vor. Sodann erscheinen die früheren Propheten vor Gott. Nun werden die himmlischen

Bücher herbeigeholt, in denen die Taten der Ungläubigen und der Gerechten verzeichnet sind. Die Aufzeichnungen der Ketzer waren in Sidschin, einem Ort der Hölle, die Aufzeichnungen der Gerechten in Illiyun, das im siebten Himmel liegt, aufbewahrt worden. Den Ungläubigen und Sündern wird das Buch ihrer Taten in die Linke, den Gerechten aber in die Rechte gelegt, damit sie ihre Sünden bzw. guten Taten lesen können, die schon zu Lebzeiten von dem jedem Menschen zugeteilten Engel aufgeschrieben wurden. Durch diese Verteilung der Bücher werden die Menschen, bevor das Wiegen ihrer Taten vorgenommen wird, in drei Gruppen eingeteilt:

Die erste Gruppe, die Ungläubigen, die schon auf dem Haupt eine Feuerkrone tragen und mit einem Gewand aus schmelzendem Erz bekleidet sind, müssen mit einer Höllenstrafe rechnen. Die zweite Gruppe umfasst die Gottesfürchtigen, die zu einer leichteren Rechenschaftsablegung herangezogen werden. Die dritte Gruppe muss mit einer strengeren Prüfung rechnen, aber sie können nach einer Höllenstrafe die Seligkeit des Himmels erlangen.

Gerettet sind alle Menschen, welche an Gott glauben. Dazu kommen noch vier weitere Bedingungen: Der Gebetsritus, die Almosensteuer, das Fasten und die Wallfahrt nach Mekka. Schließlich müssen noch eine Anzahl von Geboten für ein sittliches und gutes Handeln beachtet werden wie zum Beispiel: Man soll nicht töten, lügen etc., die etwa mit den zehn Geboten des Alten Testaments verglichen werden können. Wer gegen diese Vorschriften verstößt, muss mit zeitweisen Höllenstrafen rechnen. Sichtbar wird die Zugehörigkeit zu diesen beiden Gruppen dadurch, ob man zur Rechten, wo die Gläubigen und Menschen mit geringen Sünden stehen, oder zur Linken Gottes, dem Platz der Ungläubigen, aufgestellt wird.

Nun beginnt das Wiegen der Taten, wenn im Buch eines Menschen gute und schlechte Taten aufgezeichnet sind. In der Schale zur Rechten Gottes befinden sich die guten Taten, in der anderen Schale zur Linken die bösen Werke. Diese Waage ist so genau, dass selbst noch das Gewicht eines Senfkorns oder Stäubchens angezeigt wird.

Die Entscheidung des Gerichtes, dessen Ergebnisfindung nur einen Augenblick oder über 50.000 Jahre dauert, ist endgültig. Die Höllenstrafe der Ungläubigen ist ewig, während die Strafen der Gläubigen begrenzt sind.

Der Weg in das Paradies und in die Hölle führt über die Brücke Serat, die im islamischen Totenbuch als eine siebenbögige Brücke über die Hölle beschrieben wird. Jeder Mensch muss diese sieben Bögen überschreiten, an deren Ende das Paradies beginnt. Am Anfang ist der Weg so eng wie die Schneide eines Rasiermessers, aber am Ende ist er breiter und leicht zu begehen. Auf jedem dieser sieben Bögen wird das Urteil des Jüngsten Gerichtes vollstreckt. Auf dem ersten Bogen werden die Ungläubigen in die Hölle gestürzt. Auf dem zweiten erfolgt die Bestrafung, wenn gegen den Gebetsritus verstoßen wurde, auf dem dritten, wenn das Gebot der Mildtätigkeit nicht erfüllt wurde, auf dem vierten erfolgt die Bestrafung der Menschen, die nicht fasteten, auf dem fünften erleiden diejenigen Sünder ihre vorübergehende Höllenstrafe, die nicht nach Mekka pilgerten, auf dem sechsten erfolgt die Strafe wegen Vernachlässigung der religiösen Übungen, und auf dem siebten werden diese bestraft, welche die Pflichten gegenüber ihren Eltern vernachlässigt haben.

Zwischen der Hölle und dem Paradies gibt es einen unübersteigbaren Wall, der im Koran Araf heißt, an dem sich diejenigen Menschen aufhalten, deren schlechte und gute Taten sich die Waage halten. Gelegentlich hat man diesen Wall als einen Zwischenzustand, vergleichbar mit dem christlichen Fegefeuer, missgedeutet, wo sich Menschen aufhalten, die weder in die Hölle noch in das Paradies eintreten können.

Eingehend werden im islamischen Totenbuch die Höllen beschrieben. Im Koran wird die Hölle meistens annar („Feuer") oder gahannam, ein Lehnwort aus dem Hebräischen (Gehenna), oder al-hutama („Zermalmer") bezeichnet. Die Aufsicht über die Höllenregionen hat der Engel Malik, der so viele Hände und Füße hat, wie es Sünder in der Hölle gibt. Neben ihm gibt es noch 18 Höllengeister, die Az-Zabanijat genannt werden. Mit ihren Händen und Füßen können sie zur gleichen Zeit je 10.000 Sünder bestrafen. Unter dem Befehl dieser 19 Höllengeister stehen noch Wächter, deren Anzahl nur Gott kennt.

Die Lage der Hölle wird unter der siebten Erde angesiedelt. Sie ist undurchdringbar, weil sie nicht nur von einem Wall umgeben, sondern auch von 70.000 Engelscharen bewacht wird. Jeder dieser Engel hat so lange Füße wie die Weglänge, die man in tausendmal 1000 Jahren zurücklegt. In jedem seiner 30.000 Köpfe befinden ebenso viele Mäuler mit 30.000 Zähnen. In seinen Lippen sind Ketten, von denen jede 70 Millionen Ringe hat. Die Hölle hat sieben Stockwerke, von denen jedes tiefer als die anderen gelegen ist. Der Weg von jedem Stockwerk zum anderen dauert 70 Jahre. Die einzelnen Stockwerke unterscheiden sich durch die Stärke der Hitze. Im ersten Stockwerk (Hawijat) befinden sich die Heuchler und Ungläubigen, im zweiten (al-Gahim) diejenigen, die an Vielgötterei glauben, im dritten (Sakaru) die Sabier, die Angehörigen einer christlichen Sekte, im vierten (Laza) die Teufel, im fünften (al-Hutama) die Juden und im sechsten (as-Sair) die

Christen. Die letzte Hölle ist für die Sünder der islamischen Gemeinde bestimmt, die ohne die Verrichtung einer Buße starben. Nur diese letzte Hölle wird einmal geleert und zerstört werden, wenn ihre Bewohner die ihnen auferlegten Strafen abgebüßt haben.

Von dem Höllenfeuer berichtet das islamische Totenbuch, Gott habe es 1000 Jahre brennen lassen, bis es rot wurde, dann wiederum 1000 Jahre, bis es weiß, und noch einmal 1000 Jahre, bis es schwarz wurde. Das Feuer, das man von der Erde kennt, hat nur ein Siebzigstel der Kraft des Höllenfeuers. Wer sich diesem Feuer nähert, dem bricht sein Gehirn siedend hervor, als wäre er ein Kochtopf. Aus seinem Mund und seinen Ohren, die den Anschein von glühenden Kohlen erwecken, schlagen Feuerflammen hervor, und seine Eingeweide treten aus seinen Füßen heraus. In der Hölle befinden sich Schlangen, die dem Hals der Kamele gleichen und ein Gift besitzen, das man noch 40 Jahre lang spürt. Dazu kommen Skorpione in der Größe von Mauleseln. Den Höllenbewohnern nützt es nichts, wenn sie vor dem Feuer fliehen, weil sie von den Schlangen vom „Kopfhaar bis zu den Nägeln" gehäutet werden und ihnen nur die Flucht ins Feuer übrig bleibt.

Wenn die Sünder in diese Höllenregion gelangen, eilen ihnen sofort die 19 Höllengeister entgegen. Diese tragen Halseisen und Ketten bei sich, welche sie den Menschen in den Mund stecken und aus dem After wieder herausziehen. Jeder Sünder wird an einen der Höllenwächter gefesselt, sodann von ihm auf dem Boden geschleift und mit eisernen Keulen geschlagen. Wer sich den Qualen entziehen will, der wird zurückgestoßen, und die Höllengeister zitieren den Koranvers: „Kostet die Strafe des Höllenfeuers, das ihr geleugnet habt!"

Wenn die Höllenbewohner Malik anrufen, gibt er ihnen zunächst 40 Jahre lang keine Antwort. Erst dann sagt zu er ihnen: „Ihr müsst hier für immer bleiben!“ Hierauf herrscht in der Hölle nur noch Heulen und Wehklagen. In der islamischen Überlieferung wird von den Sündern berichtet, dass jeder von ihnen 70 Häute habe, von denen jede einer Feuerschicht entspräche. Ihr Körper, von dem Blutwasser fließe, sei völlig entstellt.

Um die Höllenbewohner noch besonders zu quälen, hat Gott ihnen dort einen Feuerberg geschaffen, den die Sünder besteigen müssen. Millionen von Jahre benötigen sie, um seinen Gipfel zu erreichen. Wenn sie endlich dieses Ziel erreicht haben, schüttelt er sich, und die Sünder werden in den Höllenschlund zurückgeschleudert. Statt des ersehnten Regens schickt ihnen Gott ein schwarzes Gewölk aus Schlangen, an deren Bissen sie über 1000 Jahre lang leiden. Auf ihre Bitten, ihnen den schrecklichen Durst zu lindern, reicht ihnen Malik siedendes Wasser. Wenn sie mit den Händen danach greifen, fallen diese ihnen ab. Dringt dieses Wasser aber in ihren Körper ein, so fallen ihnen die Augen aus, und ihre Eingeweide lösen sich auf. Als Speise bekommen die Sünder Früchte vom Baum Sakkum, die nach dem Verzehr den Körper zum Sieden bringen. Aus ihrem Mund dringt eine Feuerflamme, und die Eingeweide fallen aus dem Körper heraus. Eine andere Strafe besteht darin, dass den Höllenbewohnern Kleider angelegt werden, die ihre Haut abschälen.

Aber diese Strafen sind für die Sünder unter den Moslems nicht ewig. Wenn sie 1000 Jahre in der Hölle verbracht haben, befiehlt Gott dem Erzengel Gabriel, in die Hölle zu gehen, um sich von ihrem Zustand zu überzeugen. Von Malik erfährt er, welche Qualen sie erlitten haben und wie entstellt ihre Körper sind. Gabriel fordert Malik auf, die Scheidewand wegzunehmen, damit er die Sünder sehen kann. Als die Höllenbewohner Gabriel sehen, der Mohammed die Botschaft Gottes übermittelt hat, rufen sie: „Oh Gabriel, überbringe Mohammed den Friedensgruß! Frage ihn, ob er uns vergessen hat." Auf Befehl Gottes muss sich Gabriel zu Mohammed begeben und ihm seine Erlebnisse in der Hölle berichten. Mohammed bittet Gott: „Oh Herr, du hast jetzt dein Urteil an den Sündern meiner Gemeinde vollstreckt! Nimm mich jetzt als ihr Fürsprecher an!" Gott gibt ihm dann den Befehl: „Lass alle diejenigen aus dem Höllenfeuer heraus, die sprechen: ‚Es gibt keinen Gott außer Gott, und Mohammed ist sein Prophet!'"

Mohammed begibt sich in die Hölle zu Malik und fordert ihn auf, die Pforten zu öffnen. Die erlösten Sünder seiner Gemeinde führt er zu dem Strom al-Hajawan, wo sie ihre schwarzen und entstellten Körper baden. Dann gehen sie wie Jünglinge mit glatten Gesichtern und Milchbärten ins Paradies ein. Die in der Hölle zurückgebliebenen Sünder rufen: „Oh, wenn wir doch Muslime wären!"

Altamerika

Von den Völkern Lateinamerikas, die vor der Ankunft Kolumbus' Hochkulturen entwickelten, haben die Azteken in Mexiko und die Mayas im heutigen Guatemala ausgeprägte Jenseitsvorstellungen besessen. Die Azteken waren im 13. Jh. n. Chr. zusammen mit anderen Stämmen in das mexikanische Hochland eingewandert und haben um 1326 ein Reich mit der Hauptstadt im heutigen Mexiko-City gegründet, das bis zur Ankunft der Spanier (1521) bestanden hatte. Die Azteken stellten sich den Aufbau der Welt so vor, dass sich über die Erde als den mittleren Bereich der Himmel erhob, der aus 13 Zonen bestand. Unter der Erde erstreckten sich die neun Zonen der Unterwelt, in die man durch Höhlen oder ein stilles Gewässer hingelangen konnte. Um dieses Totenland zu erreichen, waren Hunde wichtige Helfer für die Toten. Diese Vorstellung würde auch die zahlreichen Überreste von Hunden sowie die Hundefiguren in den Gräbern erklären. Von Wichtigkeit ist auch, dass den Toten Speisen und Kleider mitgegeben wurden, um ihnen den Weg ins Jenseits zu erleichtern.

Nach dem Glauben der Azteken wurden nur solche Toten in die himmlischen Regionen zu den Göttern aufgenommen, die an einem gewaltsamen Tod gestorben oder in ihrem Leben besonders mutig gewesen sind. Dazu gehörten der König, der zum Kreis der Krieger gehörte, der Kaufmann, der auf langen Reisen wie ein Krieger sein Leben riskierte, die Wöchnerin, die im Kindbett gestorben ist, und vor allem die Krieger, die gefallen sind oder hingerichtet wurden. Diese Menschen waren fortan die Begleiter der Sonne, die der Gott der Krieger war. Gelegentlich kamen die Krieger als Schmetterlinge oder Kolibris zur Erde zurück. Die verstorbenen Wöchnerinnen verwandelten sich in Geister, die auf der Erde die Lebenden

Abbildung des Unterweltgottes Mictlantecuhtli, aus einem Totenbuch der Mayas.

quälten. Wer in den Fluten ertrank, vom Blitz erschlagen wurde oder an Wassersucht starb, der kam in das Reich des Wind- und Regengottes, das man sich in den wolkenverhangenen Bergen vorstellte. Alle anderen Toten gelangten in das Totenland Mictlan, wo der Unterweltgott Mictlantecuhtli, der gelegentlich auch Tzontemoc genannt wurde, zusammen mit seiner Frau Mictlantecuhtl regierte. Man stellte diesen Gott als Skelett mit blutroten Flecken dar, das mit Eulen-

[illegible] ARE V XE OHER tzih varal quiche vbi.

1 Varal xchicatzibah vi xchicatiquiba vi oher tzih, v ticaribal, v xenabal puch ronohel xban pa tinamit quiche, ramac quiche vinac; are cut xchicacam vi ve nabvsaxic, vcalahobisaxic, vtzihoxic puch vuaxibal zaquiribal rumal tzacol bitol alom, qaholom quibi hunahpu vuch, hunahpu vtiu, zaquinimac tziis, tepeu, qucumatz, vqux cho, vqux palo, ah raxalac, ah raxa tzel chuchaxic, rach bixic, rach tzihoxic iyom, mamom xpiyacoc, xmucane vbi, matzanel chuqenel camul iyom, camul mamom chuchaxic pa quiche

2 tzih. ta xquitzihoh ronohel rug xquiban chic chisaquil golem, zaquil tzih vae xchicatzibah chupan chic vchabal Dios pa christianoil chic xchiqualesah rumal maha bi chic ilbal re popo vuh. ilbal zac petenac chaca palo. vtzihoxic camuhibal ilbal zaqgazlem chuchaxic. qo nabe vuhil, oher tzibam puch xa evatal vach ilol re, bizol re, nim vpeoxic, vtzihoxic puch ta chiquis tzuk ronohel cah vleu, vcahtzucuxic, vcah xucutaxic retaxic, vcah cheexic, vmeh camaxic, vyuccamaxic vpacah, vpa vleu cah tzuc, cah xucut chuchaxic rumal ri tzacol bitol vchuch, vcahau gazlem vinaquirem, abanel, guxlanel, alay rech, guxlay rech zoquil amaquil, zaquil al, zaquil qahol, ahbiz, ahnaoh chirech ronohel

ESTE ES EL PRINCIPIO DE LAS antiguas historias aqui en el quiche. 1

Aqui escriviremos, y empezaremos las antiguas historias, su principio, y comienzo de todo lo q fue hecho en el pueblo del quiche, su pueblo de los indios quiches; y de aqui tomaremos su ser declarado, y manifestado, y su ser relatado, lo escondido, y aclarado por el formador, y criador, madre, y Padre q asi se llaman, hunahpu vuch. hunahpu vtiu. zaquinimatziis. tepeu. qucumatz. vqux cho. vqux palo. (nombres, o atributos. q significan: un tirador tacuazin. un tirador coyote. blanco pizote. Sr. fuerte culebra. corazon de la laguna. corazon del mar.) el de el verde cajete, el de la verde xicara son llamados. y juntamente es dicho, y hablado de aquella abuela, y abuelo q se llamaban: xpiyacoc, y xmucane. nombres propios. amparadores, y cubridores dos vezes abuela, y dos vezes abuelo son dichos en las historias quiches. q comunicaron todo con lo q hizieron despues en el estado de la claridad y en la palabra de claridad. esto escriviremos ya en la ley de Dios, en la cristiandad, lo sacaremos porq ya no ay libro comun, original donde verlo. de la otra parte de el mar es venido donde se q visto; q es dicho su ser en soñada nuestra obscuridad con la miradura de la clara vida. antiguamente avia libro original q se escrivio antiguamente; sino q esta escondido al q lo mira, y al q lo piensa. grande su venida, y su ser enseñado. q se acabo de formar todo el cielo, y la tierra, su ser en quadrado, su ser repartido en quatro partes, su ser señalado, su ser amojonado en estacas, su ser medido a mecates, o cuerdas, y su ser estirada la cuerda en el cielo, y en la tierra; q es dicho de quatro esquinas, y quatro lados por el formador, y criador. sustentador y su Padre de la vida, y de la creazion. q da respiracion, y movimiento, paridor, y cuidador, de la paz. claridad de los hijos, pensador, y con-

Die erste Seite des Popol Vuh.

federn geschmückt ist und auf seinem Kopf eine Mütze aus Papier trägt. Um den Hals dieses Totengottes ist ein Kollier aus Augäpfeln gewunden.

Von den Mayas, die zwischen 317–987 n. Chr. die Halbinsel Yukatan, Guatemala, Salvador und Honduras bewohnten, ist ein Buch mit dem Titel „Popol Vuh" („Buch des Rates") überliefert. Das „Popol Vuh", das auch als die „Maya-Bibel" bezeichnet wird, wurde Ende des 17. Jhs. dem spanischen Priester Francisco Ximenez (gest. 1770) von Stammesfürsten der Quiche-Mayas übergeben. Er fertigte vom Original eine Abschrift an, der er eine spanische Übersetzung beifügte. Dieser zweisprachige Text wurde 1854 in einer Bibliothek in Guatemala vom österreichischen Gelehrten Carl Scherzer entdeckt, der den spanischen Text 1857 in Wien veröffentlichte. Eine französische Ausgabe, die sich auf die Abschrift des Textes von Ximenez stützte, veröffentlichte der französische Abbé Brasseur 1861 in Paris. Als 1941 in der Newberry Bibliothek in Chicago die Abschrift von Ximenez entdeckt wurde, stellte man fest, dass die früheren Ausgaben nicht sorgfältig waren. Die erste wissenschaftliche Ausgabe der Maya-Bibel erschien 1947 in Buenos Aires mit dem Titel „Popol Vuh. Las historias antiguas del Quiche".

Das „Popol Vuh", das eine Mythensammlung und Chronik ist, beschreibt die Weltentstehung, die Abenteuer der beiden Zwillingsgötter Hunahpu und Xbalanque in der Unterwelt sowie die Geschichte des Stammes der Quiche-Mayas. Es stammt aus der Zeit des vorkolonialen Amerikas und ist nicht nur eine Geschichtsquelle von hohem Rang, sondern überliefert wichtige Einzelheiten des Glaubens der Mayas, besonders ihrer Jenseitsvorstellungen. Im zweiten Teil des Popol Vuh wird berichtet, wie die beiden Zwillinge Hunahpu und Xbalanque den Neid der Götter der Unterwelt (Quiche: Xibalba) erregten, als sie durch Ballspiel die Erde erschütterten und die Ruhe in der Unterwelt störten. Die Götter der Unterwelt planten, diese beiden jungen Männer in ihr Reich zu locken, um sie zu töten und ihnen ihre Spielerausrüstung wegzunehmen. Die obersten Götter der Unterwelt tragen die Namen Hun Came und Uuc Came, was „Einstod" und „Siebtod" bedeutet. Sie stehen an der Spitze des Unterweltgerichtes, dem die anderen Götter als Beisitzer angehören. Auch die Namen dieser Götter, die ihnen zur Seite stehen, verraten schon ihre jeweilige Funktion. Die Götter „Reißender Habicht" und „Aasgeier" vergießen das Blut der Menschen. Ihnen folgen Ahalpu und Ahalgana, deren Namen wahrscheinlich Krankheiten bedeuten. Der zuerst genannte Gott verursacht eine Krankheit, die aus Hautgeschwüren besteht, der zweite ruft das Gelbfieber hervor. Die Götter „Knochenbrecher" und „Schädelzertrümmerer" zehren den Menschen so sehr aus, dass sie sterben. Danach werden die Verstorbenen von ihnen zertrümmert und weggetragen. Die Aufgabe der Götter „Aassammler" und „Durchbohrer" besteht darin, den Menschen ein Unglück zuzufügen, wenn sie ihr Haus verlassen. Xic („Habicht") und Patan („Stirnriemen") töten die Menschen, indem sie deren Kehle und Brust zusammendrücken, so dass ihnen das Blut aus dem Mund strömt. Nachdem diese Versammlung also den Beschluss gefasst hatte, die beiden Zwillinge in die Unterwelt zu locken und zu töten, gaben sie vier Unterweltboten, Pfeileule, Einbeineule, Rotfedereule und Kopfeule, den Befehl, sie herbeizuholen. Auch diese vier Eulen hatten einen Sitz im Unterweltgericht. Nachdem sich Hunahpu und Xbalanque von ihrer Mutter verabschiedet hatten, stiegen sie in die Unterwelt hinab. Über sehr steile Stufen gelangten sie an einen reißenden Fluss in einer sehr schmalen Schlucht. Das nächste Hindernis war ein Fluss, an dessen Ufer Stachelbäume standen, und darauf folgte der Blutfluss. An einer Stelle, an der sich vier Wege in den Farben Rot (Osten), Gelb (Süden), Schwarz (Westen) und Weiß (Norden) kreuzten, entschieden sie sich für den schwarzen Weg, weil dieser Weg sprechen konnte und sie aufforderte, ihn zu erwählen. Dieser schwarze Weg führte geradewegs in die Unterwelt. Am Eingang standen Holzfiguren, welche die Unterweltgötter angefertigt hatten. Wenn die vorbeikommenden Toten sie begrüßten und keine Antwort von den Figuren erhielten, brachen die Unterweltgötter in Lachen aus. Die erste Strafe, welche die Zwillinge erdulden mussten, bestand darin, auf einer glühend heißen Bank Platz zu nehmen. Die weiteren Straforte waren das Haus der Finsternis oder das schwarze Haus, in dem sie in der Dunkelheit ausharren mussten. Darauf folgte Haus Xuxulim, in dem die beiden Brüder von einem eisigen Wind gequält wurden. Im Haus des Jaguar mussten sie diese Raubtiere erdulden, die sie ansprangen und zerfleischten. An einem weiteren Strafort peinigten sie Scharen von Fledermäusen, die ihnen das Blut aussaugen wollten. Im Messerhaus wurden sie von unzähligen scharfen Obsidianmessern gemartert. Am Ende dieser Qualen und Marter wurden die beiden Männer zerrissen, geopfert und an einem Ort mit dem Namen Puchal-Chah beigesetzt, was übersetzt der „Grabhügel“ bedeutet.

KAPITEL III

Die Entstehung der christlichen Hölle

Das Totenreich und die Feuerhölle der Juden

Die Jenseitsvorstellungen der Juden besaßen vor der babylonischen Gefangenschaft (6. Jh. v. Chr.) noch viele Gemeinsamkeiten mit den benachbarten Völkern des östlichen Mittelmeerraumes. Nach diesem Exil in Babylon haben die Juden viele religiöse Vorstellungen der alten Iraner übernommen und ein Bild vom Jenseits geschaffen, das einen einmaligen Charakter hat und die Grundlage des christlichen Jenseitsglauben bildet.

Im frühjüdischen Glauben ist der Mensch ein von Gott geschaffenes Wesen, das sich aus einem Leib und einem unkörperlichen Teil, vergleichbar mit dem Hauch oder dem Atem, zusammensetzt. Schon in der Schöpfungsgeschichte heißt es, Gott formte den Menschen aus dem Boden der Erde und blies ihm Lebensodem ein. Dieser Hauch (hebr. ruah) Gottes gab der Seele (hebr. nepesh) des Menschen das Leben. Wenn ein Mensch stirbt, dann verlässt der Hauch dessen Körper, während seine tote Seele bis zur Auflösung des Körper darin bleibt. Diese Dreiteilung des Menschen in Körper, Seele und Lebenshauch wird in den biblischen Berichten jedoch nicht durchgängig eingehalten. Nach dem Tod bleibt „etwas Mattes oder Kraftloses" übrig, was als die „Schatten" (hebr. refaim) bezeichnet wird. In der Frühzeit glaubte man, diese „Schatten“ lebten im Grab mit den anderen toten Seelen der Familie oder Sippe weiter. Die Überlebenden waren verpflichtet, ihren Ahnen ein jährliches Opfer darzubringen, bei dem sich alle Mitglieder einer Sippe zu versammeln pflegten. Da die Seelen auf den Totenkult angewiesen waren, wünschte sich ein Familienvater möglichst viele Söhne, die den Kult pflegen konnten.

Verbreitet war daneben auch die Vorstellung, dass die Toten gemeinsam an einem Ort wohnten. Dieses Totenreich wurde als Scheol bezeichnet, was mit der „unbekannte Ort, nach dem man fragt“, oder „der Ort, nach dem man sich sehnt“, übersetzt werden kann. Da sich im Grunde die Vorstellung vom Aufenthalt der toten Seelen im Grab und im Scheol nicht vereinbaren lassen, deutete man den Scheol als eine riesige Grabeshöhle, in der sich alle verstorbenen Juden gleichsam wie in einer Familiengruft aufhalten.

Da die Religion der Juden vor der babylonischen Gefangenschaft einen stark diesseitigen Charakter hatte, wurde der Scheol und der dortige Aufenthalt der Seelen als trostlos und wenig anziehend beschrieben. Das Leben der Menschen vollzog sich auf Erden, wo sie entweder wegen ihrer Handlungen von Gott mit Gesundheit, einem langen Leben und irdischen Gütern im Überfluss belohnt oder mit Krankheit, Tod und Verlust ihres Besitzes bestraft wurden. Deshalb sagte der Prediger Salomo von den Toten:

„Die Toten wissen nichts, sie haben auch keinen Lohn mehr, denn ihr Gedächtnis ist vergessen, so dass man sie nicht mehr liebt noch hasst noch von ihnen redet, und haben keinen Anteil mehr an allem, was auf der Erde geschieht.“ (A. T. Sprüche 9, 5, 6).

Daraus folgerte Salomo, dass dem Menschen als einzige Möglichkeit nur bleibt, ein Gott wohlgefälliges Leben zu führen, denn dann hat er die besten Aussichten, dass es ihm wenigstens auf Erden gut geht. Es herrschte die Maxime, das Gute, das man besitzt, in vollen Zügen zu genießen. An dem Schicksal der Seele änderte es freilich nichts, ob man fromm oder gottlos lebte. Das jenseitige Geschick ist für den Frommen und den Gottlosen das Gleiche.

Die Macht Gottes reichte nicht bis in dieses Reich der Toten, wo Fromme und Übeltäter ohne Unterschied nebeneinander lebten. Eine Bestrafung oder Vergeltung für Taten, die man auf der Erde begangen hatte, gab es nicht. Wenn Gott einen Übeltäter nicht zu Lebzeiten zur Rechenschaft gezogen hatte, so konnte er ihn im Scheol nicht mehr bestrafen. Wer der Strafe Gottes auf Erden entkommen war, der hatte jedoch keinen Grund, froh zu sein, denn Gott rächte sich an seinen Nachkommen. Wenn diesem Toten die Nachkommen von Gott vernichtet wurden, was nach der Bibel bis in das dritte und vierte Glied geschehen konnte, dann konnte ihm niemand mehr die Totenverehrung erweisen.

Als Ort der Unterwelt stellte man sich die Tiefen der Erde vor, die noch tiefer als das Meer liegen. In dieses Land scheint die Sonne nicht hinein, so dass dort ewige Finsternis herrscht. Der Scheol, zu dem an bestimmten Stellen der Erde Eingänge führen, ist gesichert mit Toren oder Riegeln, so dass alle toten Seelen zwar Eintritt finden, aber nicht zurückkehren können. In der Bibel werden dem Scheol die Beiwörter „Land der Stille, Vergessenheit und Finsternis", „die Vergänglichkeit", „die Verwüstung" und „Wohnung der Väter" gegeben. Was die toten Seelen dort erwartet, schildert der Prophet Jesaja (38,10–19) mit den Worten des Königs Hiskia (716–687

v. Chr.), der Gott dankte, weil er ihn von einer Krankheit geheilt hatte:

„Dies ist das Lied des Hiskias, des Königs der Juden, als er krank und wieder genesen ist. Ich sprach: ‚Nun muss ich in der Mitte meines Lebens zu den Pforten des Totenreichs gehen, obwohl ich gedachte noch länger zu leben.‘ Ich sprach: ‚Nun werde ich den Herrn nicht mehr schauen im Land der Lebendigen und die Menschen nicht mehr sehen mit denen, die auf der Welt sind. Meine Hütte ist abgebrochen und über mir weggenommen wie das Zelt eines Hirten. Wie ein Weber habe ich mein Leben zu Ende gewebt. Jetzt schneidet er mich ab vom Faden Tag, und Nacht gibst du mich preis. Bis morgen schreie ich um Hilfe, aber er zerbricht mir all meine Knochen wie ein Löwe. Tag und Nacht gibst du mich preis! … Herr, lass mich wieder genesen! Die Toten loben dich nicht, und die in die Grube gefahren sind, warten nicht auf deine Treue, sondern nur die leben, loben dich, so wie ich heute!‘“

Das Leben im Scheol ist für die toten Seelen nur eine Fortsetzung des irdischen Lebens. Sie erscheinen im Jenseits in dem Zustand, in dem sie die Erde verlassen haben. Die Propheten werden an ihrem Mantel, die Könige am Thronsessel und Diadem und die Krieger am Schwert erkannt. Auch körperliche Mängel und die Leiden eines Todeskampfes sind im Jenseits an den Seelen noch zu erkennen. Man stellte sich die Toten auch bei einer Art Bewusstsein vor. Sie begrüßen nicht nur Ankömmlinge, sondern treiben auch untereinander ihren Spott. Als der König von Babel in den Scheol einzieht, geriet alles in Erregung. Er brachte die Schatten gegen sich auf, und alle Könige erhoben sich von ihrem Thron. Sie schrien:

„Auch du, König von Babel, bist jetzt uns gleichgestellt, und im Scheol ist deine Herrlichkeit und das Rauschen deiner

Harfen! Ist das der Mann, der die Erde ins Beben versetzte und Königreiche erschütterte?" (Jesaja 14,9–11)

Trotz dieses armseligen Lebens, der Gottesferne und dem Verlust ihrer Lebenskraft sind die Toten nicht machtlos. Es gibt eine Rückkehr der Toten zu den Lebenden, wenn sie von einem Zauberer herbeigerufen werden. Eine solche Beschwörung können nur besonders befähigte Männer und Frauen ausführen. Die kaum hörbaren und gemurmelten Worte des Toten können auch von dritten Personen verstanden werden. Eine ausführliche Beschreibung einer solchen Totenbeschwörung wird im Alten Testament (1 Samuel 28) geschildert, als der jüdische König Saul vor einer Schlacht zu einer Wahrsagerin in Endor geht und sich von ihr den Totengeist des Königs Samuel herbeirufen lässt, um den Ausgang dieser bevorstehenden Schlacht zu erfahren:

„Saul befahl seinen Knechten, sucht mir eine Frau, eine Totenbeschwörerin! Seine Knechte sagten ihm, eine solche Frau würde in Endor wohnen. Saul machte sich unkenntlich und ging mit zwei Begleitern zu dieser Frau. Nachts kamen sie bei ihr an, und Saul sagte zu ihr: ‚Wahrsage mir durch einen Totengeist und führe mir den herauf, den ich dir bezeichnen werde!' Diese Frau weigerte sich zunächst, den Wunsch Sauls zu erfüllen, weil dieser nach dem Tod Samuels alle Totenbeschwörer vertreiben ließ. Um dieser Frau jede Furcht vor einer Bestrafung zu nehmen, leistete er vor Gott den Eid, dass sie straffrei bleiben würde. Sie musste nun Samuel herbeirufen. Da geriet sie in große Furcht, weil sie wusste, dass vor ihr Saul stand. Als sie sich beruhigt hatte, fragte Saul sie, was sie sehen würde. ‚Ich sehe ein gottähnliches Wesen aus der Erde emporsteigen', antwortete sie. „Es ist ein alter Mann, der in einen Mantel gehüllt ist!' Da erkannte auch Saul Samuel und warf sich vor ihm zu Boden. Samuel sprach zu Saul: ‚Warum hast du meine Ruhe gestört und mich aus dem Totenreich heraufkommen lassen?' Saul rechtfertigt diese Totenbeschwörung mit dem Hinweis auf seine verzweifelte Lage. Gott habe ihn im Stich gelassen. Da prophezeite ihm Samuel, dass er am nächsten Morgen zusammen mit seinen Söhnen bei ihm sein werde, weil er die Schlacht gegen die Philister verlieren würde."

Diese Vorstellung von einem düsteren Totenreich im Jenseits, in das alle Seelen eingehen müssen, sowie der Glaube an eine diesseitige Vergeltung konnte in der Zeit nach dem babylonischen Exil, als die Juden erneut unter der Fremdherrschaft zu leiden hatten, nicht mehr überzeugen. Im zweiten vorchristlichen Jahrhundert verstärkten sich die Hoffnungen im Judentum auf einen Retter, einen Messias, dessen Erscheinen die Psalmen und die Bücher der Propheten immer wieder ankündigten. Als Gottessohn wird er die Menschen von den Sünden erlösen und ein Gottesreich errichten. Mit dieser Hoffnung auf einen Messias wird der Gedanke von einer Auferstehung der Toten in Verbindung gebracht, die vor dem Gottesgericht erscheinen müssen, wo nach Prüfung ihrer Taten und Sünden entschieden wird, ob sie in dieses Reich, das man sich als das Paradies vorstellte, eingehen oder für immer verdammt werden. Obgleich diese messianischen Hoffnungen im Volk sehr weit verbreitet waren, verstärkten sich jedoch auch die Zweifel, ob in diesen Zeiten Glanz und Wohlergehen überhaupt erreicht werden könne. Die politische Lage war hoffnungslos, weil zuerst die hellenistischen Herrscher und später die Römer die Macht innehatten. Der einzelne Mensch wollte gerettet werden, wenn es schon nicht für sein Volk als Ganzes eine Rettung gab. Als sich bei den Juden allmählich die Vorstellung durchsetzte, dass der einzelne Mensch mehr zählt als seine Sippe, stellte man sich diese Endzeit als den Jüngsten Tag vor, an dem jeder Tote leibhaft aus dem Totenreich auferstehen, vor ein Gericht treten und je nach seinen Taten ins Paradies oder für immer in das Totenreich verwiesen werden würde, was später als die Hölle bezeichnet wurde. Für die Juden dieser Zeit war es auch nicht nachvollziehbar, dass die Macht Gottes an der Unterwelt enden sollte, wie der ältere Glaube annahm. Es war sehr schlecht mit dem Glauben an einen allmächtigen Gott zu vereinbaren, dass er die Toten nicht belohnen bzw. bestrafen konnte, indem er ihnen nach dem Tod unterschiedliche Orte zum Aufenthalt zuwies. Die Wohnorte der Gerechten und Sünder mussten getrennt sein, da man erwarten konnte, dass Gott Menschen, die streng nach seinen Geboten lebten, auch in seiner Nähe haben wollte. Somit war die Zweiteilung in einen himmlischen Ort, das Paradies, und die Unterwelt, die nicht mehr das allgemeine Totenreich war, vorgezeichnet.

Diese neuen Vorstellungen vom Jenseits werden sehr ausführlich im so genannten Henochbuch dargestellt. Henoch war in der Bibel der Enkel oder siebte Nachkomme Adams, der wegen seines gottgefälligen Lebens nicht sterben musste, sondern nach einem Leben von 365 Jahren in den Himmel entrückt wurde. Dieses Henochbuch gehört zu den „apokryphen", d. h. unechten Schriften des Alten Testamentes, weil es von der Kirche nicht anerkannt wurde. Das 1. Henochbuch, das vollständig nur in einer äthiopischen Übersetzung überliefert ist, stammt aus dem 2. Jh. v. Chr. Es ist nicht einheitlich abgefasst, sondern besteht aus Erzählungen über eine Reise, die Henoch zusammen mit dem Engel Raphael in die irdischen und himmlischen Regionen machte. Der Autor dieses Werkes vertrat die Meinung, dass sich alle Toten zunächst im Scheol befinden. Aber schon hier werden die Seelen unterschiedlich behandelt, je nachdem, ob sie zu den Gerechten oder Sündern gehören. Alle stehen am Jüngsten Tag auf und müssen vor Gottes Gericht treten. Die Sünder kommen an einen besonderen Strafort. Diese Auffassung war unter den jüdischen Priestern und Gelehrten nicht unbestritten. So wurde von den Pharisäern, den Angehörigen einer sehr einflussreichen jüdischen Sekte, die Meinung vertreten, nur die Gerechten würden am Jüngsten Tag auferstehen, während die Sünder im Totenreich bleiben müssten, das sich für sie in einen Strafort umwandelte.

Der Scheol wird von Henoch so beschrieben:

„Der Engel zeigte mir im Westen ein großes und hohes Gebirge und starre Felsen. In ihm befanden sich vier geräumige Plätze, die sich in die Tiefe und Breite erstreckten. Sie waren sehr glatt. Drei von ihnen waren dunkel, einer hell, in dessen Mitte eine Wasserquelle hervorsprudelte. Der Engel Raphael erklärt mir, dass sich in diesen Räumen die Seelen der Verstorbenen versammeln, wo sie sich bis zum Tag des Gerichtes aufhalten müssen. In dem hellen Raum befinden sich die Gerechten, die anderen drei Räume sind bestimmt für die unschuldigen Märtyrer wie zum Beispiel Abel, der von seinem Bruder Kain erschlagen wurde, die Gottlosen, die zu Lebzeiten von keinem Gericht bestraft wurden und solche Gottlosen, die durch einen gewaltsamen Tod ums Leben gekommen sind. Die Seelen, die sich in diesen Kammern aufhalten, sind keine reinen Geister, sondern haben in einem gewissen Grad einen Körper, weil sie gesehen werden können, klagen, gebunden sind und im Feuer brennen. Ihr Aufenthalt im Scheol wird als eine Art Schlaf bezeichnet. Aufgeweckt am Tag des Jüngsten Gerichtes werden nur die Gerechten, die unschuldigen Märtyrer und die Sünder, die zu Lebzeiten noch nicht bestraft wurden. Sie erhalten ihren früheren Leib wieder, damit sie vor dem Gericht erscheinen können. Die anderen Sünder, welche die Strafe schon in diesem Leben erreichte, bleiben als Schatten im Scheol für alle Zeiten, der sich für sie in einen Strafort verwandelt."

Das Endgericht über die Auferstandenen findet in Jerusalem statt, das der Mittelpunkt des neuen, messianischen Reiches ist. Dort vollzieht Gott das Gericht über Israel und alle anderen Völker. In den Büchern sind die Taten der Menschen aufgezeichnet. Die Seelen und ihre Taten werden auf einer Waage gewogen. Bei diesem Gericht sitzt Gott umgeben von seinen Engeln und den zu ihm entrückten Gerechten auf seinem herrlichen Thron. Denn Menschen wie der gottgefällige Henoch und die anderen Erzväter werden sofort in dieses Reich des Messias versetzt und formen sich dort zu einer großen Gemeinde. Diese Geretteten bilden das wahre Volk Israels. Sie werden in den biblischen Texten auch als die Gerechten, Guten oder die Kinder Gottes bezeichnet. Für die Sünder gibt es vor diesem Weltgericht kein Erbarmen. Sie werden mit der ewigen Verdammnis in der Hölle bestraft, die nach dem Henochbuch eine solche Lage und Gestalt hat:

„Ich ging nach der Mitte der Erde, wo ich Berge sah, zwischen denen sich tiefe, trockene Schluchten ohne Bäume befanden."

Henoch erfuhr von dem Engel, dass diese Schluchten für diejenigen Seelen als Aufenthaltsort bestimmt sind, die für alle Ewigkeit in der Hölle büßen müssen. Wie der Ort der Gerechten in das neue Jerusalem verlegt wird, so hat man als Strafort eines der zahlreichen Täler um Jerusalem ausgewählt. Dieses Tal, das den Namen Ge-Hinnom trägt, war in den

Augen der Juden ein verfluchter Ort, weil hier Gott wie der babylonische Gott Moloch durch grausame Riten verehrt worden ist. Wegen dieser Gräuel trug das Tal auch den Beinamen „Würgtal" und sollte einst nach den biblischen Berichten voller Toten sein. Da in der „Gehenna", wie dieses Tal im Neuen Testament heißt, Rauch aus dem Boden aufstieg, bot sich dieser Ort wegen seiner natürlichen Beschaffenheit als Hölle an. Obwohl schon in den ältesten Schriften das Feuer als Strafmittel Gottes bekannt war, dürfte sicher der Ort die Fantasie der Israeliten angeregt haben, sich die Hölle als einen Feuerpfuhl oder Feuerofen vorzustellen. Das Totenland Scheol hat mit dem Anbruch des Gottesreiches seine Bedeutung verloren. Im späteren Sprachgebrauch der Juden wird für Hölle nur noch der Begriff Gehenna benutzt. Auch diejenigen Sünder, denen man die Auferstehung versagte und die man zum ewigen Aufenthalt in das Totenreich verdammte, wohnen jetzt in der Gehenna. Im Henochbuch finden sich aber noch andere Straforte, an denen sich Sünder aufhalten. Nach Ansicht der Juden war es mit dem jenseitigen Vergeltungsgedanken oft schwer zu vereinbaren, wenn besonders schlimme Sünden begangen wurden. Diese Gottlosen sollten auch an abgetrennten Orten ihre Strafen verbüßen. So kennt Henoch besondere Straforte für Dämonen sowie für Könige und andere Mächtige, von denen die Hölle der Dämonen die schrecklichste war.

Im späteren Judentum hat sich die Vorstellung entwickelt, die Gehenna müsste wie der Himmel aus sieben Bereichen bestehen. Man stellte sie sich als einen Schacht vor, der 2000 Ellen (circa 1000 m) lang und 50 Ellen (25 m) breit ist. Die Essener, eine jüdische Sekte, meinten, die Gehenna wäre ein kalter und finsterer Ort. Häufig wird berichtet, dass die Hölle einen riesigen Schlund habe, der die Sünder verschlingen würde. Dieser Schlund verwandelte sich in der Fantasie des Volkes in einen bösen Wurm, den man als Assel bezeichnete, oder in einen Drachen. Die widersprüchliche Verbindung von Finsternis und Feuer, die in allen Beschreibungen der Gehenna vorkommt, findet eine Erklärung darin, dass zwei Formen der Strafe vereint wurden. Das Feuer betont den Strafcharakter des Aufenthaltes, während die Finsternis auf den Tod oder die ewige Verdammnis hinweist. Als später die Gehenna zum Inbegriff der Hölle wurde, verwischte sich dieser Unterschied. Die Bewohner der Hölle werden als „schwarze Tiere" bezeichnet, weil ihre Gesichter schwärzer als die Nacht sind. Ihre Qualen, die hauptsächlich im Ertragen eines unerträglich heißen Feuers bestehen, werden täglich erneuert. Dazu kommen andere Naturgewalten, die in der Bibel als der „Zorn Gottes" bezeichnet werden, wie zum Beispiel Blitze oder Stürme. Oder aber Gott greift selbst mit seinem Schwert ein, so dass es zu einem gewaltigen Blutvergießen beim Endgericht und in der Hölle kommt. Erwähnt wird auch, dass die Gottlosen sich selbst zerfleischten. Die Dauer dieser Strafen werden in den biblischen Texten überwiegend als ewig bezeichnet. Doch wurde vereinzelt unter den jüdischen Priestern die Meinung vertreten, dass der Aufenthalt in der Gehenna ein zeitweiliger ist, wenn die Sünder nur geringe Sünden begangen haben. Unbestritten ist, dass die Frevler für alle Ewigkeit dort büßen müssen. Die Tatsache, dass im späteren Judentum über diesen Aufenthalt der Seele diskutiert wurde, beweisen die feinen Unterschiede, die man machte. So lehrt eine Gruppe von Priestern, dass die schweren Frevler mit ewiger Verdammnis, die geringen mit einem zwölfmonatigen Aufenthalt in der Gehenna rechnen müssten und die „Mittelmäßigen", bei denen die schlechten durch die guten Taten aufgewogen wurden, überhaupt nicht in die Hölle kämen. Hinter dieser Einteilung steht offenbar das Bedürfnis, dass man nur wenige Israeliten für alle Zeiten in der Hölle wissen wollte. Aus diesen Vorstellungen entwickelte sich später der Glaube an ein Fegefeuer, in dem die weniger schweren Sünder zeitweise bestraft oder besser gereinigt werden, bevor sie in die Gemeinschaft mit Gott aufgenommen werden.

Zur Zeit Jesu standen sich in der jüdischen Priesterschaft zwei Gruppen gegenüber, die unterschiedliche Auffassungen über das Jenseits vertraten. Die schon erwähnten Pharisäer, deren Auffassungen einen starken Rückhalt im Volksglauben hatten, vertraten die Ansicht, nur die Gerechten unter den Toten würden auferstehen. Ihre Gegner, die Sadduzäer, welche die Neuerungen und Reformen ablehnten und sich als Vertreter des alten Glaubens ansahen, lehnten solche Vorstellungen strikt ab. Eine jenseitige Vergeltung war nach ihrer Ansicht nicht möglich, weil sie als die herrschende Schicht, „der Adel Jerusalems", aufgrund ihrer Erfahrungen Zweifel hatten, ob sich durch Gottes Eingreifen die düstere politische Lage der Juden verändern könnte. Die Pharisäer, die alles Weltliche verleugneten, glaubten, die Gerechtigkeit verlangte es, dass die Frommen im Jenseits belohnt würden. An diese Auffassung vom Jenseits erinnert der Bericht des Neuen Testamentes vom reichen Mann und dem armen Lazarus (Luk.16,19–31):

„Es geschah, dass ein Armer starb und von den Engeln in Abrahams Schoß, d. h. in das Totenland getragen wurde. Es starb aber auch der Reiche, und er wurde begraben. Im Totenreich hob er seine Augen auf, weil er Qualen litt, und sieht von weitem den Lazarus in den Armen von Abraham. Er rief: ‚Vater Abraham, erbarme dich meiner und sende Lazarus zu mir, damit er seine Finger ins Wasser tauche und dann meine Zunge kühle! Ich leide furchtbare Qualen in diesen Flammen!‘ Abraham sprach: ‚Mein Sohn, denke daran, dass du im Leben Gutes empfangen hast wie Lazarus das Böse! Jetzt aber wird er getröstet, während du Qualen erleidest! Aber zwischen uns beiden ist eine große Kluft, so dass niemand von hier zu euch hinübergehen kann und umgekehrt auch niemand von euch zu uns.‘“

Die Betonung der vollkommenen Trennung der Gerechten von den Sündern im Totenreich entspricht den Vorstellungen des Henochbuches. Da die Gottlosen bereits im Totenreich ihre gebührende Strafe erleiden, war es an sich überflüssig, sie auferstehen zu lassen. Ihr Zustand war vor und nach dem Endgericht derselbe. Dieser Auffassung schlossen sich auch die Verfasser der Evangelien des Neuen Testamentes an. Sie sprechen nur von einer „Auferstehung der Gerechten“. Die Gottlosen empfangen ihr Urteil im Totenreich, das als die „feurige Gehenna“ bezeichnet wird. Sie ist finster, obwohl ein Feuer brennt. Ausdrücklich betont das Neue Testament, dass die Vernichtung der Sünder in der Gehenna ewig dauert. Da das Feuer nie erlischt, heulen sie vor Schmerz und knirschen vor ohnmächtiger Wut. In der Johannesapokalypse des Neuen Testamentes wird eine abweichende Auffassung vertreten, weil es eine zweifache Auferstehung lehrt. Wenn am Jüngsten Tag der Messias erscheint, werden alle Gerechten aus dem Totenreich auferstehen und mit ihm zusammen 1000 Jahre lang herrschen. Bis dieser Zeitraum zu Ende ist, müssen alle anderen Toten im Jenseits bleiben. Danach stehen alle übrigen Bewohner des Totenreiches, d. h. die Sünder, auf, und zu ihnen kommen die noch Lebenden, damit sie vor Gott gerichtet werden. Diese Auferstandenen werden entweder in den

Höllenpfuhl geworfen oder werden mit den auferstandenen Gerechten in dem neuen Reich Gottes leben, wo es keinen Tod mehr geben wird.

Unter den Pharisäern gab es die oben schon erwähnte extreme Gruppe der Essener oder Essäer, die sich von den übrigen Juden abgesondert hatten und ein klösterliches Leben führten. Die Papyrusfunde in den Höhlen in Qumran am Toten Meer, wo die Essener im 2. Jh. v. Chr. eine Klostergemeinschaft gegründet hatten, brachten viele Einzelheiten über die Lehre dieser Sekte zutage. Vermutlich gehörte zu den Essenern auch Johannes der Täufer, an dessen Wirken Christus anknüpfte. Von der Jenseitslehre dieser Sekte gibt der jüdische Schriftsteller Josephus Flavius (38–100 n. Chr.) in seinem Werk „Der jüdische Krieg" (75 n. Chr.) einen genauen Bericht:

„Bei ihnen herrscht folgender Glaube, die Körper seien vergänglich, und ihr Stoff habe keinen Bestand, die Seelen dagegen sind unsterblich, sie würden ewig bestehen und würden, obwohl sie aus dem feinsten Äther stammten, in die Körper wie in einem Gefängnis eingeschlossen, wohin sie ein unbestimmbarer natürlicher Drang hinzöge. Wenn sie aber aus den sinnlichen Banden gelöst seien, dann freuten sie sich, gleichsam als ob sie aus einer langen Knechtschaft befreit worden wären, und stiegen in die Lüfte empor. Von den guten Seelen behaupten sie wie die Griechen, dass sie ein Leben jenseits des Ozeans führten, an einem Ort, wo sie weder von Regen noch Schnee noch Hitze belästigt, sondern stets von einem vom Ozean her wehenden Westwind erfrischt würden. Aber die schlechten Seelen versetzten sie an einen finsteren und winterlichen Winkel voller Qualen."

Nach diesem Bericht des Josephus kennen die Essener keine Auferstehung, sondern nur eine Unsterblichkeit der

Seelen. Der Bericht wirft jedoch Zweifel auf, weil ein anderer Autor, der Grieche Hippolytos I. (3. Jh. n. Chr.), das Gegenteil behauptet:

„Die Lehre der Auferstehung ist bei ihnen fest begründet. Sie bekräftigen, dass das Fleisch auferstehen wird und unsterblich wie die Seele ist. Sie geht nach dem Tod an einen angenehmen Ruheort, den die Griechen Elysium nennen."

Vielleicht bringt Hippolytos den unter den Juden weit verbreiteten Glauben von der Auferstehung der Gerechten in die Jenseitsvorstellungen dieser Sekte hinein.

Die zahlreichen Zeugnisse, die in den Höhlen von Qumran entdeckt wurden, scheinen die Darstellung des Hippolytos zu bestätigen. Diese Texte erwähnen einen „königlichen Messias", bei dessen Ankunft die Toten auferstehen, um von ihm gerichtet zu werden. Wenn nach sieben Jahre das Endgericht seine Tätigkeit beendet, werden die Frommen als Aufenthaltsort das irdische Jerusalem zugewiesen bekommen. Andere Texte sprechen davon, dass die Welt in einer lavaartigen Glut dahinschmilzt, während die Frommen gerettet werden. In der religiösen Vorstellungswelt taucht auch der Begriff des Scheols auf, wo die Söhne Satans wohnen. Ein Hymnus beschreibt die Hölle als einen Ort der Gräuel, Schande und Finsternis und fährt fort: „Verflucht sind alle, die ihre gottlosen Pläne ausführen und in ihrem Herzen aufgenommen haben."

Wie schwierig es ist, aus diesen Texten ein einheitliches Bild zu gewinnen, zeigt ein Text („Das Testament des Naphthali"), der über das Schicksal der Bewohner des Scheols bei der Ankunft des Messias sagt: „Einige von ihnen werden gereinigt werden, um die Erwählten der Gerechtigkeit zu werden."

Diese Stelle legt den Gedanken nahe, dass die Essener glaubten, alle Toten kämen in den Scheol, den nur einige als

Auserwählte verlassen könnten, weil sie von ihren Sünden gereinigt werden konnten. Die restlichen Toten wären demnach für immer in den Scheol verdammt, der nach Aussagen der anderen Texte wie ein Erzklumpen zerschmilzt, wodurch folglich die Existenz dieser Toten völlig ausgelöscht wäre.

In der Wissenschaft neigt man aber zu der Annahme, dass Josephus und Hippolytus auch griechisches Gedankengut in ihre Darstellung haben einfließen lassen und so den Jenseitsglauben der Essener verfälscht haben.

Die Lehren der Gnosis und der nichtbiblischen Schriften

Gnosis ist eine Sammelbezeichnung bestimmter Gruppen und Lehren der spätantiken Religionsgeschichte. Trotz der Vielfalt der Gruppen haben sie als gemeinsame Eigenschaft den Erlösungsgedanken. Die diesseitige Welt wird von ihnen als etwas Schlechtes angesehen, von der sich die Menschen befreien müssen. Falsch sind Definitionen, welche die Gnosis als ein durch die Aufnahme griechischen Gedankengutes entartetes Christentum bezeichnen oder in ihm eine Fortsetzung der altiranischen Religion sehen. Zentrale Lehre der Gnostiker ist der Aufstieg der Seele in den himmlischen Bereich, von wo sie einst auf die Erde herabgestiegen ist und in den Körper wie in ein Gefängnis eingeschlossen wurde. Der jetzige Zustand des Menschen, der durch seine Seele ein Stück des himmlischen Lichtes in sich trägt, ist eine Ausgeburt der Finsternis. Durch die Weltentstehung gelangte die Seele in den menschlichen Körper. Die verschiedenen Schulen der Gnosis wollen ihren Anhängern die Wege aufzeigen, wie ihre Seele aus diesem Gefängnis in das himmlische Lichtreich aufsteigen kann. Dazu gehören oft spezielle Kenntnisse, die man heute als Magie bezeichnen würde. Nach dem Tod eines Menschen muss seine Seele eine Himmelsreise antreten, damit sie ihre irdischen Bestandteile ablegt. Für den Gnostiker ist diese Seelenreise einfach, weil er um die Gefahren bei dieser Reise weiß, die ihm besonders durch die bösen Dämonen drohen.

Eine 1905 entdeckte Schrift mit dem Titel „Pistis Sophia" enthält eine ausführliche Beschreibung der Höllen aus der Sichtweise der Gnosis. In diesem Werk erzählt Jesus seinen Jüngern im elften Jahr nach seiner Auferstehung von der Welt, aus der er zur Erde herabgestiegen sei. Er habe von den Herrschern dieser Lichtwelt die Befugnis erhalten, ihnen alles über die höchsten Himmelsregionen zu erzählen. Nach seiner Auferstehung sei er zum Firmament aufgestiegen und habe auch den Bereich der Geistwesen, Äonen, erreicht, deren Führer, Adamas, mit seinen Gehilfen gegen ihn rebellierte. Diese Geistwesen waren nämlich verärgert, weil sie mit dem Erscheinen Jesu ihre alte Macht verloren hatten. Jesus begegnet in diesem Herrschaftsbereich einem Geistwesen mit dem Namen Pistis Sophia, die von den anderen Äonen verstoßen wurde, weil sie nach dem oberen Lichtreich strebte. Sie wurde in das Chaos gelockt und dort verbannt. Jesus befreit sie aus dem Chaos und führt sie wieder in ihren früheren Wohnsitz im Reich der Äonen zurück.

Ein großer Teil dieses gnostischen Werkes enthält einen Dialog zwischen Jesus und Maria Magdalena über das Schicksal der Seelen nach dem Tod eines Menschen. Nach der Beschreibung der Tugenden, die zum Eingang in das Lichtreich befähigen, werden die Laster und ihre Folgen dargestellt. Das ganze Christentum wird in diesem Buch in einen Mysterienkult verwandelt. Wer diese Mysterien (Geheimnisse), zu denen die Taufe und dann die gesamte christliche Bußpraxis wie zum Beispiel die Reue gehört, kennt und praktiziert, wird von seinen Sünden befreit, und die Geister der Äonen verlieren ihre Macht über einen solchen Menschen. Ein großes Hindernis für das Verständnis dieser Geheimnisse des Kosmos ist die Materie, die den Menschen fest an die irdische Welt bindet und ihn davon abhält, in das Lichtreich zu gelangen. Jesus verpflichtet seine Zuhörer, ihre Kenntnisse den Menschen zugänglich zu machen, damit möglichst viele von ihnen von ihren Sünden befreit werden und ihre Seelen in die himmlischen Bereiche eindringen. Einer der Gründe, weshalb die Menschen Sünden begehen, ist ein Seelenbestandteil, das Antimimon Pneuma, das den Menschen zur Sünde verleitet, während die anderen Bestandteile nach dem Licht der oberen Himmelsregionen bzw. nach dem Ort der Gerechtigkeit streben, wo sie von den Schlacken der Materie befreit werden. Eine Seele, die der Macht des bösen Seelenteils unterliegt, muss auf den Aufstieg in das Himmelsreich zunächst verzichten und kommt in einen neuen Körper, wo sie sich bewähren kann. Wichtig aber ist, dass ein Sünder nicht von seinem Tod überrascht wird, sondern noch zu Lebzeiten Sühne leistet. Wer dies versäumt, geht das Risiko ein, in die Hölle, den Ort der ewigen Verdammnis, zu kommen, weil in den himmlischen Regionen nur Platz für eine beschränkte Anzahl von Seelen ist. Wenn diese Zahl erreicht ist, werden die Tore des Himmels verschlossen sein. Alle, die danach noch Buße tun, werden vergeblich an diese Himmelspforten anklopfen und müssen in die ewige Finsternis gehen.

Aber auch bevor dieser Zeitpunkt eintritt, an dem die Tore des himmlischen Lichtreiches für alle Zeiten verschlossen sein werden, werden bestimmte Gruppen von Sündern auf ewig in die Hölle verstoßen. Ausführlich beschreibt Jesus diese Orte der ewigen Strafe, die in der Finsternis angesiedelt sind. Diese gnostische Hölle besteht aus einem großen Drachen, in dem sich zwölf Kammern befinden. Die einzelnen Herrscher über diese Kammern, die den Namen Archon tragen, unterscheiden sich untereinander durch ihre Tiergesichter. Der erste Archon, der Enchthonin genannt wird, hat ein Krokodilgesicht und quält an diesem Strafort die Sünder mit Eis, Kälte, Staub und Krankheiten, die aus dem Rachen des Drachen kommen. Die Herrscher der anderen Kammern sind in der Reihenfolge der Kammern: Charachar mit einem Katzengesicht, Archaroch mit einem Hundegesicht, Achrochar mit einem Schlangengesicht, Marchur mit einem Stiergesicht, Lamchamor mit einem Wildschweingesicht, Luchar mit einem Bärengesicht, Lararoch mit einem Geiergesicht und schließlich Archeoch, der Herrscher über die neunte Kammer, mit dem Gesicht eines Basilisken. Die zehnte Kammer, die wie die folgenden Kammern von mehreren Herrschern regiert wird, steht unter der Leitung des Xarmaroch. Jeder von seinen Gehilfen hat sieben Drachenköpfe. Die Herrscher der elften Kammer haben sieben Köpfe mit einem Katzengesicht. Dieser Strafort wird von dem Herrscher Rochar geleitet. In der letzten Kammer gibt es sieben Herrscher mit einem Hundegesicht. Der oberste Herrscher dieses Strafortes trägt den Namen Chremaor.

Jede dieser zwölf Kammern besitzt ein nach oben geöffnetes Tor, das von einem Engel bewacht wird. Dieser Engel hat die Aufgabe, den Drachen und seine Herrscher, die sich in seinem Innern befinden, zu bewachen. Durch die Tore der zwölf Kammern werden die Seelen der Lästerer geführt, besonders diejenigen unter ihnen, die Irrlehren verbreiteten, anschließend die Homosexuellen, die Atheisten, die Mörder, die Ehebrecher und Giftmischer sowie alle Seelen, die wegen ihrer Sünden nicht ins Lichtreich eindringen konnten, sondern in neue Körper wieder geboren wurden und danach wiederum keine

Reue gezeigt haben. Die Strafen, welche die Sünder in den zwölf Kammern erleiden, übertreffen an Grausamkeit und Strenge die Strafen aller Gerichte. Entweder gehen die Seelen, die dorthin geführt werden, an gewaltiger Kälte, Hagel oder einem riesigen Feuer zugrunde. Selbst wenn am Ende der Zeiten die Welt aufgelöst wird, werden diese Seelen von der Kälte und dem Feuer vernichtet werden. Die Bestrafung eines Mörders vollzieht sich beispielsweise folgendermaßen:

„Wenn dieser Mensch stirbt, so führen die Helfer des Herrschers des Chaos, Jaldaboath, der ein Löwengesicht hat, die Seele aus dem Körper und binden sie mit ihren Füßen an einen Dämon mit einem Pferdegesicht, der drei Tage lang mit ihr in der Welt umherreist. Dann wird die Seele an einen Ort der Kälte gebracht, wo sie drei Jahre und sechs Monate bestraft wird. Ihr nächstes Ziel ist das Chaos, in dem Jaldaboath zusammen mit 49 Dämonen herrscht. Dort wird sie von jedem dieser Dämonen wiederum drei Jahre und sechs Monate ausgepeitscht. Danach wandert die Seele weiter im Chaos, bis sie zur Persephone kommt, deren Strafen auch drei Jahre und sechs Monate dauern. Eine genauso lange Strafe muss sie auf dem ‚Weg der Mitte' erdulden, der von grausamen Herrschern bewohnt wird. Schließlich kommt sie vor die ‚Lichtjungfrau', einem Richter, der über die Gerechten und Sünder urteilt. Die Seele des Mörders wird von diesem Richter in das Reich der ewigen Finsternis verstoßen."

Schlimmer sind die Strafen der Homosexuellen:

„Die 49 Dämonen des Jaldaboath packen diese Seelen und strafen sie 11 Jahre lang. Dann werden sie zu Feuerflüssen und Pechmeeren geführt, die voll von Dämonen mit Schweinegesichtern sind. Sie nagen an ihnen und quälen sie nochmals 11 Jahre. Schließlich werden sie in die ewige Finsternis geworfen, wo sie bis zum Ende der Welt sich aufhalten müssen, und dann endgültig aufgelöst und vernichtet werden."

Die schlimmste Sünde begehen aber diejenigen Menschen, die menschlichen Samen essen. Der Autor der Pistis Sophia ist offensichtlich ein Gegner von gnostischen Sekten, die sexualmagische Riten praktizierten, wozu auch die Opferung des Spermas gehörte. Überliefert sind diese Praktiken von der Sekte der Barbelo-Gnostiker, über deren Riten ein Bericht des Kirchenvaters Epiphanias (4. Jh. n. Chr.) vorliegt. Menschen, die zu Lebzeiten solche Riten ausgeübt haben, werden, wie die „Pistis Sophia" berichtet, sofort in die ewige Finsternis gebracht, wo sie an einem Ort ohne Erbarmen direkt vernichtet werden.

Doch es gibt eine Möglichkeit, eine Seele, welche nicht diese Schlimmste aller Sünden begangen hat, aus diesem Ort der ewigen Finsternis zu erretten, wenn nämlich ein Gerechter das „Geheimnis des Unaussprechlichen" vollzieht. Darunter versteht der anonyme Autor der „Pistis Sophia" alle Erkenntnisse auf dem Gebiet der Ethik und der Weltentstehung und ihres Aufbaus, die aber die Fassungskraft der Menschen übersteigen. Der „Unaussprechliche" ist die Bezeichnung für das göttliche Wesen, das über dem ganzen Kosmos steht, von wo das Licht seinen Ursprung nahm. Wer dieses Geheimnis kennt, kann ungehindert bis zu diesem höchsten Wesen im Lichtreich vordringen. Die Seelen der in die Hölle Verdammten, für die dieses „Geheimnis des Unaussprechlichen" vollzogen wurde, werden aus den Kammern der Hölle befreit und vor die Lichtjungfrau geführt. Diese drückt ihnen ein Siegel auf und schickt sie in Körper, von denen zu erwarten ist, dass sie ein gerechtes Leben führen und in das Lichtreich eindringen werden. Die Büßer in der Hölle können ihrem Strafort auf dieselbe Weise entkommen, wenn sie einen der zwölf Namen des großen Drachen, also der Kammerherrscher, kennen und ihn aussprechen. Jeder dieser Namen steht für ein „Geheimnis", dessen Kenntnis den Weg aus der Hölle aufzeigt.

Die Seelen von Sündern, die nicht solche Taten begangen haben wie Gottlosigkeit, Verbreitung von Irrlehren, Mord etc., welche die ewige Finsternis zur Folge haben, werden auf folgende Weise bestraft:

„Die Seele eines Verleumders wird von den Gehilfen des Dämons Ariel aus seinem Körper geholt und drei Tage lang durch die Welt geführt, damit sie deren Geschöpfe kennen lernt. Danach wird sie vor Ariel geführt, der sie 11 Monate und 21 Tage lang bestraft. Eine weitere Station ist das Chaos, wo sie von dem dortigen Herrscher Jaldaboath und seinen 49 Dämonen ebenso lang mit feurigen Peitschen gezüchtigt wird. Auch der sich anschließende Aufenthalt in den Feuerflüssen und dem Feuermeer dauert 11 Monate und 21 Tage. Der nächste Strafort ist der ‚Weg der Mitte'. Nachdem sie dort wiederum eine Strafe von derselben Länge erdulden musste, wird sie vor die Lichtjungfrau geführt. Ihre Diener bringen die Seele zu einem anderen Himmelsort, wo sie von Geistwesen mit Wasser und siedendem Feuer gereinigt wird. Danach muss sie aus dem Becher des Vergessens trinken, damit sie alle Orte, wo sie sich aufgehalten hat, vergisst. Danach kommt sie in einen neuen Körper. Die Seelen von Räubern müssen einen ähnlichen Weg zurücklegen, an dessen Ende sie in einen lahmen, krummen und blinden Körper eingehen müssen. Die Seelen von Hochmütigen bekommen nach derselben Reinigung einen hässlichen Körper, damit sie von allen Menschen verspottet werden."

Die „Pistis Sophia" endet mit dem Wehklagen der Jünger Jesu:

„Wehe den Sündern, die diese Strafen erleiden müssen. Oh Herr, erbarme dich unser, habe Mitleid mit uns, damit wir vor diesen Strafen und Gerichten gerettet werden. Denn auch wir haben gesündigt."

Im 2. Jh. n. Chr. tauchen in den christlichen Gemeinden Schriften auf, die mit dem griechischen Wort Apokalypsen betitelt sind, was man als „Offenbarung" übersetzt. Diese Offenbarungsschriften wollen über die Geheimnisse des Jenseits, den Himmel, die Hölle, deren Insassen und überhaupt über alles informieren, was die Seele der Menschen nach dem Tod erwartet. Dazu gehören nach der christlichen Lehre das Ende der Welt, der Jüngste Tag und das Kommen des neuen Reiches. Diese Themen waren für die Christen dieser Zeit besonders wichtig, weil man vergeblich auf den Untergang der Welt und das Wiedererscheinen Christi wartete. Man musste den Gläubigen erklären, weshalb sie sich in Geduld üben mussten. Diese Lücke in den biblischen Schriften des Neuen Testamentes füllten diese Apokalypsen aus. Als aber diese Literaturgattung an Umfang immer mehr zunahm und in einer so großen Zahl unter den Gläubigen verbreitet war, musste die Kirche einen Riegel vorschieben, und nur die Apokalypse des Johannes wurde in den Kanon der biblischen Schriften aufgenommen. Diese Literaturgattung, die nicht von den Christen erfunden wurde, geht auf jüdische Schriften aus der Zeit von 400–100 v. Chr. zurück, die nach der babylonischen Gefangenschaft entstanden sind.

Unter dem Einfluss der religiösen Vorstellungen der alten Iraner, die schon dargestellt wurden, entstanden in den jüdischen Gemeinden Offenbarungsschriften, die sich mit dem baldigen Weltende und dem Auftreten eines Richters und Retters, eines Messias, beschäftigten. Besonders während der religiösen Verfolgungen der jüdischen Gemeinden durch den König Antiochos IV. (189–176 v. Chr.), die zum Aufstand der Makkabäer, eines einflussreichen Stammes unter den Juden, führten, wurden die Fragen eines nahen Weltendes sowie das Reich eines Messias diskutiert. Man könnte die Autoren dieser Schriften als Fortsetzer oder Deuter der jüdischen Propheten bezeichnen. Schon in den Schriften der jüdischen Propheten finden sich viele Zusätze aus späterer Zeit, die man als den Ursprung und Beginn dieser Literaturgattung ansehen kann. Diese jüdischen Offenbarungsschriften, die mit dem Danielbuch ihren Anfang nahmen, wurden später von den Christen als Apokalypsen bezeichnet. Die christlichen Apokalypsen übernehmen nicht nur sehr viele Vorstellungen und Bilder aus den jüdischen Offenbarungsschriften, sondern auch sehr viel heidnisches Material. Für die christlichen Autoren rückte aber mehr die Beschreibung des Jenseits, des Himmels und der Hölle, in den Mittelpunkt ihres Interesses.

Die älteste Schilderung des Himmels und der Hölle enthält die Petrusapokalypse, die auf einem Pergamentkodex in einem Grab in Akhmion in Oberägypten 1887 entdeckt wurde. Diese in Griechisch abgefasste Handschrift eines Mönches, die heute in Kairo aufbewahrt wird, besteht aus 34 Abschnitten und enthält nur einen Teil der ursprünglichen Petrusapokalypse. Als Abfassungszeit nimmt man den Zeitraum vom 1. bis zum 2. Jh. n. Chr. an. 1910 wurde eine äthiopische Übersetzung des Textes gefunden, die viele Abweichungen enthält, aber bei der Beschreibung der Hölle weitestgehend mit dem griechischen Text übereinstimmt.

Ausführlicher werden die Jenseitsorte, Himmel und Hölle, in einer andere Apokalypse beschrieben, die nach dem Apostel Paulus benannt ist. Vermutlich stammt der griechische Originaltext aus dem 4. Jh. n. Chr. Die Paulusapokalypse hat wenig aus der Petrusapokalypse übernommen, so dass sie den Anspruch auf Originalität erheben kann. Sie beschreibt dieselben Höllenorte, jedoch übersichtlicher, wobei sie antikes Gedankengut übernimmt. Obwohl diese Paulusapokalypse vom Kirchenvater Augustinus scharf verurteilt wurde, beeinflusste sie die Höllenvorstellungen des Mittelalters, wie die zahlreichen Handschriften und Fassungen dieser Apokalypse beweisen.

Der unbekannte Autor legt sein beträchtliches Wissen vom Jenseits dem Apostel Paulus in den Mund, der nach dem Bericht des Neuen Testamentes in den Himmel entrückt wurde. Um jedoch den zeitlichen Abstand zwischen dem Tod und der Abfassung des Textes zu überbrücken, beginnt der Text mit einer Einleitung, in der beschrieben wird, wie dieser Text im Hause des Paulus gefunden wurde. Ein Engel habe im Jahre 338 einen angesehenen Mann in der Stadt Tarsus (südöstliche Türkei) im Traum aufgefordert, die Fundamente seines Hauses auszugraben. Man fand ein Kästchen aus Marmor, das die Offenbarung des Paulus enthielt. Der Richter der Stadt, dem man das Kästchen übergab, fertigte eine Abschrift an und sandte das Original an den Kaiser Theodosius. Darin wird beschrieben, wie der Apostel Paulus vom Erzengel Michael durch den Himmel und die Hölle geführt wird.

Die Höllenbeschreibung beginnt mit der Schilderung, wie Paulus sich nach Westen begibt, an den Ozean gelangt, der die ganze Welt umgibt, und sich nach dessen Überschreitung in völliger Finsternis befindet.

In der Petrusapokalypse sitzt Jesus mit seinen Jüngern auf einem Berg, um zu beten. Seine Jünger bedrängen ihn, dass er ihnen einen jüngst verstorbenen Bruder erscheinen ließe, damit sie erführen, was der Mensch im Jenseits zu erwarten habe. Diese Bitte erfüllt Jesus, indem er ihnen zuerst den Himmel zeigt. Im Gegensatz zu der knappen Beschreibung des himmlischen Paradieses schildert er den Jüngern ausführlich die Höllenorte, die dortigen Strafen und die Vergehen der Sünder, die sich an dem betreffenden Ort aufhalten. Die Hölle befindet sich im Erdinnern und in ihr herrscht, wie auch die Paulusapokalypse erwähnt, eine große Finsternis.

Zwischen beiden Höllenbeschreibungen gibt es jedoch auch Unterschiede. Die Zahl der Höllenorte beträgt in der Petrusapokalypse 14, während die Paulusapokalypse nur sieben Straforte erwähnt, über die Gott ohne Einschränkung herrscht und sich dabei der Dienste seiner beiden strengen Engel Uriel und Ezrael bedient. Die Paulusapokalypse beginnt in der lateinischen Fassung mit einer Beschreibung Satans, der als Panthemon bezeichnet wird. Er wird als ein feuriger Drache mit 100 Köpfen dargestellt, in deren Rachen 1000 Zähne sind. In seinem Mund zermalmt dieses Ungeheuer alle ungerechten Herrscher und Fürsten, und Würmer und anderes Ungeziefer kriechen aus diesem Mund heraus. Der Name Panthemon ist wahrscheinlich durch Verstümmelung aus dem Wort Pandämon entstanden, das in der Offenbarung des Johannes, einer Schrift des Neuen Testamentes, den König der Engel des Abgrundes oder der Hölle bezeichnet.

Der zweite Höllenort, den Paulus erblickte, bestand aus einem Fluss von siedendem Feuer, in dem Männer und Frauen unterschiedlich tief eingetaucht waren. Sie gehörten weder zu den Gottlosen noch zu den Gerechten, so dass ihre Strafe in dem Feuerfluss vermutlich zeitlich beschränkt blieb, obgleich dies in dem Text nicht ausdrücklich vermerkt ist. Diejenigen, die bis zu den Knien eingetaucht waren, büßten für Diebstahl, die bis zum Nabel Eingetauchten für Ehebruch und Unzucht, die bis zu den Lippen Eingetauchten für Verleumdung oder falsches Zeugnis und die bis zu den Augenbrauen Eingetauchten für Heuchelei. Im Norden erstreckte sich der dritte Strafort der Hölle. Paulus sah zahllose Gruben von gewaltiger Tiefe, die bis obenan mit Männern und Frauen angefüllt waren. Auf diese Sünder stürzte sich ein Feuerstrom herab. Diese Strafe müssen Seelen erdulden, die nicht an Gott geglaubt und nicht auf ihn gehofft haben. Ihre Strafe dauert an diesem Ort ewig. Auf die Frage des Paulus, ob nicht nach 30 oder 40 Generationen einmal diese Gruben mit Seelen voll gestopft seien, erfuhr er, dass die Gruben so tief sind, dass die Seelen 500 Jahre herabstürzen, bis sie den Grund der Gruben erreicht haben.

Der vierte Höllenort war sehr eng und schien von einer Mauer umgeben zu sein, weil sich um ihn herum eine Feuerwand befand. Dort büßten Seelen, die Witwen und Waisen schädigten und als Zinswucher ihren Lebensunterhalt verdienten. Sie zerbissen sich gegenseitig ihre Zunge. Als zusätzliche Strafe zerfraßen Würmer ihren Körper, dessen eine Hälfte verbrannte, während die andere erfror.

Die Sünder am fünften Strafort der Hölle hingen mit trockenen Zungen über einem Wasserlauf und versuchten vergeblich, von den Früchten der nahen Bäume zu essen. Diese Seelen hatten zu Lebzeiten vorzeitig das Fasten unterbrochen.

Besonders ausführlich werden in dem sechsten Strafort die Bußen der Kindermörderinnen ausgemalt: Die Frauen und die Männer, mit denen sie ihre Kinder gezeugt hatten, trugen Lappen aus brennendem Pech und Schwefel. Drachen waren um ihre Gliedmaßen gewunden, und Engel mit Hörnern durchbohrten und schlugen sie.

Der siebte Höllenort gilt als der Ort aller Strafen. Er befand sich in einem Brunnen, der mit sieben Siegeln verschlossen war. Michael, der Paulus begleitete, forderte den Wächterengel auf, diesen Brunnen zu öffnen. Der furchtbare Gestank, der aus dem Brunnen hervordrang, war unerträglich. In dem Brunnen, der oben so eng war, dass nur ein Mann hindurchkommen konnte, erblickte Paulus eine feurige Masse. In diese Hölle mussten alle, auch die Erzväter der Juden wie Moses und die Propheten, nach ihrem Tod gehen. Christus hat durch seinen Abstieg in die Hölle diese Gerechten befreit. Zurückbleiben mussten alle, die nicht an Christus glaubten, damit sie dort ewige Qualen erleiden.

Paulus konnte diesen Anblick der leidenden Sünder nicht länger ertragen und fing an zu weinen. Als dies die Sünder sahen, riefen sie aus: „Herr Gott, erbarme dich unser!“ Nun stieg Jesus vom Himmel herab und verkündete den Sündern: „Um Michaels und Paulus' willen werde ich euch die Wohltat erweisen, dass ihr für alle Zeiten an dem Tag, an dem ich von den Toten auferstanden bin, 24 Stunden lang von euren Strafen befreit seid und Erquickung haben sollt!“

Aus dem Text geht nicht eindeutig hervor, ob diese eintägige Linderung nur den Insassen der siebten Hölle oder auch den Büßern in den anderen Höllenorten zukommt. Aber die Vorstellung, dass eine Befreiung, wenn auch nur zeitweise, von der Höllenstrafe möglich ist, findet sich auch in jüdischen Schriften und Offenbarungsberichten der koptischen Christen. Darin wird berichtet, dass der Erzengel Michael eines Tages in die Hölle herabsteigt und dreimal seinen rechten Flügel in die Feuerglut taucht, um eine große Zahl von Sündern zu befreien. Nach einem Bad kommen diese Sünder in den Himmel. Aus diesen Vorstellungen entwickelte sich später das Fegefeuer, das erst allmählich zu einem abgegrenzten Ort in der Hölle wurde.

Hölle und Fegefeuer in der christlichen Theologie

Das besondere Gericht und das Weltgericht

In der Sprache der christlichen Kirche beendet der leibliche Tod den „Pilgerstand", womit die Lebenszeit des Menschen bezeichnet wird. In dieser Zeit muss sich der Mensch entscheiden, ob er ein gottgefälliges Leben führen will und auch bereit ist, seine Sünden durch Buße zu bereuen, damit er von den Sündenstrafen erlöst wird. Nach dem Tod gibt es keine Möglichkeit mehr, Todsünden, welche die ewige Verdammnis nach sich ziehen, zu bereuen. Wenn ein Mensch mit einer Todsünde stirbt, zu der alle Formen der Beleidigung Gottes wie der Ungehorsam gegenüber dessen Willen gehören, dann erleidet er den ewigen oder zweiten Tod, weil er für alle Zeiten verdammt ist.

Wenngleich der leibliche Tod als etwas Natürliches angesehen wird, so ist er doch mit der Schöpfungsordnung Gottes nicht zu vereinbaren. Denn der unsterbliche, ewige Gott schuf laut dem Zeugnis der Bibel nach seinem Ebenbild: „Gott schuf den Menschen zu unvergänglichem Sein und machte ihn zum Abbild seines eigenen Wesens." (Weish. 2,23) Die Bibel erklärt den Tod folgendermaßen:

„Doch durch den Teufel kam der Tod in die Welt, weil alle Menschen wegen der Sünde Adams, des ersten Menschen, bestraft werden."

Indem Adam gegen die Gebote Gottes im Paradies verstieß, wurde er ein sterblicher Mensch, obwohl er nach Gottes Willen vom Tod befreit war. Der Tod ist somit nicht nur eine Naturnotwendigkeit, sondern auch zugleich eine Strafe Gottes für diese Erbsünde, mit der seit Adams Sündenfall alle Menschen belastet sind.

Seit der Frühzeit der christlichen Kirche wurde die Frage erörtert, was mit dem Toten passiert. Im Neuen Testament wird der Tod selbst als „Ende", „Auflösung", „Ausgang", „Ablegung des Zeltes", „Ausruhen" oder „Schlafen" bezeichnet, während für das Sterben Ausdrücke verwendet werden, die in Anlehnung an die griechische Philosophie auf eine Trennung von Seele und Körper hinweisen. Der berühmte Theologe Thomas von Aquin (1225–1274) stellte das Verhältnis zwischen der Seele und dem Leib in seinem Hauptwerk „Summa Theologica" (suppl.3, quae.64 a.2) so dar:

„Die Seele darf nicht vom Leib getrennt betrachtet werden, sondern die Seele erhält erst durch den Leib ihr Dasein. Aber andererseits macht die Seele als die ‚Form des Körpers' erst den Leib zu dem, was er ist. Beide gehören untrennbar zusammen. Wenn ein Mensch stirbt, findet der ganze Mensch, der aus Leib und Seele besteht, ein Ende. Der Leib ohne die Seele löst sich auf, während die Seele als ‚etwas von dem Menschen' weiterlebt. In der Seele besteht das Verlangen, sich mit ihrem Leib zu vereinigen."

Deshalb lehrte schon die frühchristliche Kirche, dass nach dem Tod ein vorläufiger Zwischenzustand beginnt, in dem die Seele ohne den Körper bis zum Jüngsten Tag weiterlebt. An diesem Endtag der Weltgeschichte müssen alle Seelen auferstehen, was bedeutet, sie nehmen eine leibliche Gestalt an, um sich vor dem Gericht Christi zu verantworten, der in die Welt zurückkommen wird. Als Ort, an dem sich diese Toten in dem vorläufigen Zwischenzustand aufhalten, wies man ihnen

Der hl. Thomas von Aquin.

je nach ihrem Verhalten einen unterschiedlichen Platz im Totenreich zu.

Die Trennung der Seele vom Körper durch den Tod wirft aber die Frage auf, in welchem Zustand sich die Seele befindet.

Der Ausdruck des Schlafens, den das Neue Testament für das Sterben benutzt, legt die Vermutung nahe, dass die körperlose Seele sich gleichsam in einem Todesschlaf befindet. Dieser Zustand des Schlafens würde bis zum Jüngsten Tag dauern, an dem sie auferweckt wird und vor dem Gottesgericht in leiblicher Gestalt erscheinen muss. Gegen diese Vorstellung eines Seelenschlafes wurde eingewandt, dass die Seele in einem solchen Schlafzustand jede geistige Tätigkeit verlieren und kein Selbstbewusstsein besitzen würde. Dagegen müsste die Seele aber gerade über ihre geistigen Kräfte und Fähigkeiten verfügen können, weil sie unmittelbar nach dem Tod vor ein besonderes Gericht käme.

Diese Vorstellung von einem besonderen Gericht nach dem Tod, das dem allgemeinen Weltgericht am Ende der Tage vorangeht, hat sich in der Frühzeit des Christentums entwickelt. Als die Christen vergeblich auf das Weltende und das Jüngste Gericht warteten, entstand der Glaube, dass die zahlreichen Märtyrer schon im Himmel sein müssten. Man versammelte sich an ihren Gräbern und verehrte sie als Heilige, die schon bei Gott seien. Für diesen Glauben fand man im Neuen Testament zahlreiche Stellen. So sagt das schon erwähnte Gleichnis vom armen Lazarus und dem Reichen (Luk. 16,22), dass der Fromme und der Sünder unmittelbar nach dem Tod in verschiedene Orte der Unterwelt kommen, was aber nur aufgrund eines Gerichtes nach dem Tod möglich ist. Dass die Frommen sofort nach dem Tod bei Gott sind, drückt der Apostel Paulus in einem Bild so aus:

„Jetzt wandeln wir im Glauben, einst werden wir Gott schauen; jetzt sind wir frohgemut und haben nur den Wunsch, aus dem Leib auszuwandern, um zum Herrn zu kommen.“ (2. Kor. 5,7).

Die Existenz eines besonderen Gerichtes wurde durch das Konzil von Lyon (1274) als Glaubensregel festgelegt:

„Die Seelen der Menschen, die ohne Sünde sterben, ebenso diejenigen, die zu Lebzeiten oder im Fegefeuer für ihre Sünden gereinigt wurden, werden sogleich in den Himmel aufgenommen."

Im späteren christlichen Volksglauben versuchte man sich den Ablauf dieses besonderen Gerichtes, über dessen Tätigkeit die Bibel keine Aussagen machte, bildhaft vorzustellen. Im

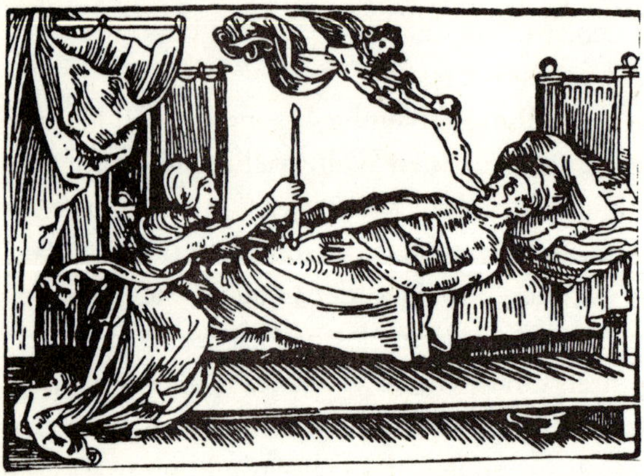

Die Seele verlässt den menschlichen Körper. 17. Jh.

Augenblick des Todes wird der Seele klar, ob sie zu den Sündern oder den Frommen gehört. Es findet keine Gerichtsverhandlung statt, in der lange der Zustand der Seele erörtert wird. Christus tritt der Seele als Richter gegenüber und zeigt ihr seine auf Erden erlittenen Wunden, wodurch er verdeutlicht, dass er zum Richteramt berufen ist. Die Wunden sind Symbole für die Sünden der Menschen. Dieses Bewusstwerden des eigenen Zustandes erfährt die Seele an dem Ort, an dem der Körper verstorben ist. Aber man stellte sich auch vor, dass die Seele, wenn sie vor den Richterstuhl Christi geführt wird, auf der einen Seite den Teufel und auf der anderen Maria und den persönlichen Schutzengel als Begleiter hat. Viele Beispiele für das besondere Gericht finden sich in den zahllosen Heiligenlegenden. Die hl. Brigitta soll folgende Vision gehabt haben:

„Sie sah eines Tages, wie ein Soldat vor dem göttlichen Richterstuhl erschien, der während seines Lebens viele Tugenden besessen hatte. Trotzdem war er nicht frei von Sünden geblieben. Neben dem Soldaten stand sein Schutzengel, der für ihn Fürsprache einlegte. Aber es fand sich auch der Teufel ein, der gegen den Soldaten drei Anklagepunkte vorbrachte. So habe er erstens mit den Augen gesündigt, weil er Bilder von nackten Frauen angesehen und andere unehrenhafte Dinge getan habe. Zweitens habe er gegen Gott gefrevelt, indem er geflucht, Meineide geleistet und unzüchtige Reden geführt habe. Drittens habe er Unzucht und Räubereien begangen. Sein Schutzengel brachte zu seiner Verteidigung vor, dass er besonders die Hl. Jungfrau Maria verehrt und noch in seiner Todesstunde Reue gezeigt habe. Als dies Christus hörte, sprach er sofort die Seele von der Höllenstrafe frei, aber verurteilte sie zu einer langen Strafe im Fegefeuer. Da kam Maria vor den Richterstuhl und bat Jesus um Milderung des Urteils, weil der Soldat sie besonders verehrt habe. Auf Bitten seiner Mutter milderte Jesus das Urteil."

Der spanische Theologe Suarez (1548–1617) berichtet, dass ein Pariser Doktor am ersten Tag seiner Totenfeier gesagt habe, nachdem er sich aufgerichtet hatte: „Durch ein gerechtes Urteil Gottes bin ich angeklagt!"; am zweiten: „Ich bin gerichtet!" und am dritten: „Ich bin verdammt!"

Man kann sich dieses besondere Gericht auch als den letzten Akt einer Scheidung der Frommen von den Sündern vorstellen, die schon mit der ersten Ankunft Christi auf Erden begonnen hat. Durch das Auftreten Christi auf Erden wird den Menschen Rettung und Erlösung angeboten. Wer die Botschaft Christi ablehnt, ist dem göttlichen Strafgericht verfallen. Von dieser schon im diesseitigen Leben einsetzenden Scheidung der Menschen spricht auch das Neue Testament:

„Wer an Christus glaubt, wird nicht gerichtet; wer nicht glaubt, ist schon gerichtet, weil er nicht glaubt an den Namen des eingeborenen Sohnes." (Joh. 3,18)

Oder: „Wahrlich ich sage euch, wer mein Wort hört und dem glaubt, der mich gesandt hat, der hat das ewige Leben und kommt nicht vor Gericht, sondern ist vom Tod zum Leben übergegangen." (Joh. 5,24).

Das besondere Gericht setzt nur den Schlussstrich unter diese Trennung. Es existiert nach dieser Lehre kein vorläufiger Zwischenzustand nach dem Tod, wie noch der Kirchenlehrer Augustinus (354–430 n. Chr.) behauptete, sondern die Seele tritt entweder sofort in den Himmel ein, oder sie wird in die Hölle verstoßen – eine Strafe, welche die Todsünder zu erwarten haben. Papst Benedikt XII. (1334–1342) formulierte dies als Glaubenssatz:

„Wir entscheiden, dass nach Gottes allgemein gültiger Anordnung die Seelen der Menschen, die mit einer Todsünde verstorben sind, sofort nach dem Tod zur Hölle hinabgehen, wo sie den Strafen der Höllenqualen unterliegen."

Alle anderen Seelen, deren Sünden aus geringfügigen Übertretungen der Gebote Gottes bestehen, müssen im Fegefeuer eine zeitliche Reinigungsstrafe erdulden. Deshalb legte das Konzil von Florenz (1439) Folgendes fest:

„Die Getauften, welche gesündigt haben und wahrhaft in Buße und Liebe verschieden sind, ehe sie durch würdige Früchte der Buße für ihre lässigen Sünden Genugtuung geleistet haben, deren Seelen werden nach dem Tod durch läuternde Strafen gereinigt."

Der hl. Augustinus.

Diese Glaubensregel, die das Schicksal der Seelen unmittelbar nach ihrem Tod beschreibt, führte auch zu einer Neugestaltung des christlichen Jenseits, das im Neuen Testament als „Weltäon" bezeichnet wird. In diesem Weltreich gibt es zahlreiche Himmel, in denen seit der Schöpfung die Engel regieren. Bei seiner Himmelfahrt steigt Christus über sie hoch und thront über ihnen. Eine dieser himmlischen Regionen wird als Paradies bezeichnet, in das die Heiligen, die Apostel, die Märtyrer und alle anderen Gläubigen, die getauft waren und nicht im Fegefeuer geläutert werden mussten, gelangen. Neben diesen Himmelsregionen gibt es noch außerirdische oder irdische, die als Hölle oder – wie im Neuen Testament – als Hades

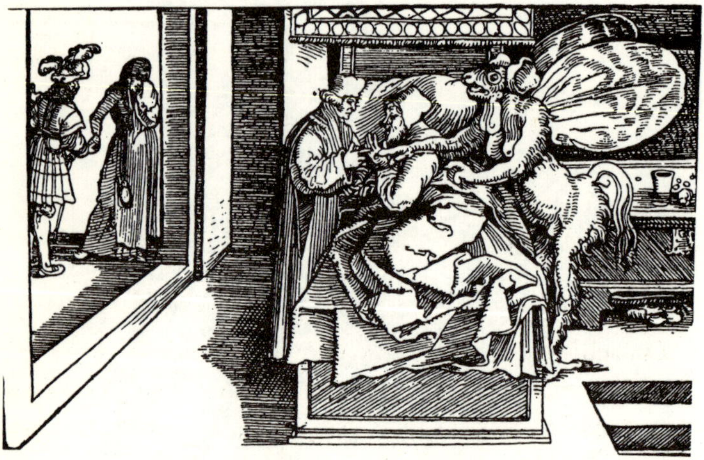

Die Beichte rettet einen Menschen vor der Hölle. 16. Jh.

bezeichnet werden. In der Sprache der Bibel wird der Himmel mit der „Höhe" und der Hades mit der „Tiefe" gleichgesetzt, in die man hinauf- oder hinabsteigen muss. Bei dieser Zweiteilung der jenseitigen Welt bleibt für das Fegefeuer nur ein abgesondertes Gebiet im Hades übrig.

Ausführlich wird in den biblischen Schriften das allgemeine Weltgericht beschrieben, das am Ende der Tage stattfindet, wenn Christus wieder in die Welt kommt und die

Toten auferstehen, um in körperlicher Gestalt gerichtet zu werden. Die Begleitumstände dieses Weltgerichtes am Jüngsten Tag werden ausführlich im Markusevangelium (Mark. 13,24–32) beschrieben:

„Die Sonne wird sich verfinstern und der Mond seinen Schein verlieren. Dann fallen die Sterne vom Himmel, und die Kräfte des Himmels werden ins Wanken geraten."

Mit diesem düsteren Bild beschreibt der Apostel Markus die Ankunft Christi. In der Offenbarung des Johannes (6,12–17) wird dieses düstere Bild noch weiter ausgemalt und betont, dass die Veränderungen und Katastrophen des „Tages des Zorns" zugleich schon eine Strafe für die Verdammten sind:

„Es geschah ein großes Erdbeben ... die Erde wich wie eine Schriftrolle, die zusammengerollt wird, und alle Berge und Inseln wurden weggefegt von ihrem Ort. Alle Menschen vom König bis zum Sklaven verbargen sich in den Klüften und Felsspalten der Berge." (Offenb. 6,14 ff.)

Danach werden alle Menschen von den Engeln an einem Ort versammelt, der nach Meinung der mittelalterlichen Theologen im Tal Josaphat nahe des Ölbergs bei Jerusalem liegt. Obwohl die höchste Gewalt bei Gott liegt, ist das Richteramt Christus übertragen worden, weil er als Gottmensch die Menschen am besten richten kann. Bei diesem Gericht wirken aber noch andere Personen mit, die dieses Amt von Christus übertragen bekommen haben. Zu diesen Personen zählen alle Heiligen, besonders die Apostel. So schreibt der Apostel Paulus in einem Brief an die Korinther:

„Wisst ihr nicht, dass die Heiligen über die Welt richten werden? Wisst ihr nicht, dass wir über die Engel richten werden?" (1. Kor. 6,2–3)

An anderen Stellen des Neuen Testamentes heißt es:

„Wahrlich, ich sage euch, ihr, die ihr mir gefolgt seid, werdet bei der Wiedergeburt, wenn sich der Sohn auf den Thron der Herrlichkeit gesetzt hat, dann werdet ihr auch auf zwölf Thronen sitzen und werdet die zwölf Stämme Israels richten." (Matth. 19,28)

Den Aposteln wird nicht nur die Teilnahme am Weltgericht versprochen, sondern sie wirken auch bei der Urteilsfindung mit. Unbestritten ist auch, dass die Engel, die nicht von Gott abgefallen sind und sich dem Teufel angeschlossen haben, bei diesem Weltgericht zwar teilnehmen, aber nicht aktiv mitwirken. Zu ihren Aufgaben gehört es, die Toten herbeizuholen. Vor diesem Gericht müssen alle Menschen, die Verdammten, die Frommen und diejenigen, die noch im Fegefeuer ihre Strafen abbüßen, erscheinen. Aber auch Engel müssen sich diesem Gericht stellen, da der Apostel Paulus und Judas lehren, dass Gott die von Gott abgefallenen Engel im Abgrund der Hölle gefesselt habe, um sie dort aufzubewahren für das Gericht am großen Tag (2. Petr. 2,4; Jud. 6).

Da sich der Fromme schon durch das besondere Gericht im Paradies, in der unmittelbaren Nähe Gottes, befindet und der Verdammte schon zu einer Höllenstrafe verurteilt ist, hat dieses Weltgericht vornehmlich die Aufgabe, über den leibhaftig vor Gott erschienenen Menschen ein endgültiges Urteil zu sprechen. Das Erscheinen der Frommen vor dem Gericht vergrößert noch die Schuld der Verdammten, indem das Gute mit dem Schlechten verglichen wird. Der einzelne Mensch soll bei diesem Gericht sein eigenes Verhalten und das der anderen Menschen deutlich erkennen. Bei diesem göttlichen Gericht kommt es zu keinen Verhandlungen, weil jeder Mensch durch die Erleuchtung Gottes sein Verhalten erkennt. Folglich „[i]st nichts verhüllt, was nicht enthüllt werden, und verborgen, was

Das Jüngste Gericht. 15. Jh.

nicht erkannt werden wird", wie Christus sagt (Matth. 10,26). Er sagt auch: „Die Menschen müssen über jedes müßige Wort, das sie gesprochen haben, am Tag des Gerichtes Rechenschaft ablegen." (Matth. 12,36) In der Offenbarung des Johannes wird von dieser Gerichtsverhandlung Folgendes erwähnt:

„Bücher wurden aufgetan. Und ein anderes Buch wurde aufgetan, welches ist das Buch des Lebens. Und die Toten werden gerichtet nach dem, was in den Büchern geschrieben steht." (Offenb. 20,12 ff.)

Diese „Bücher", in denen unsere Taten eingetragen sind, bezeichnen durch einen bildhaften Vergleich die göttliche Allwissenheit, die absolut ausschließt, dass auch die geringste Kleinigkeit vor diesem Gericht verborgen bleibt. Die mittelalterlichen Theologen nahmen an, dass die Dauer dieses Gerichtes nur sehr kurz sein würde, obwohl es dafür in der Bibel keine Hinweise gibt.

Die Entscheidung, die Jesus über die Versammelten ausspricht, besteht nur aus zwei Urteilen. Über die Auserwählten, d. h. die Frommen, sagt er: „Kommt, ihr Gesegneten meines Vaters, nehmt zum Erbe das Reich, welches euch bereitet ist von Anbeginn der Welt." Über die Verdammten ergeht dieses Urteil: „Weichet von mir, ihr, die Verfluchten, in das ewige Feuer, welches bereitet ist dem Teufel und seinen Engeln." (Matth. 25,34 und 41) Als Begründung für das Urteil über die Auserwählten führt Christus an:

„Ich bin hungrig gewesen, ihr gabt mir zu essen; ich war durstig, und ihr habt mir zu trinken gegeben; ich bin ein Fremder gewesen, und ihr habt mich aufgenommen; ich bin nackt gewesen, und ihr habt mich bekleidet; ich bin krank gewesen, und ihr habt mich besucht; ich war in dem Kerker, und ihr kamt zu mir."

Das Jüngste Gericht: Der Erzengel Michael wiegt die Seelen der Toten. 16. Jh.

In der Begründung des Richterspruches gegen die Verdammten werden ihnen all diese Tugenden der Barmherzigkeit abgesprochen. Falsch wäre es jedoch, aus dieser Urteilsbegründung zu folgern, dass der Barmherzigkeit und der Nächstenliebe ein Vorzug vor den anderen guten Taten der Menschen gegeben würde. Diese Begründung soll nur zeigen, wie bei diesem Gericht vorgegangen wird. Es gibt lediglich einen Hinweis, dass Christus das Verhalten der Menschen genau prüfen wird. Auf dieses Doppelurteil folgt sofort die Vollstreckung: „Und es werden die Verdammten hingehen zur ewigen Strafe und die Gerechten in das ewige Leben." (Matth. 25,41)

Oft wird die Frage gestellt, was für einen Sinn das allgemeine Weltgericht hat, wenn unmittelbar nach dem Tod ein besonderes Gericht stattfindet, das eine Entscheidung über das weitere Schicksal des Toten trifft. Die Seele des Toten ist entweder wegen seiner Taten für das Paradies auserwählt, oder sie ist verdammt, weil sie mit einer Todsünde gestorben ist, für die der Tote keine Buße zu Lebzeiten geleistet hatte. Falls er mit lässlichen, d. h. geringfügigen, Sünden verstorben ist, muss er im Fegefeuer Buße leisten, um danach wie die Frommen ins Paradies zu gelangen. Das allgemeine Weltgericht kann diese Vorentscheidung nur durch weitere positive oder negative Gründe bestätigen, aber nicht aufheben. Wenn alle Menschen vor Gott erscheinen, werden die Zusammenhänge der Taten der Menschen besser sichtbar. Vor dem besonderen Gericht muss sich nur die einzelne Seele verantworten, obwohl ihre positiven und negativen Taten in Verbindung mit anderen Menschen vollbracht wurden. Wichtig ist auch, dass ganze Völker vor Gott hintreten müssen und gerichtet werden. Ein weiterer Gesichtspunkt ist die neue Verbindung der Seele mit ihrem Leib bei der Auferstehung, die dem Gericht vorangeht. Dadurch wird der Lohn der Frommen oder die Strafe der Verdammten noch verstärkt. Die Frommen, die schon bei Gott sind, werden als Menschen mit Leib und Seele noch intensiver ihr Glück genießen. Umgekehrt gilt dasselbe für die Verdammten, wenn sie in körperlicher Gestalt die Qualen der Hölle erdulden müssen.

Darstellung der Todsünde: Völlerei. 17. Jh.

Von der modernen Theologie beider christlichen Konfessionen wird die Unterscheidung von zwei Gerichten nach dem Tod als nicht mehr überzeugend angesehen. Dahinter steht nämlich die Vorstellung von der Zerlegung des Menschen nach dem Tod in die Seele und in den Körper. Schon für Luther ist diese Zweiteilung eine Überfremdung des Glaubens durch die Philosophie, besonders die griechische. Mit dieser

Vorstellung, dass der Mensch aus einem vergänglichen Leib und einer unkörperlichen Seele besteht, die im Jenseits weiterlebt, versuchte die alte Kirche zwei Glaubenspunkte miteinander zu verbinden. Es war nämlich ein fester Glaubenssatz, dass die Märtyrer nach dem Tod in den Himmel kämen, um in Gottes Nähe zu sein. Ein Zwischenzustand, wie von einigen Theologen vorgeschlagen wurde, der diese Märtyrer noch nicht das volle Glück des himmlischen Paradieses genießen ließ, fand nicht die Zustimmung der Kirche. Andererseits lehrte aber die Kirche auch, dass alle Menschen einmal auferstehen und sich einem Gericht stellen müssen. Beide Vorstellungen können durch die Zweiteilung des Menschen in einen Leib und eine Seele, die sich nach dem Tod vor einem höchst persönlichen Gericht verantworten muss, verbunden werden.

Wenn man aber von einer untrennbaren Einheit des Menschen ausgeht, wie dies mehrheitlich in der modernen Philosophie angenommen wird, so stirbt im Augenblick des Todes der ganze Mensch und wird sogleich einem Gericht vorgeführt, das sowohl die Eigenschaften des besonderen als auch des allgemeinen Weltgerichtes hat. Beide Gerichte müssen zusammenfallen, weil die Zeit mit dem Tod aufhört und eine Zwischenzeit überflüssig ist. Über den Toten wird als Person und als Teil der Menschheit geurteilt, mit der er eng verbunden war. Man kann deshalb sagen, der Verstorbene steht im Tod wieder auf, was sich nach der alten Lehre der Kirche erst am Jüngsten Tag ereignet.

Die mit einer Todsünde verstorbenen Menschen befinden sich an einem Ort im Jenseits, der wie sein Gegenstück, das Reich Gottes, eine eigene Welt bildet. Diese Menschen werden im Neuen Testament als die Bösen, Kranken, Gesetzlosen und Gottlosen bezeichnet. Wie die Frommen unter der Herrschaft Gottes leben, müssen diese Verdammten die drückende Knechtschaft des Satans und der bösen Engel erdulden, die von Gott in die Hölle verbannt wurden. Von den Aposteln wird Satan als der Gott dieses finsteren Reiches bezeichnet.

Das Bild der christlichen Hölle beruht auf den Lehrmeinungen der Theologen, die sich bei ihren Aussagen auf die Bibel und Schriften der Kirchenväter berufen. Eine zweite Quelle sind die zahllosen mittelalterlichen Visionsberichte. Es handelt sich hierbei um Berichte von Lebenden über im Traum geschaute Besuche im Jenseits. Gewöhnlich werden diese Visionäre von einem Führer durch die überirdischen und unterirdischen Räume des Himmels und der Hölle geführt. Oft wurden diese Visionen auch im Zustand der Ekstase erlebt, der durch Fasten und Bußübungen hervorgerufen wurde. Einen breiten Raum in den Höllenbeschreibungen nehmen die Schilderungen der Dichter ein, aus denen „Die göttliche Komödie" von Dante hervorragt. In die Dichtungen sind neben der offiziellen kirchlichen Lehre auch die antiken Vorbilder und der Volksglaube eingeflossen.

Die Kirchenväter haben die Frage, wo sich die Hölle befindet, nur ausweichend beantwortet. Der hl. Chrysostomus beantwortete diese Frage so: „Fragen wir doch nicht, wo die Hölle ist, sondern trachten wir danach, ihr zu entfliehen." Es setzte sich aber in der Frühzeit der Kirche bald die Vorstellung durch, dass sich die Hölle im Innern unserer Erde befinden müsste. Nur Augustinus äußerte Zweifel an dieser Lehre: „Diese Auffassung ist leichter gesagt, als dass man Gründe dafür angeben kann.“ Abgelehnt aber wurden Meinungen, welche die Hölle auf dem Mond, dem Mars oder der Sonne ansiedeln wollten. Die Sonne als Ort der Hölle wurde deshalb erwogen, weil kein anderer Himmelskörper mehr Platz böte für die unzähligen Verdammten. Zudem verfügt die Sonne auch über einen großen Vorrat an echtem Feuer, damit die Höllenbewohner die ihnen zugedachten Qualen erleiden können.

Die Aussagen des Alten und Neuen Testamentes stützen die Auffassung, dass die Erde der Sitz der Hölle sein muss. Im Alten Testament heißt es, die Verstorbenen würden zum Scheol, den man sich als einen dunklen Kerker im Erdinnern vorstellte, „hinabsinken, hinabfahren, hinabsteigen oder hinabgestürzt werden“. Von Kore, Dathan und Abiron wird gesagt (4. Mos. 16,31): „Die Erde öffnet sich unter ihren Füßen, tat ihren Mund auf und verschlang sie [...] und sie fuhren lebendig hinab in die Unterwelt und die Erde bedeckte sie.“ Im Buch der Könige (1. Kön. 28,13) steigt Samuels Geist aus der „Tiefe der Erde“ hervor, um Saul zu erscheinen. An einer anderen Stelle des Alten Testamentes wird dies so ergänzt: „Nachdem Samuel entschlafen war, weissagte er noch und verkündete dem Saul sein Ende, indem er aus der ‚Erde‘ seine Stimme erhob.“ (Prediger 46,23). In demselben Buch spricht die göttliche Weisheit: „Durchdringen will ich die ‚Tiefen der Erde‘, ich will heimsuchen alle Entschlafenen und werde alle erleuchten, die auf den Herrn vertrauen.“

Auch im Neuen Testament wird mehrfach hervorgehoben, dass im Erdinnern Verstorbene verweilen. Dieses Totenreich, in dem sich die Seelen der Frommen, der Sünder und der Erz-

Satan herrscht über die Seelen.

väter wie Abraham, Noah u. a. aufhalten, wird Hades oder – in Anlehnung an die jüdischen Jenseitsvorstellungen – Gehenna bezeichnet. Die Gehenna ist nach Ansicht der Apostel ein Strafort, an dem die Verdammten mit Feuer bestraft werden. Ein Beleg für diese Bestimmung der Gehenna sind die von ihnen benutzten Zusätze: „Gehenna des Feuers" (Matth. 5,22; Mark. 9,46), oder sie verbinden damit die Vorstellung vom „unauslöschlichen Feuer", „ewigen Feuer" oder „Feuerofen" (Matth. 13,42 und 50). Die tiefe Finsternis, die als weiteres Strafmittel in der Gehenna von den Aposteln Matthäus, Petrus und Johannes erwähnt wird (Matth. 8,12; Joh. 9,4; 2. Petr. 2,17), wirft die Frage auf, wie das Höllenfeuer beschaffen war. Die Deutungen, welche sich bei den späteren Theologen finden, werden im Abschnitt „Höllenfeuer" dargestellt. Der Apostel Petrus übernimmt aus der griechischen Mythologie die Bezeichnung Tartarus. Er erwähnt nämlich, dass die bösen, von Gott abgefallenen Engel, mit den „Banden der Finsternis in den Tartarus gezogen wurden" (2. Petr. 2,4). Aus dem Zusammenhang geht aber eindeutig hervor, dass ihnen der Tartarus zugewiesen wurde.

In der Offenbarung des Johannes (5,3) schaut der Prophet das Buch mit den sieben Siegeln an und weint viel, weil niemand würdig befunden wurde, das Buch zu öffnen – weder im Himmel noch auf der Erde, noch „unter der Erde". Dass sich die Hölle in den Tiefen der Erde befindet, wird durch die Bemerkung angedeutet, Luzifer und seine sündigen Engel seien aus dem Himmel in die Tiefe der Erde hinabgeschleudert worden. Von diesem „großen Abgrund" zeichnet Johannes ein grauenhaftes Bild, an das sich die späteren mittelalterlichen Höllendarstellungen anknüpfen und das sie weiter ausmalen. Der Prophet sieht nun, wie ein Stern, das Symbol der Engel, vom Himmel auf die Erde fällt. Ihm war der Schlüssel zum Abgrund gegeben, der sich wie ein Brunnenschacht in das Erdinnere erstreckt. Als er den Brunnendeckel des Abgrundes öffnet, steigt Rauch wie aus einem Ofen heraus, der die Sonne verfinstert. Ebenfalls hervor kommen Heuschrecken sowie ein Monster, der Antichrist, der vor der Wiederkunft Christi am Jüngsten Tag die Herrschaft in der Welt an sich reißen wird. In dem Abgrund befindet sich ein See aus brennendem Schwefel, in den alle Verdammten geworfen werden. Und schließlich erwähnt Johannes auch, dass auf Befehl Gottes der Satan dort für 1000 Jahre eingeschlossen worden sei.

Die mittelalterlichen Theologen entwickelten aus diesen biblischen Angaben die Lehre von den vier unterirdischen Regionen, in denen die Seelen nach dem Tod Aufnahme finden:

1. Die eigentliche Hölle als ein Strafort der ewig Verdammten,
2. das Fegefeuer,
3. zwei Vorhöllen, in denen sich die Kinder aufhalten, die ohne persönliche Sünde und nur mit der Erbsünde belastet gestorben sind, und davon getrennt die Gerechten des Alten Bundes wie Abraham.

Durch den Abstieg Christi in die Vorhöllen wurden die Insassen dieser Region der Hölle erlöst und traten in den Himmel ein. Als Beweise für die Existenz dieser Vorhöllen und den Abstieg Christi dorthin verweisen die mittelalterlichen Theologen auf folgende Bibelstelle:

„Gleichwie Jonas im Bauch des Fisches drei Tage und Nächte sich aufhielt, so wird der Sohn des Menschen im ‚Herzen der Erde‘ drei Tage und Nächte sein.“ (Matth. 12,40)

Die Frage nach der Lage dieser vier Regionen der Hölle wurde von den Theologen unterschiedlich beantwortet. Einstimmig wurde die eigentliche Hölle, der Sitz der ewig Verdammten, in das Zentrum der Erde verlegt. Dass die Vorhölle mit den Gerechten weit von der eigentlichen Hölle entfernt ist und sich in einer höheren und würdigeren Lage befindet, war auch unbestritten. Als Beweis wurde die Bibelstelle herangezogen, an welcher der reiche Prasser, um Lazarus zu schauen, seine Augen „aufhob". Die Vorhölle mit den ungetauften Kindern befindet sich mehr in der Nähe der Hölle der

Die Vorhölle. 17. Jh.

Verdammten. Aber es gibt auch die Meinung, sie befände sich bei der Vorhölle der Gerechten, weil beide Regionen nicht von den Flammen berührt würden. Das Fegefeuer ist die an die eigentliche Hölle unmittelbar angrenzende Region, weil in beiden dasselbe Feuer brennen würde. Wer sich im Fegefeuer aufhalte, werde durch den Anblick der Strafen der ewig Verdammten noch mehr geläutert. Obwohl die Fegefeuerinsassen in der Gnade höher stehen als die nur mit der Erbsünde gestorbenen Kinder, gebührt ihnen der tiefere Ort, damit sie durch schärfere Züchtigung schneller von ihren Sünden gereinigt werden.

Für die mittelalterlichen Theologen stellte sich auch das Problem, wie das Erdinnere, der Ort der biblischen Hölle, die ungeheuere Zahl der verdammten Seelen fassen könne. Der Jesuit Drexel (1581–1638) kam zu dem Schluss, dass das Erdinnere schon längst überfüllt wäre, weil dort nur 800 Millionen Verdammte Platz hätten. Andere Jesuiten wie Leonhard Less (1554–1623) hielten dem entgegen, dass die Verdammten bis zum Jüngsten Tag nur die Gestalt einer Seele hätten. Erst danach, wenn sie ihre Körper erhielten, würde es zu Platzproblemen in der Hölle kommen. Aber Gott fände in diesem Fall einen geeigneten Ort, oder er würde die Hölle einfach erweitern. Es wurde auch die Meinung vertreten, die Hölle habe sich von selbst ausgedehnt. Dass es in der Hölle trotz der großen Zahl der Verdammten immer noch freie Plätze gibt, wird schon von den jüdischen Rabbinern behauptet:

„Nach dem Gericht führt Gott die Sünder zum Paradies und sagt ihnen: ‚Hier sind noch freie Platz, damit keiner von euch sagt, dass ihr im Himmel keinen Platz gefunden hättet, obwohl ihr alle Buße getan habt.‘ Ebenso wird den Frommen die Hölle gezeigt, damit sie sehen, es gibt noch freie Plätze. ‚Sie sollen nämlich nicht glauben, sie würden im Falle einer Verurteilung darin keinen Platz finden.‘“

Die Theologen wussten auch, wie die Seelen in die verschiedenen Regionen der Hölle gelangten. Im 8. Jh. n. Chr. berichtet der englische Mönch Beda in seiner „Kirchengeschichte Englands“ von Personen, die in Visionen gesehen haben, wie die Seelen durch die Krater von Vulkanen zur Hölle abgestiegen sind. Papst Gregor I. (590–604) sah in den Vulkanausbrüchen ein Werk Gottes, damit die Menschen an die Existenz der Hölle glaubten. In seinen Dialogen berichtet er, ein Einsiedler auf der Insel Liparai habe gesehen, wie der König Theoderich gleich nach seinem Tod von Symmachus und dem Papst Johannes in einen Vulkan geworfen wurde, weil er sie habe töten lassen.

Da die christliche Hölle aus vier verschiedenen, übereinander liegenden Abteilungen besteht, suchten die Theologen auch nach einer Erklärung, wie die Verdammten in die einzelnen Abteilungen kommen konnten. Hatte die eigentliche Hölle, die sich an der tiefsten Stelle der Erde befand, einen eigenen Zugang? Oder stiegen die Verdammten durch die anderen drei Abteilungen hinunter? Die erste Möglichkeit wurde verworfen, weil sonst die Menschen im Orient die ganze Erde durchwandern müssten, wenn der Eingang im Westen läge. Dieselbe Schwierigkeit ergebe sich auch für die Menschen im Westen, wenn die Hölle im Osten betreten werden müsste.

Diskutiert wurde in Theologenkreisen auch die Beschaffenheit der Höllentore. Im Neuen Testament (Matth. 7,13 f. und Luk. 23,24) werden die Pforten der Hölle unterschiedlich, nämlich sowohl als „weit“ wie auch als „schmal“, bezeichnet. Die Kirchenväter sprechen nur von eisernen Toren, Riegeln und Schlössern. Nach dem jüdischen Glauben halten am Höllentor zwei Löwen Wache, oder Abraham sitzt an der Pforte und lässt die Guten und Frommen unter seinen Nachkommen nicht eintreten. Der englische Dichter Milton (1608–1674) hat in seinem Epos „Paradise Lost“ (Das verlorene Paradies, 1667) die Sünde selbst zur Wächterin der Hölle gemacht. Nur sie allein kann die schweren Eisenriegel öffnen und die Fallgitter hochziehen. Nachdem sie aber das riesige Höllentor geöffnet hat, kann sie es nicht wieder schließen, so dass ein ganzes Heer mit Rossen und Wagen leicht einziehen kann.

Nach der Auferstehung der Toten, der guten wie bösen, am Jüngsten Tag wird das Fegefeuer – wie schon jetzt die Vorhölle der Gerechten – ohne Bewohner sein. Diese Region wird mit der Hölle zusammengezogen, während die Vorhölle der Kinder einen anderen Ort erhalten wird.

Satan verlässt in der Gestalt des Todes die Hölle. 15. Jh.

Gegen diese Ansiedlung der Hölle im Erdinnern wurde besonders von Protestanten der Einwand erhoben, dass die Hölle keinen bestimmten Ort haben könne. Sie sei vielmehr überall, und ihr Ort sei das ganze Universum. Gott schicke die Verdammten nicht an einen bestimmten Ort, sondern je nach Belieben bald hierhin, bald dorthin. Von den katholischen Theologen wurde dagegen eingewandt, dass nach dieser Lehre überall auf der Welt Feuerbrände sein müssten und die Welt durch diese Brände vernichtet würde, weil es sich bei dem Höllenfeuer um echtes Feuer handele.

Dieses von den Theologen entwickelte Höllenbild wird in der Visionsliteratur noch um die Totenbrücke erweitert. Die früheste Erwähnung einer solchen Brücke im Jenseits findet sich in der seit dem 4. Jh. n. Chr. bekannten Apokalypse des Paulus. Die Sünder müssen über eine schmale, schlüpfrige Brücke gehen, die über einen mit grässlichen Ungeheuern bevölkerten Fluss führt. Wenn die Sünder herabstürzen, versinken sie je nach dem Grad ihrer Schuld. Unten werden sie von Ungeheuern mit stacheligen Schuppen gepeinigt. Papst Gregor I. berichtet, dass die frommen Seelen ohne Gefahr über diese Brücke gelangen, während die Sünder in den darunter fließenden düsteren, stinkenden Fluss hinabstürzen. Gierige Teufel greifen noch nach ihnen, während sie in der Luft schweben. In anderen Visionen wird erzählt, wie die sündigen Seelen eine eiserne Brücke über einen feurigen Pechfluss überqueren müssen. Wenn sie herabstürzen, werden sie von Dämonen herausgeholt und müssen weitergehen. Dies wiederholt sich so lange, bis sie ihre Sünden abgebüßt haben.

In der so genannten „Tundalvision“, die ein irischer Edelmann gleichen Namens im 12. Jh. gehabt haben soll, wird über diese Totenbrücke berichtet:

„Diese einen Fuß breite und 1000 Fuß lange Brücke führt über ein tiefes, stinkendes Feuertal. Er sieht dort viele Seelen, die sich der Sünde des Stolzes schuldig gemacht haben, herabstürzen, während er selbst von seinem Schutzengel geleitet wird. Nur ein frommer Priester konnte unbeschadet das andere Ufer erreichen. Aber es gibt noch eine zweite, längere und schmalere Brücke, die über einen von wilden Tieren angefüllten Sumpf führt, wo besonders Diebe und Mörder gepeinigt werden. Zusätzlich ist diese Brücke mit scharfen Nägeln bestreut, damit die Füße der darüber Schreitenden zerfleischt werden. Gleichzeitig springen die Tiere nach oben, um die Sünder herabzuziehen."

Außerdem gibt dieser Edelmann auch eine ausführliche Beschreibung des Herrschers der Unterwelt, die auch einen Eindruck von der Größe der Hölle vermittelt. Luzifer hat 1000 je 100 Ellen lange Hände, die mit je 100 Fäuste langen Fingern und Nägeln, die so lang wie Lanzen sind, versehen sind. Er liegt mit feurigen Ketten gefesselt auf einem glühenden Rost, unter dem Tausende von Dämonen ständig das Feuer schüren.

Die umfangreichste und genaueste Schilderung hat Dante in seiner „Göttlichen Komödie" hinterlassen. Wenngleich er auch viel von antiken Autoren, Kirchenvätern, Theologen und Visionären übernommen hat, entwirft er ein Höllengemälde, das die abendländischen Vorstellungen entscheidend prägte. Nach seiner Darstellung befindet sich die Hölle im Innern der Erde, und ihr tiefster Punkt ist auf der Jerusalem entgegengesetzten Seite. Durch einen tiefen Wald gelangt er zu ihrer Pforte mit einer schrecklichen Inschrift, die jede Hoffnung vernichtet. Nachdem er den Fluss Acheron überschritten hat, steigt er in neun Kreisterrassen hinunter, die an Durchmesser immer weiter abnehmen, während das Maß der Sünde der dort Bestraften ständig zunimmt. Die ganze Hölle hat die Form eines Trichters, an dessen Spitze sich Luzifer aufhält. Der Abstieg zu diesem Felsenraum ist nicht ungefährlich, da Abgründe überschritten und gefährliche Gewässer überschifft werden müssen. Die drei letzten Kreise, nämlich der siebte, achte und neunte, sind wieder in drei, zehn und vier Fächer geteilt.

Der englische Dichter Milton verlegt den Aufenthaltsort der Hölle in einen bodenlosen Abgrund, der so tief unter dem Himmel gelegen ist, dass der Absturz neun Tage dauert. Dieser Ort ist erfüllt von schrecklichen Schwefelflammen, und es herrscht ein tiefes Dunkel.

Zu der Erfindung der Dichter gehören die Wasser- und Feuerströme in der Hölle. Vorbild der von grässlichen Ungeheu-

Die Vorhölle. Illustrationen von Gustave Doré (19. Jh.) zu Dante, „Die Göttliche Komödie"

ern bewohnten Höllenflüsse Styx, Phlegethon, Acheron und Kokytus sind die antiken Dichter Homer und Vergil. Aber schon im Alten Testament werden solche Feuerströme erwähnt. Im Buch Daniel (9,9 f.) heißt es: „Ich sah endlich einen an Jahren Alten (...) sein Stuhl war Feuerflammen und die Räder daran brennende Glut. Und ein Strom von Feuer ergoss sich von ihm."

Die Formen der Höllenstrafen

Thomas von Aquin vertrat die Ansicht, dass die Höllenstrafen den Zweck haben, den ewig Verdammten für das Unrecht, das er Gott zugefügt hat, zu erniedrigen und zu züchtigen. Dies wird erreicht, indem diese Menschen ein Übel erdulden müssen. Diese Bestrafung, die nach dem besonderen Gericht zunächst die Seele zu erdulden hat, umfasst nach der Auferstehung und dem allgemeinen Weltgericht den Menschen als eine Einheit von Leib und Seele. Der Verdammte muss eine doppelte Strafe über sich ergehen lassen. Durch den Ausschluss vom Himmel entzieht ihm Gott etwas, was als die „Strafe des Verlustes" bezeichnet wird. Hinzu kommen qualvolle Strafen, die von Gott über den Verdammten in der Hölle verhängt werden. Thomas von Aquin prägte für diese Form der Strafe die Bezeichnung „Strafen des Gefühls", weil sie vor allem einen schmerzhaften Zustand hervorrufen. Beide Formen der Bestrafung sind eng miteinander verbunden, weil diese Schmerzen des Verdammten letztlich durch den Verlust des Himmels verursacht worden sind. Die Wirkung der „Strafe des Verlustes" setzt sofort nach dem besonderen Gericht ein, wenn der Todsünder zur Verdammnis verurteilt wurde, während die „Strafen des Gefühls" ihre ganze Wirkung erst nach dem allgemeinen Weltgericht an dem leibhaft auferstandenen Sünder entfalten können. Natürlich treffen die Seele auch bereits nach dem besonderen Gericht „Strafen des Gefühls", soweit die körperlose Seele davon in Mitleidenschaft gezogen werden kann. Der wesentlichste Inhalt der „Strafe des Verlustes" besteht darin, dass die Verdammten ewig unglücklich sind, was durch den Verlust der fünf Güter oder Freuden zum Ausdruck kommt. So haben sie zunächst das Himmelreich verloren, dessen Pracht und Schönheit die ganze Schöpfung überragt. Auch die Schöpfung selbst haben sie verloren, weil sie nach dem Jüngsten Gericht nicht mehr die neue Erde und den neuen Himmel schauen werden. Zu dem Verlust des Anblicks der neuen Welt kommt der Ausschluss von der Gesellschaft mit den Engeln und den Frommen, die ins Paradies aufgenommen wurden. Die Banden der Freundschaft und der Liebe sind für immer zerrissen, und sie nehmen nicht teil an der leiblichen Verklärung, bei der die Körper der Menschen nach dem von Christus gestaltet werden. Die Trennung von Gott, die hauptsächlich zum Unglücklichsein führt, besteht wiederum aus fünf Bestandteilen: absolute Gnadenlosigkeit oder Ausschluss von den Geschenken Gottes an die Menschen, den Verlust der Gottesschau und der göttlichen Liebe, Trauer über den Ausschluss von der Seligkeit Gottes und der Verlust der Freude über Vollendung bei der Auferstehung am Jüngsten Tag. Selbst wenn die Seele nach dem besonderen Gericht körperlos ist, führen diese Verluste zu einem maßlosen Schmerz. Weil dieses Verlorene den größten Besitz des Menschen darstellte, überschreitet der Schmerz alle Grenzen. Die Kirchenväter wie zum Beispiel Augustinus (5. Jh. n. Chr.) schildern den schmerzhaften Zustand der Verdammten, die unter der „Strafe des Verlustes" leiden, so:

„Für das Reich Gottes verloren zu gehen, verbannt zu sein aus der Stadt Gottes, ohne jene unermessliche Fülle der Süßigkeit Gottes zu genießen, die er denjenigen bereitet hat, die

Die verschiedenen Formen der Höllenqualen. 15. Jh.

ihn fürchten, und die er denjenigen zu kosten gibt, die auf ihn hoffen, das ist eine Strafe, die so furchtbar ist, dass sie mit allen bekannten Qualen nicht verglichen werden kann." (Enchiridion c.112)

Von Thomas von Aquin wurde deshalb die Frage gestellt, ob es für die Verdammten nicht besser wäre, vernichtet zu werden, weil ihr Unglück nicht mehr zu steigern ist und ihre Vernichtung das kleinere Übel für sie wäre. Da aber Gott die Menschen für die Unsterblichkeit geschaffen hat, verstöße Gott gegen den Plan seiner eigenen Schöpfung, wenn er die Verdammten vernichtete. Im Gegenteil, die Qualen der Verdammten erfüllen in der göttlichen Weltordnung einen wichtigen Zweck. Nach dem allgemeinen Weltgericht verherrlichen sie die Macht und Stärke Gottes und erfüllen die Engel und die geretteten Menschen mit der Befriedigung, in den Besitz der Barmherzigkeit Gottes gelangt zu sein. Die Theologen des Mittelalters erörterten sogar, ob sich die Frommen über die Leiden der Verdammten freuen würden.

Bernhard von Clairvaux (12. Jh.) meinte, dass die Seligen Freude empfinden, weil sie die höllischen Qualen nicht selbst erleiden, die Verdammten an der Ausübung weiterer Sünden für immer gehindert werden, ihr eigener Zustand umso glänzender erscheint und die Handlungen Gottes immer nur gelobt werden dürfen. Ein Problem bereitete den Theologen nur, wie es möglich ist, dass die Seligen die Verdammten sehen können. Deshalb fragt Augustinus: „Werden denn die Seligen das Paradies verlassen und sich zu den Straforten begeben, um die Qualen der Sünder anzuschauen?" Er gibt sich selbst eine Antwort: „Die Sünder draußen in der Finsternis, wo nach dem Apostel Matthäus (Matth. 25,30) ‚Heulen und Zähneklappern herrscht', wissen freilich nichts von dem, was im Paradies vorgeht, aber die Seligen dort wissen, ohne das Paradies zu verlassen, was draußen in der Finsternis passiert."

Gegen Gott wurde aber auch der Vorwurf erhoben, warum er eigentlich Menschen geschaffen habe, von denen er aufgrund seiner Allwissenheit Kenntnis haben musste, dass sie Todsünden begehen. Als Lösung fanden die Theologen, dass Gott diese Verdammten geschaffen hat, weil er seine eigene Vollkommenheit zeigen wollte. Damit Vollkommenheit sichtbar wird, muss es eine Mannigfaltigkeit und Verschiedenheit aller Dinge in Bezug auf ihren Rang geben. Nur aus diesem Grund lässt Gott auch die Übel in der Welt zu, was im Neuen Testament so formuliert wird:

„In einem großen Haus gibt es nicht nur goldenes und silbernes Geschirr, sondern auch hölzernes und aus Stein, die einen zum ehrenvollen, die anderen zum nicht ehrenvollen Gebrauch." (Tim. 2,20)

Die Theologen des Mittelalters haben auch bei der „Strafe des Verlustes" noch verschiedene Stufen unterschieden, obwohl das Vergehen der Verdammten, was diese Strafe auf sich zog, nämlich die Abkehr von Gott durch eine Todsünde, schwerlich noch zu steigern ist. Ob ein Sünder eine oder mehrere Todsünden begangen hat, so hat er sich schon durch eine dieser Sünden allein für immer von Gott abgewandt. Der Theologe Duns Scotus (14. Jh. n. Chr.) meinte, dass die „Strafe des Verlustes" bei allen Todsündern gleich sei ohne Rücksicht auf ihre Zahl. Aber die „Strafe der Empfindung" sei unterschiedlich und richte sich nach der Anzahl der Todsünden. Verbreitet war unter Theologen auch die Ansicht, dass durch die Zahl der Todsünden der Graben zwischen Gott und dem Sünder bestimmt würde. Man erläuterte diese Ansicht durch den Vergleich mit einem Verbannten. Es sei doch ein Unterschied, ob man in der Nähe der Grenze seines Heimatlandes wohne, das man verlassen musste, oder in weiter Ferne davon. Durch die Einsicht in den Verlust des himmlischen Paradiese, die der Verdammte spätestens beim allgemeinen Weltgericht haben wird, erkennt er seinen Verlust. Wer zahllose Todsünden begangen hat, dessen Einsicht wird von Gott umso mehr vergrößert, indem er unendliche Schmerzen erleidet. Der einfache Todsünder erkennt weniger, was er durch sein Verhalten bei Gott verloren hat.

Über die „Strafen des Gefühls", die von Gott über den Verdammten verhängt werden, und über die Folgen der „Strafe des Verlustes" finden sich im Neuen Testament zahlreiche Angaben. Besonders bildhaft werden diese von Gott verhängten Leiden und Qualen in dem bereits erwähnten Gleichnis vom armen Lazarus und dem Reichen geschildert: Der Reiche bittet Lazarus, der sich in einem von der Hölle abgetrennten Bereich befindet, seine Zunge mit einer Fingerspitze Wasser zu kühlen, weil er furchtbaren Durst in der Feuerhölle erleiden muss (Luk. 16,24–28). Der Apostel Matthäus sagt, die Höllenbewohner würden heulen und mit Zähneknirschen und Gewissensbissen geplagt werden (Matth. 8,12). Und nach Aussage des Apostels Paulus kommt über jede Seele Betrübnis und Angst (Röm. 2,9).

Unter den Theologen des Mittelalters wurde ausführlich die Frage erörtert, ob der auferstandene Verdammte einen Körper besäße, der die Spuren seines sündhaften Lebenswandels zeigt. Der Theologe Bonaventura (13. Jh.) stellte sogar die Behauptung auf, der Verdammte würde bei der Auferstehung von Gott mit einem missgestalteten Leib ausgestattet. Dagegen wurde eingewandt, dass es sich nicht mit dem Handeln

Gottes vereinbaren lasse, etwas Fehlerhaftes zu vollbringen. Denn die Auferstehung ist ein Teil des göttlichen Schöpfungsplanes. Wenn die Verdammten körperliche Mängel hätten wie zum Beispiel fehlende Körperteile, dann erzielten die „Strafen des Gefühls“ nach dem allgemeinen Weltgericht nicht die beabsichtigte Wirkung. Solche körperlichen Entstellungen könnten sogar dazu führen, dass der Verdammte weniger Schmerzen erleidet. Falsch wäre es aber auch zu behaupten, der Leib der Verdammten gleiche dem der Frommen. Denn die Seligen wurden leibhaft verklärt, was bedeutet, dass ihr Körper der Gestalt Christi angeglichen wurde. Auffällig ist nach Meinung von Thomas von Aquin, dass die Körper der Verdammten in höchstem Maße „fleischlich“ sind, womit er zum Ausdruck bringen will, dass ihre Seele unter der Herrschaft ihres Körpers steht und von ihm völlig abhängig ist. Er beschrieb den Zustand des Leibes in seinen theologischen Schriften folgendermaßen:

„Da die Seele des höheren Lichtes beraubt, verdunkelt und verfinstert ist, so sind auch die Leiber der Verdammten lichtlos und schmucklos, entstellt durch wilde Leidenschaft, Feuerglut, Schmerzen und große Verzweiflung.“

Besonders furchtbare Qualen verursacht das Höllenfeuer, über das im folgenden Kapitel ausführlich gesprochen wird. Besondere Strafen treffen den Tast- und Gefühlsinn der Verdammten. Lessius, ein Jesuit aus dem 16. Jh., vertrat diesbezüglich die Ansicht, dass die Wirkung des Höllenfeuers auf die Sinne dadurch noch verstärkt werden könne, weil der Sünder gemäß der Schwere seiner Taten in unterschiedlichen Tiefen der Hölle gequält werde. Zwar sei die Stärke des Feuers in den verschiedenen Tiefen gleich, aber auf ihm laste je nach der Tiefe eine kleinere oder größere Last von Körpern. Diese seien in Bündeln und Knäueln angehäuft und brennten wie aufgehäuftes Holz. Neben der Last, die der Verdammte zu ertragen hat, kommt die beklemmende Enge des Raums.

Im Alten Testament findet sich folgende Aussage: „Der Tod nimmt hinweg diese, die sündigen, wie die Hitze und Dürre das Schneewasser." (Hiob 24,19) Diese Stelle veranlasste die mittelalterlichen Theologen, die Frage zu diskutieren, ob es neben dem Feuer und der Finsternis als Strafmittel noch Frost und Kälte gebe. Thomas von Aquin glaubte, dass in der Hölle ein Wechsel von Feuer und Kälte stattfinde, um die Qualen der dortigen Sünder noch zu steigern. Andere Theologen vertraten die Meinung, die Verdammten würden nur mit einem dieser Strafmittel gepeinigt.

Ein weiteres Strafmittel sollte auch der in den biblischen Texten erwähnte Wurm sein. So heißt es im Alten Testament:

„Und sie werden hinausgehen und schauen die Leichname derer, die von mir abtrünnig waren; denn ihr Wurm wird nicht sterben, und ihr Feuer wird nicht verlöschen, und sie werden allem Fleisch ein Gräuel sein." (Jes. 66,24)

Man stellte sich unter dem Wurm ein lebendes Tier vor, das im Feuer existieren kann. So glaubte der Theologe Suarez (17. Jh.), dass dieser Wurm nicht den Leib zerfräße, sondern nur das Körperinnere durchwühle. Mehrheitlich wurde aber die Meinung vertreten, dass dieser Wurm nur die Gewissensbisse der Verdammten symbolisiere. „In der Fäulnis der Sünde", wie Thomas von Aquin sagte, „entstehe dieser geistige Wurm des schlechten Gewissens."

Das Gehör der Verdammten leide unter hasserfüllten Reden und dem unbeschreiblichen Geheul ihrer Leidensgenossen. Ob die Verdammten überhaupt weinen können, darüber herrschte unter den Theologen Unklarheit. Der auferstandene

Leib könne keine Flüssigkeit absondern, so dass das Heulen in der Hölle tränenlos sei.

Furchtbar müssen die Sünder unter dem Gestank des brennenden Schwefels leiden. Wenn man die Finsternis der Hölle wörtlich nimmt und nicht darunter einen inneren seelischen Zustand versteht, dann würden hierdurch auch die Augen der Höllenbewohner große Qualen erleiden. Das Nebeneinander der beiden Strafmittel Feuer und Finsternis versuchte Thomas von Aquin so zu erklären: In der Hölle herrscht nach seiner Meinung keine völlige Finsternis, weil die Verdammten die Qualen ihrer Leidensgenossen sehen sollten. Da nämlich sich die Hölle im Erdmittelpunkt befinde, brenne das Höllenfeuer nicht lichterloh, sondern sei qualmig, trübe und leuchte nur schwach. Als weiteren Grund, dass es in der Hölle dunkel sei, führt er an, dass die Leiber der Verdammten übereinander liegen, so dass jeder von ihnen nur wenig sehen könne. Der griechische Kirchenlehrer Basilius (4. Jh. n. Chr.) meinte sogar, Gott habe die Glühkraft des Höllenfeuers abgeschwächt.

Die Qualen, die den Augen zugefügt werden, erfahren noch eine Verstärkung durch den Anblick, den sie ständig sehen müssen: Der Ort der Hölle ist eng, dunkel, hässlich, von finsteren Mauern eingeschlossen; dazu kommt ein riesiges, rauchendes und qualmendes Flammenmeer, in dem sich die entstellten Leiber der Sünder wälzen.

Vergrößert wird dieser qualvolle Anblick des Höllenszenarios noch durch die Anwesenheit des Teufels und seiner Gehilfen, der gefallenen Engel, die hier ihre Strafe abbüßen müssen. Wie der Teufel zu Lebzeiten den Menschen Schaden zufügt, so entfaltet er in der Hölle seine ganze Boshaftigkeit. Dazu kommt noch, dass sich die Verdammten gegenseitig Schaden zufügen. Der Theologe Suarez (17. Jh.) hielt es für möglich, dass der Teufel bei der Vollstreckung der „Strafen des Gefühls“ mitwirke und gleichsam Gottes Werkzeug sei. Da der Kampf zwischen Gut und Böse auf Erden spätestens nach dem allgemeinen Weltgericht entschieden ist, kann auch von Verführung durch den Teufel keine Rede mehr sein. In der mystischen Literatur, den Heiligenlegenden und den theologischen Werken, besonders aber in den Schriften der Hexenrichter werden dem Teufel folgende Handlungen vorgeworfen: blutige Misshandlung seiner Opfer durch beispielsweise Stöße, Schläge und blutige Geiselhiebe, oder er schmettert sie zu Boden, tritt sie mit den Füßen, steinigt, fesselt, foltert sie, stürzt sie in Brunnen, bringt ihnen Wunden durch Bisse bei, schnürt ihnen die Kehle zu und ähnliche Grausamkeiten.

Dass überhaupt der Teufel und seine Gehilfen eine herausragende Stellung in der Hölle haben, ist bereits aufgrund ihrer Abkunft wahrscheinlich. Denn den gefallenen Engeln hat Gott nicht ihr Wesen genommen, sondern nur ihren himmlischen Rang. Man stellte sich die Hölle als ein Reich vor, das ähnlich wie das Gottesreich aufgebaut ist. Der Arzt Johannes Wierus (16. Jh.) beschrieb in seinem Werk „Pseudomonarchia daemonorum“ (Das Blendwerk der Dämonen) den Aufbau dieser höllischen Welt. Der Teufel, den er als Kaiser Belzebub bezeichnet, regiert mit Hilfe der sieben Könige Baal, Pursan, Byleth, Paymon, Belial, Asmodai und Zapan über 23 Herzöge, 13 Markgrafen, zehn Grafen, elf Präsidenten, zahllose Ritter usw., die zusammen 6666 Legionen umfassen, von denen jede aus 6666 Teufeln besteht.

Gegenüber den verdammten Menschen haben die höllischen Geister einige Vorzüge. Sie sind zwar von Gott sofort mit der „Strafe des Verlustes“ belegt worden, aber die „Strafen des Gefühls“, wie zum Beispiel die Feuerstrafe, müssten sie erst nach dem allgemeinen Weltgericht erdulden. Einige Theologen nehmen sogar an, dass sich diese Teufel zum Teil nicht in der Hölle aufhalten. Sie berufen sich auf die folgende Äußerung des Apostels Paulus:

„Denn wir haben nicht mit Fleisch und Blut zu kämpfen, sondern mit Mächtigen und Gewaltigen, nämlich mit den Herren der Welt, die in dieser Finsternis herrschen, mit den bösen Geistern in den Lüften." (Eph. 6,12)

Oder der Apostel Lukas berichtet, der Teufel habe Christus gebeten, ihn nicht in die Hölle zu schicken (Luk. 8,31). Es kann kein Zweifel sein, dass die Apostel glaubten, der Teufel sei zunächst von der Feuerstrafe befreit. Am deutlichsten sagt dies der Apostel Matthäus, wenn er den Teufel an Christus die Frage stellen lässt: „Bist du gekommen, um uns vor der Zeit zu quälen?" (Matth. 8,29)

Diese im Frühchristentum vertretene Ansicht, dass der Teufel erst nach dem Weltgericht seine Strafen erdulden müsse, wurde von Thomas von Aquin verurteilt. Wie der verdammte Mensch erleide auch der Teufel die „Strafen des Gefühls". Aber er könne bis zum allgemeinen Weltgericht die Hölle verlassen, was wiederum nur die ihm auferlegten „Strafen des Gefühls" verstärke. Wenn er auf Erden umherschweife, um die Menschen zum Abfall von Gott zu verleiten, so wisse er doch, dass am Ende der Zeiten sein Schicksal besiegelt sei und er für ewig im Abgrund der Hölle verharren müsse.

Im christlichen Jenseitsbild werden die körperlosen Seelen der Verdammten in der Zeit nach dem Tod und dem allgemeinen Gericht sowie ihre auferstandenen Leiber nach dem allgemeinen Gericht mit dem Feuer bestraft. Am Ende der Zeiten wird die bestehende Welt, der Himmel und die Erde, durch einen riesigen Brand vernichtet werden, aus dem eine neue Welt entstehen wird. Man hat versucht, die Vorstellung von einem quälenden Feuer, das schon in den jüdischen Höllenvorstellungen erwähnt wird, auf fremden Einfluss zurückzuführen. Vieles spricht dafür, dass die Juden die Vorstellung von einer Feuerhölle während der babylonischen Gefangenschaft aus dem Glauben der alten Iraner übernommen haben. Den Christen bereitete die Übernahme dieses Jenseitsbildes keinerlei Schwierigkeiten, weil in der antiken Welt ähnliche Gedanken sehr verbreitet waren. Die zahlreichen Vulkane und heißen Quellen im Mittelmeerraum förderten den Glauben, dass das Erdinnere aus einem riesigen Feuermeer besteht. Da die Unterwelt ebenfalls im Erdinnern angesiedelt wurde, stellte man sie sich als einen großen Feuerort vor.

Dieses Feuer in der Hölle ist nach Ansicht der christlichen Kirche nicht verschieden von dem irdischen. Deshalb bezeichnet Thomas von Aquin das Höllenfeuer als „ein materielles Feuer“ (ignis corporalis). Dafür sprechen schon die Bezeichnung der höllischen Feuerstätte als „Feuerofen“ sowie die darin benutzten Brennstoffe wie Holz, Wachs und Schwefel, die zusammen mit den Körpern der Verdammten verbrannt werden. Dieses Feuer wird von Gott durch seinen Hauch entfacht und in Glut gehalten. In der christlichen Literatur wird dieses Höllenfeuer mit dem Feuer von Vulkanen verglichen, oder es werden ihm Eigenschaften des materiellen Feuers wie flammen, glühen, brennen, verzehren und Rauch aufwirbeln zugeschrieben. Vom natürlichen Feuer unterscheidet es sich lediglich dadurch, dass es nur ein schwaches Licht aussendet, von ewiger Dauer ist und eine höhere Intensität besitzt, ob-

Das Höllenfeuer. 15. Jh.

wohl es nie erlischt. Der wichtigste Unterschied besteht wohl in seiner Eigenschaft, dass es die Leiber der Verdammten trotz seiner Größe, die jede menschliche Vorstellungskraft übersteigt, nicht verbrennt. Dieser Umstand wurde seit der Frühzeit des Christentums als Grund angeführt, dass es sich bei dem Höllenfeuer um kein irdisches, sondern um ein geistiges Feuer handle. Diese Meinung wurde von dem griechischen Kirchenlehrer Origines (3. Jh. n. Chr.) vertreten, der behauptete, dass die Seelen, bis sie von allen Makeln befreit sind, immer wieder in neue Körper eingeschlossen werden. In dieser Lehre ist für eine ewige Feuerhölle kein Platz. Die biblischen Stellen, die von einem Feuer sprechen, deutet er als Gewissensbisse der Sünder über den Verlust der Seligkeit.

Die christlichen Kirchenlehrer und mittelalterlichen Theologen, die in ihrer Mehrheit am materiellen Charakter des Höllenfeuers nicht zweifelten, standen vor dem Problem, wie sie die Wirkung dieses Feuers auf den Leib und die Seele der Verdammten nach dem Weltgericht erklären sollten.

Der Theologe Gregor von Nyssa (4. Jh. n. Chr.) löst diese Frage, indem er das Feuer, das die körperlosen Seelen nach dem besonderen Gericht quält, als dasselbe feurige Strafmittel ansah, unter dem auch die auferstandenen Leiber nach dem allgemeinen Weltgericht zu leiden haben. Die Leiber der Verdammten werden zwar vom Feuer zerfetzt und zerstört, aber sie haben von Gott die Kraft erhalten, sich wieder zu ersetzen. Der Kirchenlehrer Augustinus (5. Jh. n. Chr.) versucht eine natürliche Erklärung zu geben, indem er die Körper der Verdammten mit Würmern vergleicht, die in heißen Quellen vorkommen. Der Einwand seiner Kritiker, dass solche Tiere keinen Schmerz empfinden und sich wohl fühlen, weil sie sich ihrer Umgebung angepasst haben, hat nach seiner Ansicht dieselbe Glaubwürdigkeit wie die Behauptung, diese Tiere erlitten dort Schmerzen.

Thomas von Aquin, dem viele Theologen folgen, vertritt die Meinung, dem Höllenfeuer fehle die zerstörende Kraft, weil die zeitlichen und örtlichen Umstände der Hölle andere sind als auf dieser Welt. In der irdischen Welt werden Körper durch Kräfte zerstört, die ihre Ursache in der Bewegung der Himmelskörper haben. Beim Jüngsten Tag aber haben die Himmelskörper diesen zerstörenden Einfluss auf die menschlichen Körper verloren. Eine weitere Erklärung für die Unveränderlichkeit der Körper ist nach Meinung dieses Theologen darin zu suchen, dass die Seele des Verdammten, die bei der Auferstehung mit dem Leib zusammengebracht wurde, eine andere Kraft als zu Lebzeiten besitzt. Sie ist von Gott so verändert worden, dass ein Leiden des Körpers möglich ist, ohne dass er sich auflöst. Das Höllenfeuer wirkt auf den Körper so ein, dass es dessen Zustand in Unordnung bringt. Die Seele besitzt aber nicht mehr wie zu Lebzeiten Kräfte, um dies zu verhindern. Diese Unordnung der stofflichen Teile des Körpers wird als Schmerz empfunden. Mithilfe dieser Lehre versucht er die unterschiedlichen Feuerstrafen zu erklären. Denn Gott kann je nach der Schuld des Verdammten dessen Körper so gestalten, dass er von demselben Feuer anders gequält wird als ein Leidensgenosse.

Den Kirchenlehrern wurde öfters auch die Frage gestellt, ob nicht ein Übermaß an körperlichen Schmerzen zum Tod der auferstandenen Menschen führen müsste. Augustinus löst dieses Problem, indem er feststellt, dass nur die Seele den Schmerz empfinden kann. Wenn die Seele eines Menschen höchste Schmerzen nicht mehr ertragen kann, dann weicht sie aus dem Körper, was wir als den leiblichen Tod oder ersten Tod eines Menschen bezeichnen. Dieses Ereignis nimmt der Seele aber nicht ihren unsterblichen Charakter. Wenn sie nach dem allgemeinen Weltgericht bei der Auferstehung wieder mit ihrem Körper verbunden wird, dann bildet sie mit diesem eine untrennbare Einheit, und beide Teile des Menschen sind unsterblich.

Nimmt man aber an, dass ein materielles Feuer auf die Körper der Auferstandenen einwirkt, muss das Problem gelöst werden, wie es möglich ist, dass der Körper durch das Feuer nicht verzehrt wird. Der Seele die Aufgabe zuzuweisen, den Schmerz ihres Körpers zu empfinden, erforderte keinen großen Scharfsinn. Wie wirkt aber das materielle Feuer auf die körperlosen Seelen nach dem besonderen Gericht, den Teufel und die gefallenen Engel?

Vereinfacht kann man sagen, dass bei allen drei Wesen das Feuer in derselben Weise einwirkt, weil sie von derselben Beschaffenheit sind. Eine mögliche Erklärung wäre, dass sich diese körperlosen Wesen die Qualen durch das Feuer nur einbilden. Wie manchmal Menschen unter eingebildeten Gefahren leiden, so befinden sich auch die Seelen und die beiden anderen körperlosen Wesen, nämlich der Teufel und seine Engel, in demselben Zustand. Diese Ansicht hätte aber zur Folge, dass die Feuerqualen nicht wirklich stattfänden, was offensichtlich mit dem Zeugnis der Bibel unvereinbar ist. Dort heißt es nämlich: „Hinweg ihr Verfluchten in das ewige Feuer, das dem Teufel und seinen Engeln bereitet ist!" (Matth. 25,41) Es besteht kein Zweifel, die Verdammten sollten nicht im Geist, sondern in der Wirklichkeit die Feuerqualen erleben.

Eine andere Theorie führt die Wirkung des Feuers auf eine besondere Eigenschaft zurück, die ihm Gott verliehen hat. So hat es nämlich eine geistige Wirkung, die beim Verdammten und beim Teufel ein Bild von sich selbst erzeugt. Dieses negative Bild, das die Seelen des Verdammten und des Teufel von sich selbst haben, quält sie ununterbrochen, besonders weil ihre Aufmerksamkeit ständig auf dieses Bild gerichtet ist. Die verdammten Seelen sind gleichsam gefesselt und können ihre Gedanken nicht auf andere Dinge richten. Diese Theorie wurde aber nur so weit anerkannt, als man eine solche Fesselung lediglich für die Seele der Verdammten annahm. Für den Teufel und seine gefallenen Engel wurde dies angezweifelt, weil der Teufel durch seine Intelligenz die Menschen bei weitem übertrifft.

Thomas von Aquin wendet gegen diese Theorie ein, dass sie nicht erklären könnte, wie das Feuer so gewaltige Schmerzen erzeugen könnte, von denen die Bibel berichtet. Er geht davon aus, dass eine Verbindung des materiellen Feuers und der körperlosen Seele nicht möglich ist, weil sich die Seele nur mit ihrem verstorbenen Körper wieder verbinden kann. Man darf sich diese Verbindung nicht als eine Vereinigung des Feuers mit der Seele vorstellen, sondern die Seele wird durch göttliche Anordnung an einen feurigen Ort festgebunden oder „gefesselt", wie die Theologen sagen. Diese örtliche Anbindung der Seele ist für sie besonders schmerzhaft, weil sie die Freiheit liebt. Wie ein Mensch in einem irdischen Kerker große Schmerzen erleidet, umso mehr gilt dies für die Seele. Diese Fesselung führt dazu, dass die an sich körperlose Seele in engste Berührung mit einer Materie kommt, die ihr absolut fremd ist. Als Beweis für diese örtliche Anbindung der Seele wird auf die Bibel verwiesen:

„In jenen Tagen des Gerichtes wird Gott das Heer der Höhe [d. h. der Teufel] heimsuchen in der Höhe und die Könige des Erdbodens auf dem Erdboden. Und sie werden zusammengebunden zu den Gefangenen der Grube [Hölle] und eingeschlossen in den Kerker, und nach Ablauf vieler Tage werden sie heimgesucht." (Jes. 24,21).

Der Apostel Petrus schreibt:

„Gott hat die Engel, die sich versündigt haben, nicht geschont, sondern mit Ketten der Höllen in den Abgrund gezogen und dem Schmerz übergeben, um sie für das Gericht aufzubewahren." (2. Petr. 2,4)

Diese Theorie erlaubt es auch, unterschiedliche Grade in den Feuerstrafen anzunehmen. Eine örtliche Anbindung kann zum Beispiel beim Teufel oder den gefallenen Engeln fester sein als bei den körperlosen Seelen, so dass ein größerer Schmerz entsteht. Das Feuer wirkt letztlich so, wie es Gott will, der gleichsam mit dem Feuer und durch das Feuer tätig ist. Keine Antwort wussten die Theologen auf die Frage, warum Gott durch Feuer und kein anderes Strafmittel die Seele peinigt. Die Wahl dieses Strafmittels gehört zu den unerklärlichen Geheimnissen Gottes. Die Lehre von der Fesselung der Seelen und des Teufels bzw. seiner Gehilfen, der gefallenen Engeln, scheint im Widerspruch zu der Annahme zu stehen, dass der Teufel und seine Engel bis zum allgemeinen Weltgericht zeitweise die Hölle verlassen können, um die Menschen auf Erden weiter zu versuchen. Diesen Widerspruch löst Thomas von Aquin so, indem er behauptet, die Höllenstrafe des Teufels und seiner Engel erleide keine Unterbrechung, weil sie auch außerhalb der Hölle unter den Qualen dieses Strafortes zu leiden hätten. Wo auch immer sich der Teufel aufhält, fühlt er sich durch Gottes Macht gebunden. Auch wenn er außerhalb der Hölle ist, „führt er", wie die Theologen sagen, „die Qualen seiner Flammen mit sich, wo er auch immer ist, in der Luft oder im Erdinnern".

Zu den wichtigsten Glaubenssätzen der christlichen Kirche über die Hölle gehört die Aussage, dass die Hölle ewig besteht und die dort Verdammten die Höllenstrafe ewig erdulden müssen. Als Beweis für diese Lehrmeinung werden Stellen aus dem Alten Testament angeführt, in denen der Prophet Jesaja von der „ewigen Feuerglut, vom ewigen Rauch und der ewigen Verwüstung“ spricht (Jes. 66,24). Und der Prophet Jeremias redet von „ewig lodernden Flammen, ewigem Schlaf und ewigem Tod der Sünder“ (Jerem. 51,39). Nach einem Ausspruch Daniels werden einst die Guten auferstehen zum ewigen Leben, die Schlechten aber zur Schmach und ewiger Abscheu (Dan. 12,2). Stellen aus dem Neuen Testament sprechen ebenfalls von einem ewigen Lohn der Guten und einer ewigen Strafe für die Sünder: „Weichet von mir, ihr Verfluchten, in das ewige Feuer!“ (Matth. 25,41); „Die Bösen werden eingehen in die ewige Pein!“ (Matth. 25,46).

Da nach dem Sprachgebrauch der Bibel Ewigkeit auch „lange Dauer“ bedeuten kann, wurde schon im Frühchristentum die Frage erörtert, ob die Hölle einmal beseitigt würde bzw. die Strafen der Verdammten nur eine zeitlich begrenzte Dauer besäßen. Die Befürworter einer vorübergehenden Dauer können sich auf Bibelstellen berufen wie: „Barmherzig und gnädig ist der Herr, er wird nicht für immer hadern noch ewig zornig bleiben!“ (Ps. 103,9) Es sei nämlich mit der göttlichen Barmherzigkeit unvereinbar, wenn Gott eine ewige Strafe über den Menschen verhängen würde. Auch die von Christus gepredigte Feindesliebe: „Liebt eure Feinde und bittet für die, die euch verfolgen!“ (Matth. 5,43) scheint dem Glaubenssatz einer ewigen Höllenstrafe zu widersprechen. Wie soll der

Mensch barmherzig gegenüber seinen Feinden sein, wenn Gott die Sünder bis in alle Ewigkeit bestraft?

Dagegen wendet Thomas von Aquin ein, dass Gott den Sündern zu Lebzeiten die Möglichkeit gegeben hat, sich durch Buße von der Höllenstrafe zu befreien. Im Jenseits gibt es keine Möglichkeit mehr, sich vom Zustand der Sünde zu reinigen, so dass der Sünder dem göttlichen Strafgericht verfallen ist. Dieser einflussreiche Theologe des Mittelalters begründet die kirchliche Lehrmeinung auch durch einen Vergleich, der später oft zitiert wurde. Wie nämlich Hochverräter vom irdischen Richter mit Tod und ewiger Verbannung bestraft werden, so muss auch der, welcher gegen die Zwecke Gottes und den Staat der Seligen sündigt, ewig bestraft werden, auch wenn er nur kurze Zeit gesündigt hat. Entscheidend ist die Schwere der Tat, die danach bestimmt wird, gegen wen sie sich richtet. Es gilt der Grundsatz: Je größer der Beleidigte, desto größer die Beleidigung. Da nun Gott unendlich groß und erhaben ist, verdient die Abwendung von ihm auch die größte nur denkbare Strafe, nämlich die ewige Höllenstrafe.

Der Kirchenlehrer Augustinus führt in seinem Werk „Über den Gottesstaat" (I. Buch, 21–24) noch weitere Gründe auf, mit denen diese „Barmherzigen", wie er sie nannte, die Ewigkeit der Hölle anzweifeln. So würden am Jüngsten Tag oder kurz danach auf Fürbitten der Frommen die Verdammten freikommen. Häufig würde auch diese Ansicht damit begründet, im Gegensatz zu den Ungläubigen sei es doch für die Christen eine zu harte Strafe, wegen einer Todsünde ewig in der Hölle zu büßen. Unter den Befürwortern einer vorübergehenden Dauer der Höllenstrafen übte der griechische Kirchenlehrer Origines (3. Jh. n. Chr.) einen nachhaltigen Einfluss aus, der im Zusammenhang mit seiner Lehre von der „Allversöhnung" eine

Lösung für dieses Problem sucht. Diese Lehre, die als „Apokatastasis panton" in die Theologie eingegangen ist, beruft sich auf die Bibelstelle: „Denn Christus muss herrschen, bis Gott ihm alle Feinde unter seine Füße legt. Der letzte Feind, der vernichtet wird, ist der Tod." (2. Kor. 15,25–26) Hieraus folgert Origines, dass am Ende der Zeiten auch der Teufel und die gefallenen Engel ihre Rolle als Widersacher Gottes verlieren und wie alle verdammten Menschen erlöst werden. Eine knappe Darstellung dieser Lehre findet sich in seinem Werk „Über die ersten Grundsätze", das man als die erste christliche Glaubenslehre bezeichnen könnte: „Der Satan wird nicht deshalb vernichtet, um nicht mehr zu sein, sondern um nicht mehr der Feind Gottes und der Tod zu sein." Den Tod, der als Folge der Sünde des ersten Menschen in die Welt gekommen ist, verkörpert der Teufel. Am Ende der Welten werden alle Menschen, die getauft worden sind, erlöst werden, weil sie durch die Taufe zu Christus gehören. Besonders im 4. Jh. n. Chr. fand die Lehre von der „Allversöhnung" viele Anhänger. Der Theologe Gregor von Nyssa fasste diese Lehre so zusammen:

„Das Feuer des Weltbrandes wird nach einer langen Zeit das Böse in der Natur auslöschen, und der Erfinder des Bösen selbst, Satan, wird einstimmen die Dankeshymne an Gott." Diese Meinung führte zu heftigen Kontroversen und stieß bei der überwiegenden Zahl der Kirchenväter auf Ablehnung, was zur Folge hatte, dass Origines 553 auf dem Konzil von Konstantinopel als Irrlehrer verurteilt wurde. Ein entschiedener Gegner der Lehre von der „Allversöhnung" war auch Augustinus, der seine Bedenken so ausdrückte:

„Welcher Christ, sei er gelehrt oder nicht, würde sich nicht sehr heftig über eine Lehre entsetzen, die behauptet, dass nach längerer oder kürzerer Reinigung mit Satan und seinen Engeln auch diejenigen zum Himmel kommen werden, die dieses Leben in Schande und Gottlosigkeit aller Art beschlossen haben." (De fide, c. 43)

Der Kirchenlehrer Hieronymus (5. Jh. n. Chr.) fügt ergänzend hinzu:

„Wenn das Schicksal aller gleich ist und nach sehr langer Zeit eine Wiederherstellung aller zu denselben Würden stattfindet, wo bleibt dann der Unterschied zwischen reiner Jungfräulichkeit und schnöder Unzucht? Soll denn Gabriel mit Satan gleich sein, die Aposteln gleich den Teufeln? Die Propheten Gottes gleich den Betrügern und die Märtyrer ihren Henkern? Füge so viele Jahre hinzu, wie du willst, verdoppele sie und füge noch Jahrhunderte der Qual hinzu. Wenn das Ende gleich ist, ist die Vergangenheit ein Nichts! Wer fragt danach, was er gewesen ist? Denn alles liegt daran, was wir in Zukunft ewig sind." (In Jon., c.3)

Auf dem Konzil von Lyon (1245) und später auf dem Konzil zu Florenz (1431) wurde die Ewigkeit der Höllenstrafe zur offiziellen Lehrmeinung erhoben: Wer ohne Buße in der Todsünde stirbt, wird ohne Zweifel von der Glut der ewigen Hölle gepeinigt. Aber der Einfluss der Lehre Origines' und seiner Anhänger verstummte trotz der kirchlichen Verbote nicht und wurde in abgeschwächter Form weiter vertreten. So vertraten die Universalisten die Meinung, auch die Heiden, Juden und Moslems, würden erlöst werden, obgleich sie als Ungetaufte mit der Erbsünde behaftet seien, wenn sie zur Zeit ihres Todes keine schweren Sünden begangen hätten. Auch Satan und seine Dämonen könnten in den Himmel aufgenommen werden. Die Wiedertäufer, eine Sekte in der Reformationszeit, erkannten 1530 in ihrem Glaubensbekenntnis diese Lehre mit den Worten an: „Es wird für die verdammten Menschen und die Teufel ein Ende der Qualen geben."

So wurde von nicht offiziellen Theologen immer wieder vorgebracht, dass eine ewige Strafe ungerecht sein müsse, weil eine Todsünde oft nur von kurzer Dauer ist. Dieses Argument konnte man leicht durch den Hinweis auf die Schwere einer Todsünde entkräften. In Verlegenheit gerieten die kirchlichen Theologen aber, wenn man ihnen vorhielt, eine ewige Strafe habe keinen Sinn, weil sie den Sünder nicht bessern würde. Gegner des Christentums fügten in diesem Zusammenhang noch hinzu, es müsse Gott offenbar Freude bereiten, Menschen unter den Höllenqualen leiden zu sehen. Diese Einwände lassen sich nur durch den Hinweis auf die Aufgabe der Hölle widerlegen, die im vorhergehenden Abschnitt dargestellt wurde.

Die Theologen berufen sich auf Papst Gregor den Großen (7. Jh.), von dem berichtet wird, er sei auf dem Forum dem römischen Kaiser Trajan (98–117 n. Chr.) begegnet. Gregor sei in die Peterskirche gegangen und habe Gott um Aufklärung gebeten. Gott teilte ihm mit, dass dieser Kaiser viele mildtätige Werke begangen habe und aus diesem Grund aus der Hölle befreit worden sei. Doch gleichzeitig warnte Gott den Papst davor zu glauben, dass sich eine Befreiung von Heiden und Sündern aus der Hölle in Zukunft erneut ereignen könnte. Diese Geschichte deuten die Befürworter einer ewigen Höllenstrafe so, dass der Kaiser Trajan nur im Fegefeuer gewesen sei, wo er eine zeitliche Strafe abbüßte. Auf keinen Fall enthalte diese Mitteilung des hl. Gregor einen Hinweis darauf, dass Trajan von der ewigen Verdammnis befreit worden sei, was nach Lehrmeinung der Kirche unmöglich ist.

Der Fall des Kaisers Trajan zeigt, welchen Scharfsinn die Theologen des Mittelalters aufwenden mussten, um Fragen, die durch die Ewigkeit der Höllenstrafe entstehen, zu lösen. So bereitete es den Theologen große Probleme, eine Entscheidung zu finden, wenn ein Verdammter, was sicherlich der Regelfall war, noch eine lässliche Sünde begangen hat, die für sich alleine nur einen Aufenthalt im Fegefeuer nach sich ziehen würde. Muss ein solcher Verdammter diese Strafe in der Hölle abbüßen? Thomas von Aquin meinte, diese Sünder büßen ihre Strafe für die lässliche Sünde in der Hölle ab. Dies sei der einzige Fall, bei dem es in der Hölle eine zeitlich begrenzte Strafdauer gebe. Wenn er diese Strafe abgebüßt habe, sei der Sünder aber nicht von der Hölle befreit, weil er zu den Verdammten gehöre. Nach seiner Ansicht könnte die Höllenstrafe für solche Sünder bis zum allgemeinen Weltgericht abgeschwächt sein. Ebenfalls in der Hölle müssten solche Sünder ihre Strafe abbüßen, die noch zu Lebzeiten für Todsünden Buße getan haben, aber rückfällig geworden sind.

Auch die Frage, ob die Strafen in der Hölle unveränderlich sind oder zeitweise ausgesetzt bzw. abgeschwächt werden, wurde unter den Theologen des Mittelalters erörtert. Der christliche Dichter Prudentius (4. Jh. n. Chr.) behauptet, die Verdammten würden während der Osternacht von den Feuerqualen befreit sein. Besonders war im Volk der Glaube verbreitet, man könne durch Gebete das Los der Verdammten lindern. Schon Augustinus setzt sich mit dieser Ansicht auseinander und kommt zu dem Ergebnis, dass Gebete den Seligen wie eine Danksagung erscheinen und den Seelen im Fegefeuer bei ihrer Sühne und Reinigung helfen müssen. Für die Verdammten in der Hölle sind sie jedoch völlig nutzlos und daher eher ein Trost für die Lebenden.

Eine abweichende Meinung vertritt der griechische Kirchenlehrer Chrysostomus:

„Diejenigen, welche in Sünden gestorben sind, verdienen unsere Seufzer, Jammer und Tränen. Denn in der Hölle, wer wird dir lobsingen? – Sie also wollen wir beweinen; ihnen wollen wir helfen, so viel wir können. Wir wollen ihnen unseren Beistand zukommen lassen, der, so gering er auch ist, ihnen helfen kann. Wir wollen beten und wollen auch andere veranlassen, dass sie beten und Almosen spenden. Denn dies alles bringt einigen Trost. Denn wenn das ganze Volk dasteht mit erhobenen Händen und die Schar der Priester und das anbetungswürdige Opfer, wird dann Gott nicht besänftigt werden durch unser Gebet für sie? Freilich gilt das nur für diejenigen, die im Glauben gestorben sind. Für noch nicht Getaufte gilt dies nicht. Für sie bleibt als einziges Mittel übrig, das ihnen Linderung verschaffen kann: die Almosen. – Wir beten ja für alle Menschen, für Räuber, Leichenschänder, Diebe und noch schlimmere Sünder, damit sie sich bekehren. Wenn wir aber für solche entseelten Leichen beten, dann ist es doch auch statthaft, für die in Sünden gestorbenen Menschen zu beten.“ (Hom. 3.4. in ep. ad. Phlipp.)

Wenngleich die spätere Kirche nicht für den Teufel oder die Verdammten betete, nachdem durch Lehrentscheidungen über sie die ewige Höllenstrafe verhängt wurde, so finden sich in alten Messbüchern (9. Jh. n. Chr.) Gebete mit der Überschrift „Für die Seele, deren Schicksal unsicher ist“: Wenn die Seele es auch nicht verdient, aufgrund ihrer Vergehen aufzuerstehen zum Ruhm, sollen ihr doch die Marter und Qualen durch diese Fürbitte erträglicher sein. Der Theologe Präpositivus (12. Jh.) meinte sogar, dass die Gebete der Lebenden den verdammten Christen Erleichterung verschaffen könnten.

Das Mindeste, was sie erreichen könnten, wäre eine Linderung der Strafen bis zum Jüngsten Tag. Diese Hilfe könnte auch darin bestehen, dass die Verdammten gegenüber den Strafen gestärkt werden und diese mit Tapferkeit ertragen.

Dagegen stellt Thomas von Aquin die offizielle Meinung der Kirche dar:

„Schuld und Strafe bedingen sich gegenseitig. Da die Schuld der Verdammten unvermindert fortdauert, hat auch die Strafe ihre Geltung nicht verloren. Eine Milderung ist nur möglich, wenn auch die Schuld gemildert wurde. Folglich haben die Gebete der Lebenden keine Wirkung auf sie. Auch können sie dadurch keinen Trost finden, weil sie in der Hölle davon nichts erfahren. Selbst wenn sie davon Kenntnis erhielten, würde dies ihre Trauer und Schmerz nur erhöhen. Sie wissen nämlich nach den beiden göttlichen Gerichten, dass sie keiner Liebe mehr würdig sind."

Mit der Beständigkeit der Höllenstrafe und einer Linderung dieser Strafen ist auch die Frage verbunden, ob die Verdammten, wozu auch der Teufel und die gefallenen Engel gehören, Freuden in diesem Strafort empfinden können. Zunächst schließt der Zustand des Unglücklichseins, der für diese Verdammten ein Teil ihrer Strafe ist, Freuden aus. Wenn man Freude als einen Zustand bezeichnet, der entsteht, wenn man ein Ziel erreicht hat, so kann man dem Teufel solche Freuden zugestehen, weil er die Opfer seiner Taten ständig vor sich sieht. Er hat sein Ziel erreicht, was nach Meinung der Theologen Freude bei ihm hervorruft. Thomas von Aquin spricht in diesem Zusammenhang auch von den eingebildeten oder fantastischen Freuden der Verdammten. Er hält es für möglich, dass die Verdammten auf die Lebenden neidisch sind und ihnen dasselbe Übel, das sie ertragen müssen, wünschen. Besonders freuen sie sich, wenn sie sehen, dass ihre Feinde ihr Los in der Hölle teilen.

Die Hölle: Satan mit seinen Gehilfen. 16. Jh.

Das Schicksal der verstorbenen Kinder hat bereits die antiken Religionen und besonders die Juden intensiv beschäftigt. Der römische Dichter Vergil (1. Jh. v. Chr.) schildert, wie sein Titelheld Aeneas bei seinem Gang in die Unterwelt die Klagen von Kinderseelen hört: „Welche, obwohl sie kaum mit Lust erblüht sind, von der Brust der Mütter durch den schrecklichen Tag geraubt sind und unreif in das Grab versenkt wurden." In ihrer Nachbarschaft siedelt dieser Dichter die Selbstmörder an. In der Antike war der Glaube verbreitet, dass die Seelen der toten Kinder so lange umherschweifen müssen, bis sie das Alter erreicht haben, das sie erreicht hätten, wenn sie nicht vorzeitig verstorben wären. In dem Jenseitsglauben der Juden glaubte man, der Aufenthaltsort dieser Kinder befinde sich zwischen dem äußeren und inneren Tor der Hölle. In der religiösen Literatur der Juden wird das Schicksal dieser Kinder ganz erträglich geschildert. Sie müssen im Jenseits fleißig lernen. Umstritten war unter den jüdischen Gelehrten, ob auch die Kinder von Sündern in diesen jenseitigen Ort gelangten. Den Tod dieser Kinder versuchte man durch die Sünden der Eltern zu erklären.

In der christlichen Unterwelt gibt es neben der Hölle noch das „Grenzland der Kinder" (limbus infantium), in dem sich die ungetauften Kinder aufhalten. Da sie von der Erbsünde des ersten Menschen nicht befreit sind, müssen sie in die Höllen eingehen. Diesen Ort stellte man sich in einiger Entfernung von der eigentlichen Hölle vor, in der sich die Verdammten aufhalten. Gelegentlich wurde auch die Meinung vertreten, dieser Limbus befände sich über dem „Schoß des Abraham", in dem sich die Erzväter des Alten Testamentes Abraham, Noah

u. a. aufhalten müssen, die mit der Erbsünde behaftet starben. Es ist die einhellige Meinung der Theologen, dass in beiden Orten der Unterwelt die Menschen nicht durch Flammen gepeinigt werden. Sie sind dort auch nicht wie die Verdammten gefesselt, sondern können sich in voller Freiheit bewegen. Viel Scharfsinn wandten die Theologen des Mittelalters auf, um zu zeigen, dass sich diese mit der Erbsünde verstorbenen Kinder von den Sündern unterscheiden, die nur lässliche Sünden, d. h. ein geringes Vergehen gegen die Gebote Gottes begangen haben. Da diese Sünder mit einer zeitlichen Reinigungsstrafe im Fegefeuer bestraft werden, müssten diese Kinder, wie es die Gerechtigkeit verlangt, wegen des Makels der Erbsünde schwerer bestraft werden. Unbestritten ist, wer mit der Erbsünde stirbt, kann nicht in das Himmelreich eingehen. Aber in anderer Hinsicht ist die Erbsünde ein geringeres Vergehen als die lässlichen Sünden. Denn die Erbsünde ist eine Last, die alle Menschen nach Adam tragen müssen, während lässliche Sünden Handlungen sind, welche der Mensch aus freien Stücken tut, also aus seinem freien Willen. Deshalb müssen solche Menschen härter bestraft werden.

Einige Kirchenlehrer, welche die Kinder in geringem Maße an der Feuerstrafe teilnehmen ließen, wurden als Tortores infantium („Peiniger der Kinder") bezeichnet. Im Gegensatz zu den Verdammten sind diese Kinder frei von der „Strafe des Gefühls", d. h., sie leiden keine Qualen. Die einzige Strafe, die sie erdulden müssen, sind die „Strafen des Verlustes", weil sie sich nicht wie die Seligen in der Nähe Gottes aufhalten dürfen. Diese Strafe bewirkt aber nicht wie bei den Verdammten, dass sie sich in einem Zustand des Unglücklichseins befinden. Dennoch kann man ihren Zustand nicht mit der Glückseligkeit der Seligen und Frommen vergleichen, sondern sie empfinden lediglich eine Art natürliche Seligkeit, welche die Menschen auf der Erde als Glücksgefühl bezeichnen.

Wenn aber diese Kinder gesündigt haben, werden sie wie die Erwachsenen bestraft. So berichtet die hl. Perpetua (gest. 203 n. Chr.), die Märtyrerin von Karthago, dass sie in einer Vision gesehen habe, wie ihr kleiner Bruder im Alter von sieben Jahren in der Hölle furchtbar gezüchtigt wurde. Von furchtbarem Durst gequält, versuchte er, in der Feuerhölle aus einem Brunnen zu trinken. Durch ihre Gebete wurde sein Los gelindert, was dafür spricht, dass sich dieses kleine Kind nicht in der eigentlichen Hölle aufgehalten haben muss. Wie bereits oben dargestellt, sind Gebete für Verdammte unwirksam. Aus der Erzählung der hl. Perpetua geht nicht hervor, welche Sünden ihr Bruder begangen hat. Heftig umstritten war unter den Theologen, ob diese Kinder auferstehen und am Weltgericht teilnehmen würden. Sie erschienen zwar vor dem göttlichen Richter, würden aber nicht gerichtet. Der ganze Vorgang des göttlichen Weltgerichtes wird ihnen ein Geheimnis bleiben. Ob sie sich nach dem göttlichen Weltgericht noch im Limbus aufhalten, ist umstritten. Vermutlich wird Christus sie herausführen, aber nicht, um sie in den Himmel aufzunehmen, wie einige frühchristliche Theologen annahmen, sonder um sie nach dem Weltbrand irgendwo auf der neuen Erde anzusiedeln.

Der Abstieg Christi in den Schoß Abrahams

Dieses Ereignis ist besser unter dem Namen „Höllenfahrt Christi“ bekannt, obgleich es eine falsche Übersetzung des lateinischen Ausdruckes „descensus Christi ad infernos“ ist, weil Christus nach seinem Tod nicht in die Hölle, sondern in den einen Vorraum abgestiegen ist, den man als „Schoß Abrahams oder der Väter“ bezeichnete. Hier verweilen die Gerechten des Alten Bundes, die so genannten Erzväter wie Adam, Noah und dessen Nachkommen, die mit dem Makel der Erbsünde verstorben sind. Der Ausdruck Schoß Abrahams, der jüdischer Herkunft ist, tauchte zuerst in christlichen Grabinschriften des 4. Jhs. n. Chr. auf, welche die Bitte enthalten, den Toten in den Busen, d. h. den Schoß Abrahams, aufzunehmen und ihn dort ruhen zu lassen.

Der Schoß Abrahams wurde über oder in der Nähe der „Hölle der Kinder“ angesiedelt, weil auch diese Jenseitsbewohner nach dem christlichen Glauben nicht unter der Feuerstrafe leiden, aber ebenso auch keine Freude genießen. Vergleichbare Vorstellungen finden sich im antiken Jenseitsglauben. So berichtet der römische Dichter Vergil (1. Jh. v. Chr.) im Epos „Aeneis“, wie sein Titelheld Aeneas während seines Aufenthaltes in der Unterwelt in dem Gebiet zwischen dem Elysium, dem Aufenthaltsort der Seligen, und dem Tartarus, der Hölle, die berühmten antiken Helden erblickt, die im Kampf gefallen waren. Der Abstieg Christi in die Hölle war seit dem 4. Jh. n. Chr. ein Glaubenssatz der christlichen Kirche: „Abgestiegen zur Hölle und am dritten Tag wieder auferstanden von den Toten.“

Eine wichtige Quelle im Neuen Testament für den Abstieg Christi in diese Region der Hölle ist der erste Brief des Apostels Petrus:

„Christus ist für unsere Sünden gestorben als Gerechter für Ungerechte, damit er uns zu Gott hinführe, getötet zwar dem Fleisch nach, aber dem Geist nach lebendig gemacht; in diesem Geist hat er auch den Geistern im Gefängnis des Hades gepredigt, die einst ungehorsam waren, als sie Gottes Langmut erwarteten in den Tagen Noahs." (3,19–20)

In demselben Brief fährt Petrus fort: „Denn dazu ist auch den Toten das Evangelium verkündet worden, dass sie zwar nach Menschen Weise gerichtet werden im Fleisch, aber nach Gottes Weise das Leben haben im Geist." (4,6)

Diese Bibelstelle lehrt, dass Christus nach seinem Tod in die Unterwelt abgestiegen sei und dort die frohe Botschaft sowohl vom Reich Gottes als auch von der von ihm durch seinen Tod vollbrachten Erlösung von der Erbsünde und dem Tod verkündet habe. Abgestiegen in die Unterwelt ist aber nach Aussage des Petrus nur der Geist Christi, während sein Körper offenbar im Grab liegen geblieben ist. Unklar bleibt, ob Christus allen Unterweltbewohnern oder nur einer bestimmten Gruppe diese Rettung in Aussicht stellte. Sicherlich bezog sich die Verkündigung Christi nach dieser Bibelstelle nicht auf alle Unterweltbewohner, sondern nur auf diejenigen, die in den Tagen Noahs lebten. Keinesfalls handelt es sich jedoch um Ungläubige, sondern diese Menschen waren bereits Fromme oder haben sich vor ihrem Tod bekehrt. Denn in der christlichen Höllenlehre wird ausdrücklich festgestellt, dass eine Bekehrung in der Hölle nicht mehr möglich ist. Von den christlichen Theologen wird diese Stelle aus dem Petrusbrief jedoch derart ausgelegt, dass diese Menschen aus den Tagen Noahs stellvertretend für alle Gläubigen ihrer Zeit genannt worden sind. Durch die Erwähnung der Menschen aus der Zeit Noahs, die besonders gottlos waren und mit der Sintflut bestraft wurden, soll gezeigt werde, dass Christus auch für Menschen gestorben ist, die als besonders gottlos galten. Nach dem jüdischen Glauben waren die Menschen aus der Zeit Noahs wegen ihrer großen Gottlosigkeit vom Reich Gottes für immer ausgeschlossen. Die Voraussetzung dafür, in den Genuss der von Christus verkündeten Heilsbotschaft zu kommen, ist, sich bekehrt zu haben und nicht mit schweren Sünden belastet zu sein. Die zweite Stelle des Petrusbriefes hebt hervor, dass die Macht der Hölle gebrochen ist, weil Christus ein Richteramt über die dortigen Toten übernommen hat. Den Frommen wird hierdurch die Möglichkeit eröffnet, in das Himmelreich zu gelangen.

Im Frühchristentum wurde diese dunkle Stelle der Bibel durch Vorstellungen aus dem Volksglauben ergänzt und besonders bildhaft ausgestaltet. So wurde in dem apokryphen, d. h. in dem nicht in den überlieferten Bibeltext aufgenommenen Evangelium des Bartholomäus berichtet, dass Christus alle Sünder befreit habe außer Kain, Herodes und Judas. Diese Auffassung, dass durch die Höllenfahrt Christi alle Sünder erlöst wurden, fand immer wieder Anhänger, wobei gelegentlich auch Einschränkungen gemacht wurden wie beispielsweise vom Kirchenlehrer Clemens von Alexandrien (3. Jh. n. Chr.). Dieser lehrte, dass Christus gerade denen in der Unterwelt Heil bringen wollte, die es zu Lebzeiten nicht geschafft hatten, gerechte und fromme Menschen zu werden.

Eine Beschreibung dieser Höllenfahrt liefert das apokryphe Nikodemusevangelium in der Bildersprache der Spätantike, das aus der Zeit zwischen dem 2. und 4. Jh. n. Chr. stammt. Der Höllenfahrt ist die „Pilatusakte“ vorgesetzt, in der die Leiden und die Auferstehung Christi im Rat der Juden, dem höchsten geistlichen und weltlichen Gericht, behandelt wer-

Die Höllenfahrt Christi: Christus in der Vorhölle. 15. Jh.

den, dem auch Josephus von Arimathia und Nikodemus angehören. Da sie beide Jesu sehr gewogen waren, setzten sie sich bei den Beratungen im Rat für ihn ein. Obwohl wichtige Beweise für die Göttlichkeit Christi vorlagen, war der Rat der Juden nicht bereit, die Auferstehung Jesu zu akzeptieren. In dieser Situation ergreift Josephus von Arimathia das Wort und nennt als Beweis die Namen der beiden Söhne des Symeon, die zusammen mit Jesus auferstanden sind. Als Beleg für seine Behauptung führt er an, dass man diese Männer in Jerusalem gesehen habe und sich in ihren Gräbern keine Leichname mehr befänden. Er schlägt vor, dass die Hohepriester Annas und Kaiphas zusammen mit ihm und Nikodemus nach Arimathia gehen, um dies an Ort und Stelle zu überprüfen. Dort finden sie tatsächlich die auferstandenen Männer, führen sie nach Jerusalem und lassen sie, nachdem sie auf die Bibel geschworen haben, ihre Erlebnisse im Jenseits aufschreiben. Zunächst berichten diese, wie sie in der Unterwelt ein Gespräch zwischen Adam, Abraham, Jesaja und Johannes gehört haben. Es war nämlich in die Finsternis plötzlich ein helles Licht eingefallen und hatte alles erhellt. Die Erzväter führten dies auf die bevorstehende Ankunft Christi zurück. Ihre Freude wird aber getrübt, als Satan erscheint und darüber seine Besorgnis äußert, dass Christus ihm auf der Erde viel Böses angetan habe. Er soll nämlich durch bloße Worte viele Wunder begangen haben. Hades, der vermutlich ein Wächter in dieser Region ist, hält Satan vor, dass sie gegenüber Christus keine Macht hätten. Vermutlich beabsichtige dieser sogar, alle Toten in der Unterwelt zu befreien, was auf alle Fälle verhindert werden müsste. Dieses Gespräch zwischen Hades und Satan wurde plötzlich unterbrochen, als eine donnernde Stimme verkündete: „Öffnet, ihr Herrscher, die Tore, und geht auf, ewige

Pforten! Es wird der König der Herrlichkeit einziehen!" Hades gibt seinen Dienern sofort den Befehl, mit eisernen Querbalken die Tore der Hölle zu verbarrikadieren. Als die Erzväter dies hören, verspotten sie Hades. Der Prophet David sagt zu ihm: „Weißt du Blinder nicht, dass ich zu Lebzeiten die Worte vorausgesagt habe: ‚Öffnet eure Tore, ihr Herrscher!'" Kaum hatte er dies gesagt, da waren schon die Tore der Hölle zerbrochen. Hades sagt zu Christus: „Wer bist du, der ohne Sünde in diese Welt kommt? Bist du Jesus, von dem Satan sagte, er würde durch seinen Kreuzestod die ganze Welt erobern?" Sofort gibt Jesus den Befehl, Satan zu packen und in Fesseln zu legen. Da spricht Hades zu Satan: „Warum hast du den König der Herrlichkeit durch den Kreuzestod getötet, so dass er hierher kam, um dich zu entmachten? Kein Toter wird hier zurückbleiben. Du bist jetzt in meiner Obhut und wirst am eigenen Leib erfahren, welche Marter ich hier praktiziere." Inzwischen wendet sich Christus an die in der Unterwelt versammelten Erzväter, Propheten und Märtyrer, um sie zu erwecken, von der Hölle zu befreien und sie in den Himmel zu führen. Am Schluss des Nikodemusevangeliums wird erzählt, dass nach Abfassung dieses Berichtes die beiden Söhne des Symeon verschwanden.

Das Fegefeuer

Mit dem Wort Fegefeuer bezeichnen die christlichen Kirchen einen Zwischenzustand, in dem sich Menschen befinden, die nach dem Tod weder in die Hölle noch in den Himmel kommen. Am Tag des Jüngsten Gerichtes haben sie die Möglichkeit, in das himmlische Paradies einzutreten. Eine moderne Bezeichnung für diesen Zwischenzustand wäre „Reinigungsfeuer", was aber wiederum schon eine Deutung der ursprünglichen lateinischen Bezeichnung „purgatorium" wäre. Dieses lateinische Wort enthält weder einen Hinweis auf ein Feuer noch auf einen Ort, sondern bezeichnet schlichtweg eine „Reinigung".

Die Vorstellung, dass es zwischen der Hölle und dem Paradies einen Zwischenzustand gibt, findet sich in zahlreichen Weltreligionen sowie in der Vorstellungswelt der Naturvölker. So glauben die Irokesen, ein nordamerikanischer Indianerstamm, dass schlechte Menschen durch einen unterschiedlich langen Aufenthalt im „Land der Verzweiflung", wie bei ihnen das Fegefeuer heißt, büßen müssen, bevor sie in das Reich der Seligkeit eintreten. Bei den alten Indern scheint ein solcher Glaube auch vorhanden gewesen zu sein. Den Verstorbenen nämlich wurde erst ein Jahr nach ihrem Tod ein Totenopfer dargebracht, woraus man schließen kann, dass erst zu diesem Zeitpunkt die Toten ins Jenseits eingetreten sind. Bevor die Seele des Verstorbenen ins Totenreich eingeht, erhält sie noch ein letztes Mal einen Körper, um für ihre Sünden auf Erden zu büßen. Bei den Griechen spricht der Philosoph Platon (4. Jh. v. Chr.) davon, dass die Seelen dieser Menschen, die ein mittelmäßiges Leben geführt haben, sich zu dem See Acherusia in der Unterwelt begeben, wo sie sich durch Buße reinigen. Wenn eine Seele schwere Verbrechen begangen hat, die an sich mit einer ewigen Strafe am Höllenort Tartarus abgebüßt werden müsste, so besteht dennoch eine Erlösung, wenn sie als heilbar gilt. Sie wird dann zwar in den Höllenort Tartarus hinabgestürzt, aber nach einem Jahr wird sie von einer Welle in den See Acherusia geworfen. Wenn sie dort von denjenigen, gegen die sie gesündigt hat, wieder aufgenommen wird, dann ist sie erlöst. Der römische Dichter Vergil berichtet, dass die Buße solcher Seelen über 1000 Jahre dauert, bis sie in das Land der Seligen aufgenommen werden.

Eine Art Fegefeuer scheinen auch die alten Iraner gekannt zu haben. Sie bezeichnen diesen Reinigungsort als Hamestagin, der sich zwischen der Erde und den Sternenbahnen befindet. Dort müssen die Seelen, deren gute und schlechte Taten sich im Gleichgewicht halten, bis zur Auferstehung bleiben. Außer Hitze und Kälte müssen sie keine weiteren Qualen erleiden. In der iranischen Religion gibt es aber auch die Vorstellungen, dass dieses Hamestagin aus zwei Bereichen besteht. Einer dieser Bereiche ist für die weniger guten Seelen bestimmt.

Und schließlich kennt auch der Islam einen Reinigungsort, den Araf, der als ein Zwischenraum zwischen Hölle und Paradies angesiedelt wird.

Die Wurzel der christlichen Vorstellung vom Fegefeuer reicht bis in den jüdischen Glauben zurück. Im zweiten Makkabäerbuch (12,32–46), das aus dem 1. Jh. v. Chr. stammt, findet sich eine Stelle, die als Beweis für die Fegefeuerlehre herangezogen wird: In der Schlacht gegen Gorgias, den Statthalter von Idumäa, waren auch zahlreiche jüdische Soldaten gefallen. In den Kleidern dieser Gefallenen fand man Amulette von heidnischen Gottheiten. Unsicher ist, ob sie diese heidnischen Amulette als wertvolle Beutestücke bei sich trugen oder an die magische Kraft dieser Amulette glaubten. Jedenfalls war es nach jüdischem Glauben nicht erlaubt, solche Gegenstände bei sich zu führen. Man sah deshalb ihren Tod als Strafe für dieses Fehlverhalten an. Die Überlebenden zweifelten jedoch nicht an ihrer Rettung, weil sie einen Bittgottesdienst abhielten und dabei baten, Gott möge ihre Sünden auslöschen. Man glaubte, sie hätten diese Sünde aus Unkenntnis begangen oder sie im Augenblick des Todes wieder bereut. Man sammelte über 1200 Drachmen, die man nach Jerusalem in den Tempel brachte, damit für die Sünden der Gefallenen Opfer dargebracht werden können.

Im Neuen Testament gibt es einige Hinweise auf die Vorstellung von einem solchen Zwischenzustand nach dem Tod. Eine oft zitierte Stelle findet sich im ersten Brief des Apostels Paulus an die Korinther:

„Einen anderen Grund kann niemand legen als den, der gelegt ist, welcher ist Jesus Christus. Wenn aber jemand auf den Grund baut Gold, Silber, Edelsteine, Holz, Heu, Stroh, so wird das Werk eines jeden offenbar werden. Der Tag des Gerichtes wird es klar machen. Denn mit Feuer wird er sich offenbaren. Und von welcher Art eines jeden Werk ist, wird das Feuer erweisen. Wird jemandes Werk bleiben, das er darauf gebaut hat, so wird er Lohn empfangen. Wird aber jemandes Werk verbrennen, so wird er Schaden leiden. Er selbst aber wird gerettet werden, so wie durch das Feuer." (1,3 und 10–15)

An dieser Stelle ist von einem Gerichtsfeuer die Rede, das erst am „Tag", nämlich zur Zeit des Endgerichtes wirksam wird. Alle Menschen müssen hindurch. Diejenigen, die auf das Fundament Christi Gold etc. gebaut haben, gehen ohne jeden Schaden hindurch, aber die anderen, die Holz etc. darauf gebaut haben, erleben die Zerstörung ihrer Werke, obwohl sie selbst durch das Feuer gerettet werden. Seit Origines wurde diese Stelle von den Theologen mit dem Fegefeuer in Verbindung gebracht.

Auch in den frühchristlichen Schriften wie „Der Hirt des Hermas" (3. Jh.) finden sich Hinweise auf die Vorstellung eines Fegefeuers. So erwähnt der unbekannte Autor in einer seiner Visionen einen Ort, an dem Sünder gepeinigt werden, bis sie ihre Sünden bereut und abgebüßt haben.

Zahlreiche Beweise für den Glauben an die Existenz eines Fegefeuers finden sich auch bei den Kirchenvätern. Besonders wurde diese Vorstellung vom lateinischen Kirchenschriftsteller Tertullian (gest. nach 220) weiterentwickelt. Für ihn steht fest, dass der volle Lohn und die volle Strafe eines Sünders erst nach der Auferstehung und dem Jüngsten Tag eintreten. Aus dem „Kerker der Unterwelt" wird die Seele nicht eher befreit, bis sie den letzten „Heller" bezahlt hat, wie der Apostel Matthäus im Neuen Testament (5,25) sagt. Diesen armen Seelen könne man aber helfen, indem man für sie betet und am Jahrestag ihres Todes Opfer darbringt. Diese Auffassungen vertreten auch mehrheitlich die griechischen Kirchenväter wie zum Beispiel Clemens von Alexandrien (3. Jh.). Außer der Hölle, in der die Verdammten, in Ewigkeit gemartert würden, gäbe es einen Ort im Jenseits, an dem Seelen gleichsam für eine gewisse Zeit gereinigt würden, damit sie ins Paradies eingehen könnten. Dieser Ort ist für diejenigen Christen bestimmt, die noch mit kleinen Sünden behaftet sind.

Ein großes Problem bereitete es den mittelalterlichen Theologen zu erklären, was geringfügige oder lässliche Sünden seien. Man verstand darunter kleine und kleinste Sünden, die auch bei denen vorkommen, die Gott innig lieben, und selbst bei den Heiligen. Es sind oft Sünden, an die sich ein Gläubiger wegen ihrer Geringfügigkeit nicht mehr erinnert und deshalb vergisst, für diese Vergehen gegen die Gebote Gottes um Vergebung zu bitten.

Schon der Kirchenlehrer Augustinus (4. Jh.) hielt es für unmöglich herauszufinden, was lässliche Sünden sind. So sagt er in seinem Hauptwerk „Über den Gottesstaat" (22,27):

„Welches jene Sünden sind, die den Zugang zum Himmelreich versperren und dennoch durch die Verdienste heiliger Freunde Verzeihung erlangen, das ausfindig zu machen, ist schwerer, es genau zu bestimmen, ist sehr bedenklich. Jedenfalls ist es mir bisher nicht gelungen, es herauszubringen, so sehr ich mich auch darum bemüht habe. Vielleicht bleibt es überhaupt verborgen, damit der Eifer nicht erlahme, zur Vermeidung aller Sünden fortzuschreiten."

Die Möglichkeit, lässlicher Sünden zu leugnen, wie dies einige Theologen lehrten, würde alle Sünder ohne Ausnahme in die Hölle bringen. Dies würde auch bedeuten, dass die Strafen für nachgelassene Sünden in der Hölle abgebüßt werden müssten. Nach der christlichen Lehre kann durch die Beichte für eine Todsünde die ewige Strafe in der Hölle erlassen werden, aber es bleibt trotz dieser Verzeihung noch eine zeitliche Strafe übrig, weil der betreffende Sünder vor dem Rückfall geschützt werden und Gott für das ihm zugefügte Unrecht eine Sühne erhalten soll.

Auf dem Konzil zu Trient (1545–1563), das sich gegen die Lehren der Reformatoren wandte, wird dies so formuliert:

„Es entspricht der göttlichen Milde, nicht ohne eine Genugtuung, d. h. durch Auferlegung einer zeitlichen Strafe, uns unsere Sünden zu erlassen, damit wir nicht aus Missachtung der Sünde in noch schwerere Sünden verfallen, indem wir den Heiligen Geist beschimpfen und verhöhnen und uns dadurch Zorn aufhäufen für den Tag des Zornes, d. h. des Jüngsten Gerichtes. Ohne Zweifel halten solche Strafen uns sehr nachhaltig von der Sünde ab, legen uns gleichsam Zügel an und machen uns vorsichtiger und wachsamer für die Zukunft. Außerdem heilen sie die Überbleibsel der Sünde, indem sie nach und nach die bösen Gewohnheiten ausrotten, die wir durch frühere Sünden angenommen haben."

Folglich kommen in das Fegefeuer alle Sünder, die bei ihrem Tod mit lässlichen Sünden befleckt sind und die noch zeitliche Strafen abbüßen müssen, weil ihnen Todsünden und lässliche Sünden vergeben worden sind. Todsünder ohne Vergebung, die zusätzlich auch noch Strafen für nicht vergebene lässliche Sünden oder aus der Vergebung von früheren Sünden zeitliche Strafen abbüßen müssen, werden in die Hölle verdammt.

Eine Minderheit unter den Theologen des Mittelalters vertrat die Meinung, durch den Tod würden die lässlichen Sünden vergeben. Diese Auffassung wurde später von den Reformatoren übernommen, um die Fegefeuerlehre der Katholiken zu widerlegen. Da aber durch den Tod nur der Körper des Menschen getroffen wird, so ist es nicht einsichtig, wie die Seele von den lässlichen Sünden durch dieses Ereignis befreit werden soll. Weil diese lässlichen Sünden ein Vergehen der Seele eines Menschen sind, muss die Seele bei der Sühnung auch mitwirken, was aber nach dem Tod ausgeschlossen ist. Um ihre Lehrmeinung zu rechtfertigen, wird von den Protestanten die Zweiteilung des Menschen in Leib und Seele bestritten. Der Tod trifft den Menschen als eine untrennbare Einheit von Leib und Seele. Auch bei einer Vergebung bleiben zeitliche Strafen, von denen der Mensch nach Ansicht der Protestanten durch den Todesschmerz sich befreit. Der Todeskampf ist gleichsam das Fegefeuer, dem sich jeder Mensch unterziehen muss. Aber selbst für Protestanten enthält die Fegefeuerlehre Vorstellungen, die erwägenswert sind. Mit dem Wegfall dieses Glaubenssatzes ist in der protestantischen Jenseitslehre eine Lücke entstanden. Denn ein Großteil der überzeugten Christen stirbt zwar im vollen Glauben und in Hingebung an Gott, aber in Randbereichen sind sie noch unfertig und läuterungsbedürftig. Die katholische Lehre vom Fegefeuer wird aber abgelehnt, weil nach diesem Glaubensverständnis die noch lebenden Menschen nicht die Möglichkeit haben, durch Messen, Gebete und gute Werke auf die zeitlichen Strafen der Sünder im Fegefeuer Einfluss zu nehmen.

Dagegen stellt das Konzil von Trient die katholische Lehrmeinung folgendermaßen dar:

„Da die katholische Kirche, erleuchtet vom Heiligen Geist, nach den Lehren der Heiligen Schrift und der Kirchenväter das Dasein eines Reinigungsortes als auch die Wirksamkeit der Hilfen (Suffragien), d. h. Gebete, Almosen und andere Werke der Frömmigkeit, besonders die hl. Messe, gelehrt hat und noch lehrt, so befiehlt sie, dass jene Lehre vom Fegefeuer überall gelehrt wird. Bei den Predigten vor dem ungebildeten Volk sollen alle schwierigen und spitzfindigen Fragen ausgeschlossen werden, die zur Erbauung nicht beitragen und für die Förderung der Frömmigkeit ungeeignet sind. Ebenso wenig darf zugelassen werden, dass Dinge ungewisser und verdächtiger Art behandelt und verbreitet werden. Besonders dasjenige, was der bloßen Neugierde dient oder dem Gebiet des Aberglaubens angehört oder sogar auf niedrige Gewinnsucht schließen lässt, soll gänzlich ausgeschlossen werden. Weiterhin sollen die Bischöfe Sorge tragen, dass die hl. Messen, Gebete, Almosen und andere Werke der Frömmigkeit, die von den Gläubigen für verstorbene gläubige Seele verrichtet zu werden pflegen, entsprechend in frommer Andacht geschehen."

Es gehört folglich zum Glaubenssatz der katholischen Kirche, dass die Seelen im Fegefeuer nur leiden und büßen, aber sich selbst aus eigenem Antrieb keine Hilfe beschaffen kön-

Das Konzil von Trient (1545-1563)

nen. Deshalb müssen die Lebenden für sie eintreten, damit ihre Strafen gelindert und verkürzt werden. Aber strikt abgelehnt wird alles, was die Fegefeuerlehre in fantastischer Weise ausschmückt wie zum Beispiel magische Gebetspraktiken und überhaupt das Geschäft mit der Angst, was sich besonders auf den Missbrauch des Ablasses bezieht.

Zu den fantastischen Ausschmückungen gehören auch die überlieferten Berichte über die Lage, die Beschaffenheit, die einzelnen Strafe und die Dauer des Aufenthaltes im Fegefeuer. Welche fantastischen Vorstellungen man in der Volksfrömmigkeit vom Fegefeuer hatte, darüber geben vor allem die zahlreichen Heiligenberichte Aufschluss. Eine Ortsbeschreibung findet sich in den Visionsberichten der hl. Franzisca Romana (15. Jh.). Das Fegefeuer ist nach ihren Berichten in drei große Räume oder Regionen unterteilt. In der oberen Region befinden sich die Seelen, die wegen geringer Vergehen oder Unvollkommenheiten bloß die „Strafe des Verlustes" erleiden, weil ihnen der Anblick und die Gegenwart Gottes entzogen ist. In der mittleren Region sind die Seelen eingeschlossen, die schon größere Vergehen abgebüßt haben, indem sie die „Strafen des Gefühls" erdulden mussten. Die mittlere Abteilung zerfällt in drei Zonen: Die erste besteht aus einem großen mit Eiswasser angefüllten Teich, die zweite ist ein Teich, der statt Wasser flüssiges und siedendes Öl enthält, und die dritte ist ein großer Teich mit einer brodelnden Flüssigkeit, die aussieht wie eine Mischung aus geschmolzenem Gold und Silber. Von Gott wurden 36 Engel ausgesucht, damit sie abwechselnd die Seelen in diese drei fürchterlichen Teiche stoßen. Diesen göttlichen Auftrag erfüllen sie mit größter Sorgfalt, aber sie haben auch Mitleid mit den armen Seelen. Die untere Abteilung, die sich ganz nahe der Hölle befindet, ist angefüllt mit einem gewaltigen Feuer, das sich vom Höllenfeuer durch seine Helligkeit unterscheidet. Auch in dieser letzten Region gibt es wieder drei Abteilungen. In der ersten, in der man weniger leidet, befinden sich die Seelen der christlichen Laien, die eine schwere Schuld abtragen müssen, in der zweiten ist die Strafe schon schwerer, weil hier die kirchlichen Personen ohne Priesterweihe gepeinigt werden, und in der letzten, dem schlimmsten Kerker des Fegefeuers, befinden sich die Priester, die sich versündigt haben.

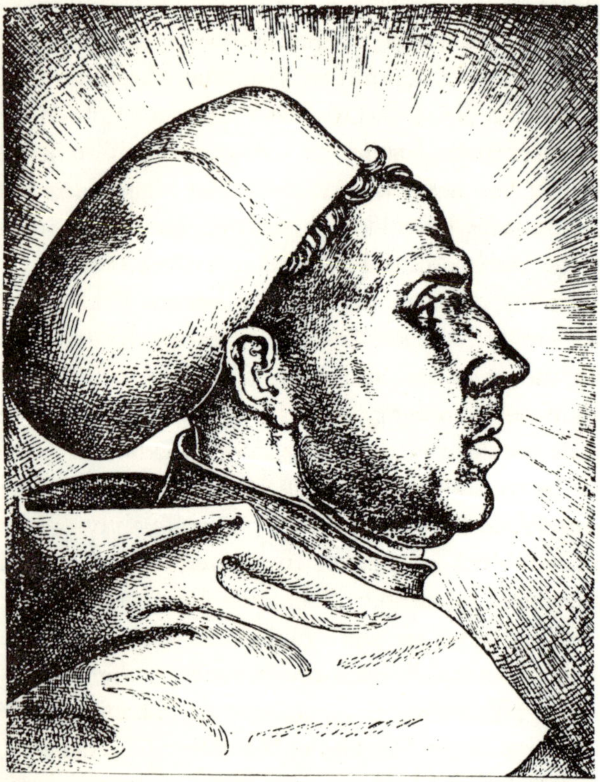

Martin Luther.

Über die Dauer der Strafen im Fegefeuer stellt der italienische Priester Abbé Loubet in seiner 1887 auf Deutsch erschienenen Schrift mit dem Titel „Das Fegefeuer" folgende Vermutung an:

„Wenn man annimmt, ein Christ würde am Tag zehn lässliche Sünden begehen und seine Lebensdauer 50 Jahre betragen, so hätte er an seinem Lebensende eine Schuld von über 182.500 Sünden zu begleichen. Da es sich aber um einen wirklichen Christen handelt, kann man vermuten, er hat drei Viertel seiner lässlichen Sünden gebeichtet und die zeitlichen Strafen abgebüßt. So bleiben aber immer noch 45.625 lässliche Sünden übrig, die ungebüßt sind und deren zeitliche Strafen im Fegefeuer abgebüßt werden müssen. Wie lange nun die Strafe im Fegefeuer dauert, darüber können nur Vermutungen angestellt werden. So berichtet die hl. Maria Magdalena von Pazzis, dass ihre Schwester für drei kleine Vergehen über 16 Tage im Fegefeuer büßen musste. Aber ich will nur einen Tag Bußzeit für eine lässliche Sünde ansetzen, was immerhin schon die Zahl von 45.625 Tagen oder 125 Jahren ergibt. So lange müsste eine Seele im Fegefeuer bleiben, obwohl sie nur lässliche Sünden begangen hat."

Als Beispiel für den Aberglauben, der im volkstümlichen Fegefeuerglauben wahre Blüten trieb, dient das folgende Beispiel. Die Messen für die Verstorbenen sollen am dritten, neunten und vierzigsten Tag stattfinden. Besonders beliebt war der dritte Tag, weil die Dreizahl eine magische Bedeutung hat. Dreifach nämlich hatte der Verstorbene durch Gedanken, Worte und Werke gegen Gott, gegen den Nächsten und gegen sich selbst gesündigt. Durch das Messopfer soll in der Seele des Verstorbenen das Bild des dreieinigen Gottes aufleuchten. Am dritten Tag endlich stand Christus von den Toten auf.

Der Missbrauch der Fegefeuerlehre zu geschäftlichen Zwecken bezieht sich auf den Ablass. Darunter verstand die Kirche seit dem 6. Jh. die Lossprechung von den zeitlichen Strafen durch eine Bußleistung. Die ersten Ablässe für Verstorbene gab es seit dem 15. Jh., wobei es zu Missbräuchen und Übertreibungen kam. Das Wirken des Ablasspredigers Tezel rief die heftige Kritik der Reformatoren hervor. Er verfiel nämlich dem Irrtum, dass mit dem Ablass für Verstorbene tatsächlich deren zeitliche Strafe im Fegefeuer verkürzt werden könnte. Da aber die Kirche keine Macht mehr über die toten Seelen hat, die sich im Jenseits befinden, können Ablässe nur Fürbitten sein. Voraussetzung dafür, dass überhaupt

Der Ablasshandel. 16. Jh.

eine Wirkung für den Verstorbenen eintreten kann, ist die Genehmigung durch die Kirche. Weiterhin muss derjenige, der einen Ablass für sich selbst oder für Verstorbene erreichen will, bestimmte Bedingungen erfüllen wie die Ablegung der Beichte, den Besuch der hl. Messe und die Verrichtung guter Werke. Als Beispiel für Ablässe aus dem 19. Jh. ist der „Dreihundert Tage Ablass" bekannt, bei dem folgende Stoßgebete am Tag ausgesprochen werden müssen:

1. Süßes Herz Jesu, sei meine Liebe!

2. Süßes Herz Maria, sei meine Rettung!

3. Süßes Herz Maria, mach, dass ich dich immer mehr liebe!

Hierbei muss aber beachtet werden, dass man nicht die zeitlichen Strafen um 300 Tage verkürzt, sondern nur einen Nachlass an zeitlichen Strafen erhält, den eine Kirchenbuße von 300 Tagen in der Frühzeit der Kirche bewirkte.

Zwischen der griechischen und römischen Kirche bestand zwar grundsätzlich eine Einigung über die Existenz eines Fegefeuers. Streitpunkt war nur, ob die Sünder im Fegefeuer durch ein materielles Feuer gepeinigt würden. Diese Vorstellung wurde von der griechischen Kirche abgelehnt. Auf dem Wiedervereinigungskonzil der beiden Kirchen in Florenz (1431–45) einigte man sich darauf, dass sich die Seelen im Fegefeuer an einem Prüfungs- oder Plageort befinden. Offen gelassen wurde, ob sie dort durch Feuer, Finsternis oder Sturm gepeinigt würden.

Höllenbeschreibungen in der Literatur

Caesarius von Heisterbach: Höllenvisionen

Der Teufelsglaube des Mittelalters erreichte innerhalb des 13. Jhs. seinen Gipfelpunkt. Alle Übel wie der Tod von Vieh, Beschädigung des Besitzes, Unwetter oder Liebesprobleme wurden auf den Schadenszauber des Teufels zurückgeführt. Einen wichtigen Beitrag zur Verbreitung dieses Teufelsglaubens leisteten die in lateinischer Sprache abgefassten Erzählungen des Caesarius von Heisterbach (1180–1240), der zunächst als Mönch, dann als Novizenmeister, d. h. Lehrer von jungen Mönchen, und später als Abt im Kloster Heisterbach bei Bonn im Siebengebirge tätig war. Während dieser Zeit entfaltete er eine so fruchtbare schriftstellerische Tätigkeit, dass sein Werkverzeichnis über 36 Titel aufweist. Abgesehen von den theologischen Werken hinterließ er auch zwei Sammlungen von Erzählungen, die in den nachfolgenden Jahrhunderten auch außerhalb der Kirche Verbreitung fanden, weil der Münchner Arzt Hartlieb eine deutsche Teilübersetzung herausgab. In Kirchenkreisen waren diese Erzählungen beliebt, weil sie gute Materialsammlungen für die Predigten abgaben. „Das Gespräch über die Wunder"

(Dialogus miraculorum), eine Sammlung von 750 Erzählungen, die zwischen 1219 und 1223 entstanden ist, behandelt in Dialogform zwölf Themen. Wie es bei den mittelalterlichen Lehrbüchern sehr beliebt war, bestanden die Erzählungen aus einer Frage des Schülers, die der Lehrer beantwortete. Die zweite Sammlung, „Die acht Bücher über die Wunder" (libri miraculorum), ist im Gegensatz zur ersten Sammlung nicht in Dialogform abgefasst. Das Bild, das Caesarius von Heisterbach von der Hölle zeichnet, sucht beim Leser Schaudern und Abscheu vor diesem Strafort zu wecken. Wenn ein Mensch stirbt, so streitet der Teufel mit dem Engel um die Seele des Toten. Wenn es dem Teufel gelingt, eine Seele für sich zu gewinnen, dann führt er sie ein in tiefes, schreckliches und nach Schwefel stinkendes Tal, dessen Eingang man sich als einen Brunnen vorstellte. Verschlossen ist dieser Eingang durch ein gewaltiges Tor. Die Qualen der Sünder in der Hölle werden laut Caesarius von Heisterbach hervorgerufen durch Pech, Schnee, Nacht, Würmer, Feuer, Fesseln, Eiter, Scham und Schrecken.

Eine dieser zahlreichen Höllenbeschreibungen enthält die Erzählung vom „Landgraf Ludwig in der Hölle": Diese Geschichte hat ihm, wie Caesarius von Heisterbach erwähnt, ein alter Mönch namens Konrad erzählt, der vor seinem Eintritt ins Kloster das Kriegshandwerk betrieb und viele Geschichten über den Landgraf Ludwig zu berichten wusste. Einer der Söhne des verstorbenen Landgrafen setzte einen Preis aus, wenn ihm jemand etwas über die Seele seines verstorbenen Vaters erzählen könnte. Dies hörte ein Ritter, dessen Bruder, ein ehemaliger Priester, in der Magie sehr erfahren war. Obwohl dieser Mann schon lange der schwarzen Magie abgeschworen hatte, konnte ihn sein Bruder dennoch wegen der hohen Belohnung überzeugen, einen Dämon herbeizuzitieren. Auf dessen Frage, welche Wünsche der ehemalige Priester habe, nachdem er schon lange jeglichen Kontakt mit ihm abgebrochen habe, verlangte der Magier zu wissen, wo sich die Seele des Landgrafen befinde. Der Dämon forderte ihn auf, mit ihm zu gehen, und versicherte, dass er keine Gefahren zu befürchten habe. Der Magier vertraute dem Dämon und setzte sich auf dessen Hals. Schon nach kurzer Zeit wurde er vor den Toren der Hölle abgesetzt. Dort sah er einen zugedeckten Brunnen, auf dem ein Dämon mit einer schrecklichen Gestalt saß. Zwischen den beiden Dämonen kam es zu folgendem Gespräch: „Bring den her, den du um deinen Hals trägst!“ Doch dieser antwortete: „Das kann ich nicht! Ich habe ihm geschworen, ihm die Seele des Landgrafen zu zeigen, und ihn danach wieder gesund zurückzubringen!“ Sogleich schob der Wächter der Hölle den Deckel beiseite, schob eine Trompete in die Öffnung des Brunnens und blies so gewaltig in die Trompete hinein, dass die ganze Welt erschüttert wurde. Nach etwa einer Stunde spie der Brunnen Schwefelflammen aus, und herauf stieg der Landgraf mitten zwischen emporsteigenden Funken und zeigte sich dem Magier bis zum Hals. Als der Landgraf erfuhr, dass der Magier seinen Söhnen über sein Schicksal berichten wollte, sagte er: „Ich werde hier große Erleichterungen haben, wenn meine Söhne wieder das Kirchengut zurückgeben, das ich mir angeeignet habe.“ Als Beweis sollte der Magier den Söhnen ein Zeichen des Landgrafen überbringen, damit diese ihm glaubten, dass er mit dem Vater in der Hölle gesprochen habe. Doch der Magier konnte nach seiner Rückkehr nichts erreichen, obwohl der Nachfolger des Landgrafen ihm die versprochene Belohnung gab.

In einer anderen Erzählung berichtet Caesarius von Heisterbach, wie der Landgraf in die Hölle kam: Als seine Seele dem Leib entführt war, wurde sie dem Oberhaupt der Dämonen vorgeführt, weil der Landgraf zu Lebzeiten ein schlimmer Tyrann gewesen war. Er wurde vom Höllenfürsten mit einem Becher in der Hand mit den Worten begrüßt: „Willkommen, geliebter Freund! Zeigt ihm unser Gastgelage, unsere Vorratshäuser, unsere Keller, dann bringt ihn wieder her!" Als sie den Elenden zu den Orten der Qual geführt hatten, wo nichts war außer Jammern, Heulen und Zähneklappern, und ihn dann wieder zurückbrachten, redete der Unterweltfürst den Landgrafen an: „Trink, Freund, aus meinem Becher!" Der Landgraf sträubte sich zwar heftig, aber es half ihm nichts. Als er schließlich trank, brachen Schwefelflammen aus Augen, Ohren und Nase heraus. Dann sprach der Teufel: „Jetzt sollst du meinen Brunnen sehen, dessen Grund unendlich tief in der Erde ist." Er hob den Deckel auf, warf den Landgrafen hinein und deckte ihn wieder zu.

Über das Fegefeuer erzählt Caesarius von Heisterbach diese Geschichte: In einem Zisterzienserkloster lebten zwei Nonnen mit den Namen Gertrudis und Margaretha. Die Nonne Gertrudis hatte die Angewohnheit, obwohl sie sonst sehr fromm und tugendhaft war, dass sie das Sprechen liebte und somit öfters gegen das Schweigegebot bei der Messe verstieß. Doch dieser Schwester war nur eine kurze Lebenszeit vergönnt, und sie verstarb in der Blüte ihrer Jahre. Einige Zeit nach ihrem Tod hatte die Schwester Margaretha eine merkwürdige Vision. Sie sah nämlich, wie die verstorbene Gertrudis wieder ihren früheren Platz im Chor einnahm. Sie war von dieser Vision so überwältigt, dass sie in eine tiefe Ohnmacht fiel. Als sie wieder erwachte, erzählte sie den herbeigeeilten Nonnen, was sie gesehen hatte. Die Äbtissin befahl ihr, dass sie die Verstorbene, wenn sie wiedererscheinen würde, fragen sollte, woher sie komme und was sie wolle. Dieser Fall trat recht bald ein. Gertrudis erzählte: „Ich komme hierher, um der göttlichen Gerechtigkeit an diesem Ort Genugtuung zu leisten, wo ich sooft durch unnötiges und leichtfertiges Sprechen gesündigt und auch dich dazu verleitet habe. Gott hat mich in seinem Gericht dazu verurteilt, dass ich an dem Ort unter denselben Umständen büße, wo ich gesündigt habe. Oh, meine Schwester, wenn du wüsstest, wie sehr ich leide. Ich befinde mich ringsum von Flammen umgeben, von denen besonders meine Zunge entsetzlich gequält wird. Lass dir mein Schicksal zur Warnung dienen! Wache über deine Zunge und zügele sie, damit dir nicht dasselbe widerfährt!" Nachdem sie dies gesagt hatte, verschwand sie.

Die Hölle auf der Bühne

Eine besondere Form des geistlichen Schauspiels, dessen Anfänge bis in das 11. Jh. zurückreichen, ist das Teufelsdrama. In spielerischer Form, indem der Teufel als Narr und Hanswurst dargestellt wird, verbreiteten diese Dramen die kirchliche Lehre von den letzten Dingen. Ein wichtiger Teil der Szenerie des Teufelsdramas war die Hölle, die den untersten Teil der dreiteiligen Bühneneinrichtung einnahm. Darüber befand sich die menschliche Region, über welche sich der Himmel erhob. Die Vorderbühne war ein neutraler Raum, in dem sich die Teufel frei bewegen konnten. Die Hölle war oft durch einen künstlichen Rachen verschlossen, der sich öffnete, um die Teufel aus- und einzulassen. Es gab eine riesige Schar von Teufel, die auf alle Arten von Lastern und Sünden spezialisiert waren. Über alle Unterteufel herrschte Luzifer, dessen Diener Satan war. Die Unterteufel mussten einen Soll an Verführungen bei den Menschen vorweisen, andernfalls wurden sie von Luzifer vorgeladen und bestraft. Höhepunkt des Dramas war das Jüngste Gericht, bei dem über die menschlichen Seelen, die in weißen Gewändern auftraten, entschieden wurde. Nach diesem Bühnenstrafgericht, bei dem die wichtigsten menschlichen Laster angeprangert wurden, schleppten die Teufel die Sünder in den Höllenrachen.

Einen guten Einblick in die Handlung und das Bild von der Hölle gibt ein Teufelsdrama aus dem Jahr 1480, das den Titel trägt: „Ein schönes Spiel von Frau Jutta, welche Päpstin in Rom gewesen ist". Hauptakteurin ist die angebliche Päpstin Johanna. Die Handlung beginnt in der Hölle, in der Luzifer seine Unterteufel zusammenruft. Gemeinsam mit Lillis, der Großmutter des Teufels, beginnen sie vor der Hölle einen Reigentanz. Über dieser Teufelsschar thront Christus zusammen mit den Engeln und Heiligen. Luzifer sendet zwei Teufel auf die Erde, damit sie die schöne Frau Jutta in ihrem Plan bestärken, das höchste Kirchenamt anzustreben. Die Unterhaltung mit Frau Jutta findet auf der mittleren Bühne statt. Jutta erreicht ihr Ziel und wird Päpstin in Rom. Als sie aus einem Besessenen den Teufel austreiben soll, gerät sie in Angst, weil sie fürchtet, man könnte erfahren, dass sie durch die Hilfe des Teufels das höchste Kirchenamt erhalten hatte. Sie fordert ihre Kardinäle auf, an ihrer Stelle die Teufelsaustreibung vorzunehmen. Anfangs widersteht der Teufel, aber schließlich muss er aus dem Körper des Besessenen herausfahren. Aber er rächt sich, indem er dem Volk die betrügerischen Machen-

Der Eingang zur Hölle:
Ein beliebtes Bühnenbild in den Teufelsdramen. 15. Jh.

schaften und sein Mitwirken bei der Ernennung der Päpstin verrät. Die Päpstin, die schwanger ist, stirbt bei der Geburt ihres Kindes. Triumphierend führt der Teufel die Seele der Päpstin in die Hölle herab. In der Zwischenzeit veranstalten der Klerus und das Volk auf der Mittelbühne einen Umzug, um Gottes Zorn zu beschwichtigen, der sich durch Blutregen und Erdbeben zu erkennen gab. In der Hölle wird die Seele der Päpstin von den Teufeln verhöhnt, welche die Verstorbene als einen gelehrten Mann zur Singmeister in der Hölle machen wollen. Obwohl sie aufgefordert wird, Gott zu verhöhnen, ruft sie zum Ärger der Teufel Maria und den hl. Nikolaus an. Mit Unterstützung des hl. Nikolaus bittet Maria Christus, dass er sich für die Päpstin einsetze. Nach einigem Zögern sendet Christus den Erzengel Michael in die Hölle, um die Päpstin zu befreien. Die Teufel leisten heftigen Widerstand, aber schließlich drängt Michael sie mit Schwerthieben zurück und führt die Päpstin in den Himmel. Die Teufel müssen dies ohne Widerstand geschehen lassen.

Dante Alighieri: „Die göttliche Komödie"

Das Bild, das die christlichen Theologen des Mittelalters von den Jenseitsreichen Hölle, Fegefeuer und Himmel entworfen hatten, wurde für die folgenden Jahrhunderte von dem italienischen Dichter Dante Alighieri (1265–1321) in seinem Werk „Die göttliche Komödie" so meisterhaft in die bildhafte Sprache der Dichtkunst übertragen, dass man ihn an die Seite Homers und Vergils stellte. Aufgrund dieser Leistung erhielt er auch den Titel „Der Theologe unter den Dichtern".

Dante, der Sohn einer adligen Familie in Florenz, erwarb sich durch Selbststudium und den Aufenthalt an den Universitäten Bologna und Paris umfassende Kenntnisse in den Fächern, die in der gebildeten Welt seiner Zeit studiert wurden. Seine Vaterstadt Florenz, für die er auch politisch tätig war, musste er verlassen, weil ihn seine Gegner auf Lebenszeit verbannten. Bis zu seinem Lebensende zog er ruhelos durch Italien und war auf die Unterstützung seiner Freunde und Gönner angewiesen. Neben diesen misslichen äußeren Umständen war für seine persönliche Entwicklung ein Erlebnis von Bedeutung, das ihm 1283 widerfahren ist. Er verliebte sich nämlich in die Tochter einer benachbarten Familie, die von ihm in seinen Werken zwar mit dem erfundenen Namen Beatrice bezeichnet wird, aber an deren realer Existenz keine Zweifel bestehen. Ihr früher Tod hatte eine solche Wirkung auf ihn, dass er den Entschluss fasste, über sie etwas zu sagen, was noch von keiner Frau gesagt wurde. Dies wird als Hinweis auf sein Alterswerk „Die göttliche Komödie", das zwischen 1314–1321 entstanden ist, aufgefasst. Darin wird Beatrice nicht nur zum Symbol der Theologie und der göttlichen Gnade gemacht, sondern sie hat ihren Sitz im Himmel. Die Jenseitswelt, die Dante in 33 Gesängen beschreibt, ist streng symmetrisch nach den Gesetzen der mittelalterlichen Zahlenmystik aufgebaut. Das gesamte Jenseits nämlich wird durch die Zahl drei in Hölle, Fegefeuer und Himmel geteilt, die wiederum gemäß der Quadratzahl von drei in neun Abteilungen unterteilt sind. Über diesen Regionen des Jenseits thront Gott, so dass sich die heilige Zahl zehn ergibt. Im Einzelnen ist das Jenseits mit Paradies, Fegefeuer und Hölle folgendermaßen aufgebaut:

PARADIES

Himmelsrose (eine Art Gewölbekuppel): Sitz Gottes

1. Kristallhimmel: Stätte der Engel
2. Fixsternhimmel: triumphierende Geister
3. Saturnhimmel: beschauliche Geister
4. Jupiterhimmel: weise und gerechte Herrscher
5. Marshimmel: Märtyrer
6. Sonnenhimmel: Kirchenlehrer
7. Venushimmel: liebende Geister
8. Merkurhimmel: wohltuende Geister
9. Mondhimmel: Selige

Das Fegefeuer und die Hölle werden von Dante auf bzw. unter der Erde angesiedelt. Als Gott Satan vom Himmel auf die Erde herabstürzte, wich das Land vor ihm zurück, und es bildete sich ein Trichter, an dessen Ende im Erdinnern Satan verbannt wurde. Durch seinen Sturz spritzte Erde auf der gegenüberliegenden südlichen Erdseite empor, und es bildete sich im Meer der Berg Golgatha, in dem sich das Fegefeuer befindet. Die einzelnen Bereiche des Fegefeuers sind:

FEGEFEUER

1. Vorraum des Fegefeuers

   erster Teil: Seelen von Toten, die im Kirchenbann verstorben sind

zweiter Teil: nachlässige und saumselige Menschen
dritter Teil: Fürsten, die nach irdischem Ruhm strebten

2. erster Kreis: Reinigungsstätte der Stolzen
3. zweiter Kreis: Reinigungsstätte der Neidischen
4. dritter Kreis: Reinigungsstätte der Zornigen
5. vierter Kreis: Reinigungsstätte der Trägen
6. fünfter Kreis: Reinigungsstätte der Habgierigen und Verschwender
7. sechster Kreis: Reinigungsstätte der Fresser
8. siebter Kreis: Reinigungsstätte der Wollüstigen

9. Das irdische Paradies der Schuldlosen, das sich auf dem Gipfel des Berges Golgatha befindet.

HÖLLE

1. Vorhölle: die Feiglinge, die weder für noch gegen Gott handelten
2. erster Kreis: unschuldige Kinder, Weise und Dichter der vorchristlichen Zeit
3. zweiter Kreis: die Wollüstigen
4. dritter Kreis: die Fresser
5. vierter Kreis: die Habgierigen
6. fünfter Kreis: die Jähzornigen

(Die Kreise eins bis fünf sind die Stätten der Sünder, die durch Schwäche ihres Willens dem Laster verfallen sind.)

7. sechster Kreis: die Ketzer und Gottesleugner

8. siebter Kreis: die Gewalttätigen
   erster Streifen: gegen den Nächsten
   zweiter Streifen: gegen sich selbst (Selbstmörder)
   dritter Streifen: gegen Gott

Der vierte Höllenkreis: Die Strafe der Habgierigen.
Illustrationen von Gustave Doré (19. Jh.)
zu Dante, „Die göttliche Komödie".

9. achter Kreis: die Falschen, Treulosen, Betrüger
   erster Graben: Verführer
   zweiter Graben: Schmeichler
   dritter Graben: Simonisten (diejenigen, die sich mit Geld ein Kirchenamt erschlichen haben)
   vierter Graben: Wahrsager

fünfter Graben: Bestochene
sechster Graben: Heuchler
siebter Graben: Diebe und Räuber
achter Graben: verschlagene Politiker
neunter Graben: Zwietrachtstifter
zehnter Graben: Münzfälscher und Alchemisten

10. neunter Kreis: Treulose und Verräter
    erster Strafort (Kaina): gegenüber Verwandten
    zweiter Strafort (Antenora): gegenüber dem Vaterland
    dritter Strafort (Giudecca): gegenüber dem Wohltäter

(Die Kreise sechs bis neun sind die Stätten der Sünder, die sich bewusst gegen Gott und seine Gebote aufgelehnt haben.)

Ganz unten in dem Höllentrichter befindet sich Satan. Die Hölle wird von Flüssen durchströmt, in denen die Sünder leiden müssen. Der Acheron ist der Grenzfluss zwischen der Vorhölle und den Kreisen der Höllen. Der Wächter des ersten Höllenkreises, Charon, setzt die Sünder über diesen Fluss. Der Styx nimmt im fünften Höllenkreis ihren Anfang und umströmt die Stadt Dite, in der die Ketzer wohnen. Über diesen Fluss werden die Sünder vom Fährmann Flegias geholt. Der siebte Kreis der Hölle wird vom Blutfluss Phlegethon eingeschlossen. Die Verräter des neunten Höllenkreises büßen ihre Strafe im eisigen Fluss Kokytos ab. All diese Flüsse werden von der Flüssigkeit gespeist, die aus den Mauerrissen des Palastes des „Alten von Kreta“ herausfließt. Der „Alte von Kreta“ ist bei Dante das Symbol der verdorbenen Menschheit.

„Die göttliche Komödie“ beginnt mit dem Bericht Dantes, wie er am Karfreitag des Jahres 1300 aus tiefem Schlaf erwacht und sich in einer düsteren Waldschlucht befindet. Als er versucht, aus der Schlucht emporzusteigen, wird er von einem Panther, einem Löwen und einer Wölfin zurückgedrängt. Da begegnet ihm ein Mann, der sich als der Dichter Vergil zu erkennen gibt. Vergil, der von Dante als sein Lehrer verehrt wurde, kündigt ihm an, dass er unter seiner Führung eine Reise

Der Fährmann Flegias rudert Vergil und Sybille zur Stadt Dite im sechsten Höllenkreis. Illustrationen von Gustave Doré (19. Jh.) zu Dante, „Die göttliche Komödie".

durch die Hölle und das Fegefeuer machen wird. Auch erfährt der Dichter, dass die von ihm abgöttisch verehrte Beatrice vom Himmel in die Vorhölle gekommen sei, um Vergil zu bitten, Dante bei seiner Jenseitsreise zu begleiten.

Dante und Vergil treten nun in die Vorhölle ein, in der die Unentschlossenen rastlos und ziellos umherlaufen und von Ungeziefer gepeinigt werden. Am Fluss Acheron versammeln sich die Seelen der Sünder, um von Charon in den eigentlichen Höllenbereich übergesetzt zu werden. Im ersten Kreis trifft Dante auf die Ungetauften und die Dichter des Altertums, die sich um ein Feuer versammelt haben. Die Weisen und Helden der Antike befinden sich in einer Festung. Im zweiten Höllenkreis regiert Minos, der die Wollüstigen wie Vogelschwärme umhertreibt. Der Hund Kerberus, der im dritten Kreis der Wächter ist, bewacht die Schlemmer. Sie müssen für alle Zeiten in einem eisigen Regen liegen. Die Habgierigen und Verschwender werden im vierten Kreis von Pluto bestraft. Beladen mit schweren Lasten rennen sie aufeinander los. Dante sieht in diesem Höllenkreis besonders viele Geistliche. Die Jähzornigen im fünften Kreis, die durch Sümpfe waten müssen und sich gegenseitig mit Fäusten und Bissen quälen, unterstehen dem Fährmann Flegias. Zu seinen Aufgaben gehört es, die Sünder über den Fluss Styx in den sechsten Höllenkreis zur Stadt Dite zu fahren, die wegen ihrer feurigen Türme und eisenfarbenen Mauern einen erschreckenden Anblick bietet. Auf den Stadtmauern lauern die Furien und Medusa, die alles versteinert, was sie anblickt. Nur mit Hilfe eines Engels können Dante und Vergil in die Stadt gelangen, weil Tausende von Teufel versuchen, sie abzuhalten. In dieser Höllenstadt büßen die Ketzer für ihre Sünden in feurigen Flammengräben. Nun kommen sie zu dem inneren Kreis der Hölle, aus dem ein unerträglicher Gestank aufsteigt. Beim Eintritt in den siebten Kreis, wo die Gewalttätigen büßen, müssen Dante und Vergil erst den Wächter Minotaurus besänftigen. Dort sehen sie, wie die Mörder, die Bewohner des ersten Streifens, in einem siedenden Blutstrom kochen. Wer sich weigert, wird von den Kentauren, den Mischwesen aus halb Pferd, halb Mensch, mit Pfeilen hineingetrieben. Als einer der Kentauren sich bereit erklärt, die beiden Wanderer über den Fluss zu geleiten, sehen sie, dass die Mörder je nach ihrem Vergehen unterschiedlich tief in den Strom eingetaucht werden. Im zweiten Streifen des siebten Höllenkreises befindet sich der Wald der Selbstmörder, in dem diese an wilden Sträuchern festgebunden sind und von Vögeln zerfressen werden. Zusätzlich werden sie von wilden Ebern und Hunden verletzt, welche die Verschwender durch den Wald treiben. Die Gotteslästerer werden in einer Sandwüste des dritten Streifens durch ewiges Feuer gemartert. Als Dante und Vergil am Rand der Sandwüste an den Ufern des Blutstromes Phlegethon entlang wandern, begegnen sie zahlreichen Männer, die in diesem Höllenkreis wegen Homosexualität büßen müssen. Vom Ungeheuer Geryon werden sie in den achten Kreis heruntergetragen, wo in zehn konzentrischen Gräben die Sünder büßen. Im ersten Graben werden die Verführer von Teufeln ausgepeitscht, im zweiten waten die Schmeichler und Dirnen im Kot, im dritten werden die Händler mit Kirchenämtern kopfüber in Feuerlöcher gesteckt, im vierten müssen die Wahrsager und Astrologen unter schrecklichen Qualen ihre Körper verrenken, im fünften werden die Bestechlichen von den Teufeln in kochendes Pech eingetaucht, im sechsten büßen die Heuchler, die mit einem schweren, vergoldeten Bleimantel umhergehen müssen, im siebten werden die Diebe von Schlangen zerfressen, zerfallen zu Asche und erheben sich daraus immer wieder von neuem, im achten schweben die falschen Ratgeber und betrügerischen Politiker in Flammen gehüllt wie Glühwürmchen umher, im neunten sehen die

Zwietrachtstifter wie Verwundete aus, und im zehnten werden die Fälscher und Alchemisten mit ekelerregenden Krankheiten bestraft. Die Giganten, die das Aussehen von Türmen haben, sind die Wächter im neunten Kreis. Dort werden die Verräter der Verwandten, des Vaterlandes, der Fremden und der Wohltäter gruppenweise in Kreisen vom Rand des Flusses

An der Spitze der trichterförmigen Hölle haust Luzifer in einer Eislandschaft. Illustrationen von Gustave Doré (19. Jh.) zu Dante, „Die göttliche Komödie".

Kokytos bis in die Mitte eingefroren, so dass nur der Kopf herausragt. Am Grund des Höllentrichters sehen die beiden Wanderer, wie Satan, eingefroren im Eis, mit seinen drei Mäulern Judas, den Verräter Christi, und die Cäsarmörder Brutus und Cassius zermalmt.

Dante und Vergil klettern nun am Satan vorbei bis zum Erdmittelpunkt und steigen dann über einen Höhlengang zur südlichen Erdkugel empor, wo sich im Meer der Berg Golgatha mit dem Fegefeuer befindet.

Emmanuel Swedenborg – der letzte Höllenvisionär

„Der Geisterseher des Nordens", wie man Emmanuel Swedenborg (1688–1772) auch nannte, nimmt unter allen Menschen, die vorgeben, Kontakt zur Welt der Geister zu haben, einen besonderen Platz ein, weil er im Zeitalter der Aufklärung und des Rationalismus die Faszination der Menschen auf sich zog. Seine Zeitgenossen waren die Philosophen Voltaire und Kant sowie der Naturwissenschaftler Newton, bei dem auch Swedenborg studiert hatte. Als Sohn eines schwedischen Bischofs erhielt er in Uppsala eine gründliche Ausbildung in den alten Sprachen und der Theologie. Durch einen Studienaufenthalt in England erwarb er bei den größten Naturwissenschaftlern seiner Zeit, wie dem Mathematiker Newton und dem Astronomen Halley, ein umfangreiches Wissen, so dass er schon in jungen Jahren als Experte für naturwissenschaftliche und technische Fragen galt. Auf diesen Gebieten machte er zahlreiche Erfindungen und neue Entdeckungen, die ihm nicht nur die Mitgliedschaft in berühmten wissenschaftlichen Gesellschaften einbrachte, sondern er wurde auch zum Adligen ernannt. Aber 1745 veränderte er plötzlich sein Leben, zog sich aus allen Ämtern zurück und beschäftigte sich für den Rest seines Lebens mit der jenseitigen Welt. Er behauptete, Visionen zu haben, in denen ihm Gott erschienen sei und den

Emmanuel Swedenborg.

Auftrag erteilt habe, den Menschen den Sinn der Heiligen Schrift auszulegen. Bei diesen Visionen habe ihn Gott mit Himmel und Hölle bekannt gemacht und ihm erlaubt, mit den Geistern und Engeln zu reden. Seine Visionen von der jenseitigen Welt, die er in zahlreichen in Latein geschriebenen Büchern zusammenfasste, wie „Himmel und Hölle" von 1758, das als sein Hauptwerk gilt, geschahen auf drei verschiedene Arten. So konnte er sich völlig von seinem Körper lösen und gleichsam in einem Zustand zwischen Schlafen und Wachen mit der Geisterwelt Kontakt aufnehmen, bei dem es auch zu Berührungen kam. Die zweite Art bestand darin, dass seine Seele weggeführt wurde, ohne dass er bei seinen körperlichen Tätigkeiten gestört wurde. Während dieses Zustandes hielt sich sein Geist an einem weit entfernten Ort auf. Aber die meisten seiner Visionen bestanden aus den üblichen Gesichtern und Bildern, die er vor seinem geistigen Auge schaute.

Bekannt wurde Swedenborg vor allem wegen seiner hellseherischen Fähigkeiten. So soll er in Göteborg den Brand von Stockholm 1759 bis in alle Einzelheiten beschrieben haben, obwohl erst drei Tage später die Meldung davon eintraf.

Das Bild, das Swedenborg von Gott, den Geistern und den Menschen entwirft, lässt sich folgendermaßen zusammenfassen: Gott hat sich durch die Schöpfung, die sein Ebenbild sein sollte, eine sichtbare Gestalt gegeben. Die gesamte Schöpfung hat die Gestalt eines riesigen Körpers, den Swedenborg als homo maximus („der große Mensch") bezeichnet. Die Geister bilden seinen Kopf, während der Mensch die Aufgabe hat, in diesem Körper seinen Platz zu finden. Unter den Füßen dieses „großen Menschen" befindet sich die Hölle. Zwischen Himmel und Hölle ist ein Zwischenzustand, in dem sich die Geister aufhalten.

Wenn ein Mensch stirbt, so lebt seine Seele als Geist weiter, der eine menschliche Gestalt hat, obwohl der irdische Leib abgestreift ist. Diesen Geist nehmen nun zwei Engel in Empfang, die mit ihm ein Gespräch über den Himmel und die Hölle führen. Menschen aber, die ein gottloses Leben geführt haben, verspüren den Wunsch, aus der Gegenwart der Engel zu verschwinden. Sie wollen nämlich wie zu Lebzeiten mit den Bösen zusammen sein. Sie werden also von den Guten getrennt und gehen von selbst in die Hölle, in der sie ihresgleichen wiederfinden. Nach Swedenborg steht fest, dass im Jenseits die Geister ihr irdisches Leben fortsetzen. Die Bösen gehen von selbst in die Hölle und werden nicht, wie die christlichen Religionen glauben, von Gott dorthin herabgestürzt. Die Guten, die für ein Leben im Himmel vorgesehen sind, weil sie ein gottgefälliges Leben auf Erden geführt haben, kommen in die Geisterwelt. Dort werden sie von Engeln darin unterrichtet, dass sie Gott über alles und ihren Nächsten wie sich selbst lieben sollen. Weiterhin sollen sie alles glauben, was von Gott in der Bibel verkündet worden ist. Wenn ein Geist diese Wahrheiten nicht anerkennt, kann er nicht zu Gott in den Himmel kommen. Der Unterricht findet in diesem Zwischenzustand im nördlichen und südlichen Bereich statt. In diesem Zwischenzustand gibt es eine bestimmte Ordnung, weil er wie der Himmel eingerichtet ist. Deshalb könnte man ihn als einen „verjüngten" Himmel bezeichnen. Er dehnt sich nämlich der Länge nach von Osten nach Westen aus und in der Breite von Süden nach Norden. Die Breite ist aber kleiner als die Länge. Vorne befinden sich die Geister, die als Kinder gestorben sind. Sie werden von Gott selbst unterrichtet. Dahinter kommen die Wohnorte von denjenigen Geistern, die als Erwachsene gestorben sind und Neigungen zum Guten hatten. Ihnen schließen sich die Anhänger Mohammeds an, auf die ganz im Norden die übrigen Heiden folgen, von denen die Besten aus Afrika stammen.

Nachdem die Guten von ihren Irrtümern gereinigt worden sind, werden sie in den Himmel gebracht. Der Aufenthalt in der Geisterwelt übersteigt selten ein bis zwei Jahre. Doch glaubt Swedenborg, dass auch in Ausnahmefällen eine Dauer von 30 Jahren und länger möglich ist. Aber diese Guten, die stärker mit schlechten Gedanken behaftet sind, werden an einem besonderen Ort, der sich unter der Erde befindet, einer harten Reinigung unterzogen. Dieser Ort der „Abödung", wie er von Swedenborg genannt wird, befindet sich in der Nähe der Hölle. Die Reinigung an diesem besonderen Ort geschieht auf verschiedene Weise. Einige Geister müssen Ängste oder Gewissensbisse erleiden wegen der Taten, die sie auf Erden vollbracht haben. Eine besondere Form der Reinigung besteht darin, dass diesen Geistern der Schlaf entzogen wird und sie sich in einem Zustand zwischen Schlafen und Wachen befinden.

Der Himmel ist nach Swedenborg dreiteilig wie der menschliche Körper aufgebaut und wird von menschlichen Wesen bewohnt, die Swedenborg mit dem überlieferten Namen als „Engel" bezeichnet:

1. Haupt: der innerste und dritte Himmel, wo das „Göttliche einfließt" und sich die himmlischen Engel aufhalten.

2. Leib: der mittlere oder zweite Himmel. Das „Göttliche, das vom Herrn kommt, heißt hier das Geistige". Hier herrschen die geistigen Engel.

3. Füße: der unterste oder der erste Himmel. „Das Göttliche, das vom Herrn einfließt, heißt hier das Natürliche". Da dieses Natürliche nicht mit dem Irdischen verglichen werden kann, so heißt dieser Himmel auch der natürlich-geistige und himmlische. Hier ist der Sitz der natürlich-geistigen und himmlischen Engel.

Daneben gibt es aber auch eine zweifache Aufteilung der Himmelsbewohner:

1. Himmlische Engel, bei denen die Liebe zu Gott die wichtigste Neigung ist.

2. Geistliche Engel, die in der Liebe zum Nächsten leben.

Ebenso ist die Hölle dreifach aufgebaut, deren Teile den himmlischen Regionen entgegengesetzt sind. Der untersten Hölle entspricht der innerste oder dritte Himmel, der mittleren Hölle der mittlere oder zweite Himmel und der oberen Hölle der unterste oder erste Himmel. Diese Höllen werden von Engeln regiert. Aber Swedenborg leugnet entschieden die Existenz eines Teufels, der einst ein Engel war und zusammen mit anderen Engeln wegen ihrer Auflehnung gegen Gott aus dem Himmel verstoßen wurde. Himmel und Hölle, wo sich nach der von Swedenborg abgelehnten christlichen Lehre der Teufel befindet, haben nur menschliche Wesen als Bewohner. Im Himmel halten sich die gottgefälligen Menschen auf, während die Hölle von Menschen mit einer bösen Einstellung besiedelt wird. Die Höllen sind der Inbegriff für den Satan und den Teufel. Beide Namen werden verschiedenen Höllentypen zugeordnet. Als „Teufel" bezeichnet er die rückwärts liegenden Höllen, in denen sich die schlimmsten Höllenbewohner, die bösen Engel, aufhalten. In den vorwärts liegenden Höllen, die von ihm „Satan" genannt werden, befinden sich weniger bösartige Bewohner, die von Swedenborg als die bösen Geister bezeichnet werden. Unter dem Namen Luzifer werden diejenigen Höllenbewohner zusammengefasst, die aus Babylonien und Babel stammen.

Swedenborg behauptet, ihm sei es erlaubt worden, in diese Höllen hineinzugehen. Da sich die jenseitige Welt für die Verstorbenen nicht von der irdischen unterscheidet, befindet sich der Himmel über der Welt auf den Höhen, die Geisterwelt in den Niederungen und die Hölle im Erdinnern. Die Höllen haben Pforten, die von der Geisterwelt aus offen stehen. Wenn sie nicht verschlossen sind, dringt aus ihnen Feuer und Rauch, gleichsam als ob sie ein Kamin wären, in dem Feuer qualmte. Swedenborg beschreibt diese Höllen aufgrund seiner Visionen als Felsgrotten, Felsspalten oder Stollen von Bergwerken. Einige Höllen erscheinen wie Trümmer von abgebrannten Häusern und Städten, in denen sich höllische Geister aufhalten, unter denen sich nur Streit, Schlägereien, Raub, Plünderung und Totschlag ausbreiten. Andere Höllen verfügen nur über Dirnenhäuser. In dunklen Waldungen leben die höllischen Geister wie wilde Tiere. In der Hölle gibt es aber auch wüste Gegenden, in denen sich diejenigen höllischen Geister aufhalten, die zu Lebzeiten ihre Mitmenschen getäuscht haben. Diese Höllen sind wie die Himmel und die Geisterwelt nach Weltgegenden aufgeteilt. Nur haben diese Gegenden in der Hölle eine entgegengesetzte Bedeutung. Deshalb befinden sich in der Hölle im Westen die schlimmsten höllischen Geister, die je nach ihren irdischen Vergehen einen entfernteren Platz dort haben. Ganz am Ende dieser Weltgegend wohnen nach Meinung Swedenborgs die Katholiken. Im Norden und Süden befinden sich Höllen, in denen sich Diebe, Räuber und Geizige aufhalten. Am erträglichsten sind noch die Höllen im Süden, während sich im Osten keine Höllen befinden. Jenseits der Höllen befinden sich dunkle Waldungen, in denen bösartige Geister und wilde Tiere umherschweifen.

Unterschiede gibt es nicht nur zwischen der Lage der verschiedenen Höllen, sondern auch im Aussehen der höllischen Geister in den einzelnen Höllen. Im Allgemeinen sind ihre Gesichter grauenhaft und ihre Gestalten leblos wie Leichname. Einige sind feuerrot, andere sind durch Geschwüre und Beulen entstellt. Oftmals haben sie überhaupt kein Gesicht mehr, sondern nur noch ihre Zähne sind zu sehen. Sie sind getreue Abbilder der Höllen, in denen sie sich aufhalten. In seinen Visionen beschreibt Swedenborg seine Erlebnisse in der Hölle folgendermaßen:

„Ich empfand deutlich, dass mich etwas wie ein Zaun umgab, der in der Bibel als die ‚kupferne Mauer' bezeichnet wird. Sie wurde von Engelsgeistern gebildet, damit ich ohne Gefahr zu den Unglücklichen herabgehen konnte. Während ich mich nun dort befand, hörte ich klagende Jammerrufe: ‚Ach Gott, erbarme dich unser!' Ich bekam auch Gelegenheit, mit den Unglücklichen zu sprechen, und zwar recht viel. Besonders klagten sie über die bösen Geister, die es als Lust empfanden, sie zu quälen. Sie waren völlig verzweifelt, weil sie wussten, ihre Qual würde ewig dauern. Ich versuchte sie zu trösten.

Die Gehässigsten werden in einer sehr stinkenden Hölle verwahrt, wo sie so sehr Gefallen an dem Gestank finden, dass sie ihn dem schönsten Wohlgeruch vorziehen. Aus dieser Hölle dünstet ein solcher Gestank aus, dass selbst die Geister aus den benachbarten Höllen dort nicht bleiben können. Selbst die Geister, die mich zu meinem Schutz umgaben, konnten nicht bleiben, während ich selbst mich furchtbar erbrechen musste. Die Geister dieser Hölle erschienen in der Gestalt von schönen Kindern, die ihre versteckten Dolche auf mich warfen. In den Händen hatten sie Gefäße, die Gift enthielten, um mich zu töten. Ihr angenehmes Äußere diente nur dazu, ihre Absichten zu verbergen. Sogleich mussten sie wieder zurückkehren in ihre nach Aas stinkende Hölle. Ich hatte Gelegenheit zu beobachten, wie sie am Ende ihres Weges in ein rauchendes Feuer hinabstürzten. Ihr Weg führte dann weiter nach unten in die heißen Öfen, die sich in finsteren Höhlen erstrecken. Sie jammerten zwar entsetzlich, als sie nach unten fielen, aber dennoch versuchten sie den Geistern, denen sie begegneten, Übles anzutun. Weil ihre Körper nackt und schwarz gefärbt sind, tragen sie als Erkennungszeichen einen mit Spitzen besetzten kupfernen Ring.

Diejenigen Geister, denen es nicht nur Spaß macht, die Körper von Menschen zu zerstören, sondern auch ihre Seelen zu verderben, kommen in die untersten Höllen. Auf dem Weg dorthin werden ihnen Schrecken eingejagt, so dass sie zittern und beben. Auf diese Weise bleibt ihre Rachegier erhalten, da die Geister im Jenseits ihr Verhalten zu Lebzeiten nicht verändern. Je mehr diese Rachegier zunimmt, umso tiefer werden sie in das Erdinnere eingelassen. Das Ziel ihrer Reise ist ein Raum im Erdinnern, wo grausige, dicke Schlangen sich aufhalten, die diese Geister furchtbar durch ihre Bisse quälen. Die Wirkung der Bisse und des Giftes spüren sie an ihrem Körper deutlich.

Ein anderer Geist kam zu mir aus einem höllischen Zimmer und redete mich an. Ich erfuhr, dass es sich um einen schlimmen Verbrecher handelt. Seine Schandtaten auf Erden wurden so sichtbar: Er musste nämlich neben mir ein wenig in die Erde der Geisterwelt hinabsteigen. Dort hob er ein Grab aus, wie man es für Tote herzustellen pflegte. Sofort entstand in mir der Verdacht, dass er zu Lebzeiten eine Mordtat begangen hatte. Tatsächlich tauchte eine Totenbahre auf, von der ein Geist aufstand, zu mir kam und mir mitteilte, er sei an Gift verstorben. Aber das wisse er nicht genau, sondern er habe es in seiner Todesstunde nur vermutet. Als dies der höllische Geist hörte, der in dem Grab stand, legte er ein Geständnis ab. Sofort folgte die Strafe auf dieses Geständnis. Zweimal nämlich wurde er in dem Grab umhergerollt und wurde am Körper und im Gesicht so schwarz wie eine ägyptische Mumie. Sodann wurde er mit dem Ruf ‚Welch ein Teufel!‘ unter den anderen Geistern dieser Hölle umhergetragen. Als weitere Strafe wurde er in eine Hölle geworfen, die besonders kalt war.

Direkt unter dem Fuß des ‚Großen Menschen' befindet sich eine schreckliche Hölle, in der sich die Verdammten mit Messern zu stechen scheinen. Doch während sie zum Stoß ansetzen, wird ihnen das Messer weggenommen. Diese höllischen Geister hatten zu Lebzeiten nur den einzigen Gedanken, andere Menschen auf grausame Weise zu töten. Aber in diese Hölle durfte ich nur einen kurzen Blick hineinwerfen, weil diese Geister auch für mich eine Gefahr sind.

Im Innern der Hölle befindet sich ein See, der sehr weit ausgedehnt ist. An seinen vorderen Ufern werden die Geister von sehr giftigen Schlangen verfolgt, wie man sie in den Sümpfen der Erde gewöhnlich findet. Nicht weit davon entfernt leben diese Geister, die Menschenfleisch verzehrt haben. Sie fressen sich einander auf oder beißen sich gegenseitig in die Schultern. An einer anderen Stelle des Sees erscheinen große Walfische, die äußerlich missgestaltet sind, und verschlingen und speien Menschen aus. Am gegenüberliegenden Ufer trifft man auf eine Menge von abscheulichen Gesichtern, besonders von alten Frauen. Sie sehen so komisch aus, dass man sie nicht beschreiben kann, und rufen den Eindruck hervor, wahnsinnig zu sein. Hier leben auch Geister, die sich gegenseitig mit grausamen Werkzeugen töten wollen. Diese Werkzeuge sind je nach der Grausamkeit der einzelnen Geister geformt. Die Mitte des Sees ist der Sitz der Geister, die ihre Nächsten gehasst haben. In diese dunkle Stelle des Sees werden auch alle Geister gebracht, den es Vergnügen bereitete, andere Menschen vor Gericht zu ziehen.

Eine Hölle, die den Namen ‚Gehenna' trägt, liegt weit entfernt von der Erdoberfläche, und dort müssen sich die unzüchtigen Frauen aufhalten, die zu Lebzeiten ein leichtfertiges Leben geführt haben. Diese Hölle besteht aus einem riesigen Feuerschein, der eine solche unerträgliche Hitze an diesem Ort verursachte, dass ich selbst noch in weiter Entfernung darunter litt. Dazu kommt ein unerträglicher Gestank von verbrannten Knochen und Haaren. Giftige Schlangen, denen das Feuer nichts anzuhaben vermag, quälen diese Geister, die sich nach dem ewigen Tod sehnen. Gelegentlich wird es diesen Frauen gestattet, in die Gesellschaft anderer Geister zu gehen. Wenn sie ihre Hölle verlassen, verwandelt sich die Gluthitze in eisige Kälte, so dass sie durch diesen Wechsel erneut fürchterlich gequält werden. Zusätzlich gibt es Zeiträume, wo sie von schrecklichen Lustgefühlen gepeinigt werden.“

Die offizielle Lehre der beiden christlichen Kirchen über die Hölle

Der Catechismus Romanus

Als die Auseinandersetzung zwischen den Katholiken und den Protestanten in der Mitte des 16. Jhs. ihren Höhepunkt erreichte, wurde auf dem Konzil zu Trient (1545–63) der Beschluss gefasst, die Glaubenssätze der katholischen Lehre zusammenzufassen. Das Ergebnis dieses Auftrages, den vier italienische Theologen unter Leitung des Papstes Pius V. übernahmen, war der so genannte „Catechismus Romanus" (1566), der in lateinischer und italienischer Sprache abgefasst war. Um den Priestern und den Laienpredigern eine überzeugende und wirkungsvolle Darstellung der katholischen Lehre für ihre Auseinandersetzungen mit den Protestanten in die Hand zu geben, ging dieser Katechismus nicht auf die Streitfragen unter den Theologen ein. Diese übersichtliche Sammlung der katholischen Glaubensnormen hat bis in die Gegenwart nicht an Bedeutung verloren. An seine Stelle trat der erstmals 1992 unter Leitung des Kardinals Ratzinger, des jetzigen Papstes Benedikt XVI., erschienene „Weltkatechismus". Der Catechismus Romanus geht auf die christlichen Höllenvorstellungen nur beiläufig ein, weil von den Protestanten die wichtigsten Aussagen der katholischen Kirche zu diesem Thema nicht bestritten wurden. Streitpunkt mit den Protestanten war nur die Annahme eines Fegefeuers. Wie schon dargestellt wurde, lehnten die Protestanten entschieden das Daseins eines solchen zeitweisen Strafortes für die Seelen ab, die mit geringeren Sünden behaftet sind. Über die Lage und Beschaffenheit der Hölle macht der Catechismus Romanus (1. Teil, 6. Hauptstück, 2. u. 3. Ziffer) unter der Überschrift „Was man unter dem Wort ‚Hölle' zu verstehen hat" folgende Aussagen:

„Das Wort ‚Hölle' bezeichnet jenen verborgenen Aufenthaltsort, an dem die Seelen zurückgehalten werden, welche die himmlische Seligkeit noch nicht erlangt haben. So wird dieses Wort an vielen Stellen der Hl. Schrift gebraucht. Denn wir lesen im Brief des Apostels Paulus an die Philipper (2,10): ‚dass im Namen Jesu sich beugen sollen die Knie von all diesen, die im Himmel, auf der Erde und unter der Erde sind'. Dazu bezeugt der hl. Petrus in der Apostelgeschichte (2,24), dass Christus, der Herr auferweckt sei, ‚befreit von den Schmerzen der Unterwelt'. – Jedoch sind nicht all diese Aufenthaltsorte von derselben Gestalt. Es gibt nämlich einen höchst grausigen und dunklen Kerker, wo die Seelen der Verdammten zugleich mit den unreinen Geistern durch ein ewiges und unauslöschliches Feuer gepeinigt werden, welcher auch Gehenna, Abgrund und in der eigentlichen Bedeutung Hölle genannt wird. Außerdem gibt es ein Reinigungsfeuer, wo die Seelen der Frommen eine bestimmte Zeit lang gepeinigt und so geläutert werden, damit ihnen der Eintritt ins ewige Vaterland offen stehen kann, in das nichts Beflecktes eingeht. Schließlich gibt es noch einen dritten Aufenthaltsort, wo die Seelen der Heiligen vor Christi Ankunft aufgenommen wurden und dort ohne jedes Gefühl eines Schmerzes durch die selige Hoffnung der Erlösung aufgerichtet werden und einen ruhigen Aufenthalt genießen. Diese Seelen im Schoß Abrahams hat Christus durch seinen Abstieg in die Hölle befreit."

Über die Strafen und ihre Dauer heißt es (1. Teil, 8. Hauptstück, 9. u. 10. Ziffer):

„Dann wendet sich Christus zu denen, die zu seiner Linken stehen: ‚Geht hinweg von mir, ihr Verfluchten, ins ewige Feuer, das dem Teufel und seinen Engel bereitet ist'. Durch jene Anfangsworte: ‚Geht hinweg von mir!' wird die stärkste Strafe bezeichnet, die über die Gottlosen zu verhängen sein wird, indem sie von Gottes Anschauung auf das Weiteste verstoßen werden und sie keine Hoffnung je wird trösten können, dieses so große Gute zu genießen. Diese Strafe wird von den Theologen als die ‚Strafe des Verlustes' bezeichnet. ‚Ins ewige Feuer' ist die zweite Art von Strafe, die von den Theologen als ‚Strafen des Gefühls' bezeichnet werden. Diese Strafe empfindet man mit den Gefühlen des Körpers vergleichbar den Schlägen und Geißeln. Dazu gehören ohne Zweifel auch die Feuerqualen, die ein sehr großes Schmerzgefühl verursachen. Verstärkt wird dieses Übel noch durch die ewige Dauer der Strafe. Eine weitere zusätzliche Qual bereitet den Verdammten die Gesellschaft des Teufels und seiner Engel."

Von diesen Aussagen ist die katholische Kirche bis in die Gegenwart nicht abgewichen. Vermieden werden aber alle deutlichen Hinweise auf das Höllenszenario, das mit den „Strafen des Gefühls" verbunden ist und in der Vergangenheit im Volksglauben Angst und Schrecken hervorrief.

Verbindliche Aussagen der Protestanten über die Hölle finden sich im „Augsburger Bekenntnis", das von dem Humanisten und Reformationstheologen Melanchthon (1497–1560) verfasst wurde. Nachdem Luther den Inhalt gebilligt und die protestantischen Fürsten und Stände ihre Zustimmung gegeben hatten, verlas der sächsische Kanzler Beyer 1530 auf dem Reichstag in Augsburg diese Sammlung protestantischer Glaubensnormen vor Kaiser Karl V. und den katholischen Ständen. 1537 wurde sie durch Unterzeichnung der protestantischen Fürsten in den Rang einer Bekenntnisschrift erhoben. Der Artikel XVII fasst die Höllenvorstellungen der Protestanten knapp zusammen:

„Auch wird gelehrt, dass unser Herr Jesus Christus am Jüngsten Tag kommen wird zu richten und alle Toten aufzuerwecken, den Gläubigen und Auserwählten ewiges Leben und ewige Freude zu geben, die gottlosen Menschen aber und die Teufel dazu verdammen wird, in der Hölle ohne Ende gepeinigt zu werden. Deshalb werden die Wiedertäufer verworfen, die da lehren, dass die Teufel und die verdammten Menschen nicht ewige Pein und Qual haben werden."

Das Höllenbild, das dieser Artikel Melanchthons zeichnet, steht völlig unter dem Einfluss und in der Nachfolge der mittelalterlichen Theologen. Auch die Ablehnung der Allversöhnungslehre, die vom griechischen Kirchenlehrer Origines entwickelt worden war, stimmt mit der katholischen Lehre überein. Nur indirekt geht Melanchthon auf das Fegefeuer ein, wenn er entschieden die Messen für Verstorbene ablehnt. Für ihn ist es ein Widerspruch zum christlichen Glauben, wenn man versucht, den Seelen der Toten Hilfen zu verschaf-

Philipp Melanchthon.

fen. Die Messen haben die Aufgabe, uns an Christus und seine Wohltaten zu erinnern. In den schon erwähnten „Schmalkalder Artikeln" wird das Fegefeuer als eine larva diaboli („Trugbild des Teufels") bezeichnet. Obwohl dieser Artikel eine Übernahme der katholischen Lehre von der ewigen Verdammnis und den Höllenstrafen enthält, wurde von den protestantischen Theologen versucht, dieses Bekenntnis zu mildern, indem man eine Allversöhnung bzw. Erlösung der

Verdammten am Jüngsten Tag nicht völlig ausschließen wollte, weil es Gott freisteht, ob er einen Menschen verdammen oder erlösen will. Unbestritten ist aber, dass Gott einen Menschen auch ewig verdammen kann. Diese Deutungen wurden von der offiziellen Kirche jedoch nie zu einem Glaubenssatz erhoben.

Die Bekanntgabe des Augsburger Bekenntnisses 1530: Auf dem Thron sitzt Karl V., umgeben von den protestantischen Fürsten.

In der Hölle erlischt das Feuer

Der norwegische Höllenstreit

Eine heftige Diskussion um die Hölle entbrannte 1953 in protestantischen Kreisen, als sich in der Öffentlichkeit ein norwegischer Theologieprofessor und mehrere Bischöfe über die christlichen Höllenvorstellungen stritten. Diese Diskussion, die auch als der „norwegische Höllenstreit" bezeichnet wird, rückte die Frage in den Blickpunkt der Christen, wie sich das traditionelle Höllenbild mit den Aussagen der Bibel vereinbaren lässt. Der Theologieprofessor Hallesby erklärte im norwegischen Rundfunk:

„Ich spreche sicher heute Abend zu vielen, die wissen, dass sie unbekehrt sind. Du weißt, wenn du tot zu Boden stürztest, würdest du direkt in die Hölle stürzen. Du weißt, dass du, so wie du jetzt bist, weder sterben kannst noch willst. Du musst bekehrt sein, ehe du stirbst … Wie kannst du, der du unbekehrt bist, dich abends ruhig schlafen legen, der du nicht weißt, ob du morgen in deinem Bett oder in der Hölle erwachst."

Der Theologieprofessor vertritt also die christliche Lehrmeinung, dass ein Mensch, der mit einer Todsünde behaftet ist, weil er sich von Gott abgewandt hat, in die Hölle kommt. Er erleidet dort die Höllenstrafe der ewigen Verdammnis, was auch die Lehrmeinung der protestantischen Kirche ist.

Gegen die Ausführungen Hallesbys wandte sich der Bischof Schjelderup in einem Zeitungsartikel:

„Mit der Hölle zu drohen halte ich nicht nur für unrichtig, sondern auch für schädlich. Und sicherlich steht es mehr im Einklang mit Jesus eigenem Geist, wenn man versucht, die Menschen dadurch zu gewinnen, dass man mehr Liebe und Verständnis zeigt. Wenn ich gefragt werde, wie ich selbst zu der Lehre von der ewigen Höllenstrafe stehe, so muss ich gestehen, dass mir diese Lehre äußerst problematisch vorkommt. Ihre biblische Grundlage ist in hohem Maße umstritten, und sicher ist in jedem Fall, dass die Lehre selbst weder jüdischen noch christlichen Ursprungs ist. Die Vorstellung einer Stätte ewiger Strafen für die Gottlosen ist von außen her in das Spätjudentum hineingekommen, vermutlich aus Persien. Sie war im jüdischen Land zu Jesu Zeiten wohl bekannt … Aber eine objektive Lehre von einer ewigen Hölle hat Jesus sicher nie beabsichtigt. Bei ihm ging es sicher nicht um das Negative, mit der Hölle Bange zu machen, sondern die Menschen zu lehren, den Blick aufwärts zu richten auf die lichte Welt der göttlichen Liebe … Ich bin froh, dass am Jüngsten Tag nicht Theologen und Kirchenfürsten, sondern der Menschensohn selbst uns richten wird. Und ich zweifle nicht daran, dass die göttliche Liebe und Barmherzigkeit größer ist als die, die in der Lehre von der ewigen Pein in der Hölle zum Ausdruck kommt. Christi Evangelium ist das Evangelium der Liebe. Und ich persönlich empfinde es als einen unlöslichen Widerspruch, wenn man den Glauben an Gott als einen liebenden Vater und den Glauben an eine göttliche Gerechtigkeit im Leben der Menschen mit der Lehre von der ewigen Höllenstrafe für alle Ungläubigen vereinen will. Für mich gehört die Lehre von der ewigen Höllenstrafe nicht in die Religion der Liebe.“

Missverständlich ist die Behauptung Schjelderups, die man aus dem Text herauslesen könnte, dass alle Ungläubigen ewige Höllenpein erdulden müssten. Davon ausgenommen sind nach der christlichen Lehre die ungetauften Kinder und die Weisen der anderen Religionen, die sich in den Vorhöllen aufhalten müssen, wie in den Kapiteln „Der Abstieg Christi in den Schoß Abrahams" und „Die Hölle der Kinder" dargestellt wurde. Weiterhin wurde von ihm die Möglichkeit der ewigen Verdammnis nicht bestritten, die nach Aussagen der Bibel die Menschen spätestens beim Jüngsten Gericht treffen kann, wenn sie sich von Gott abgewandt haben. Die entscheidende Frage, welche die Theologen seit den Anfängen des Christentums beschäftigt, ist aber, wie diese ewige Verdammnis beschaffen ist. Wenn sie aus Qualen und Strafen besteht, so muss überzeugend dargestellt werden, dass ein solcher Zustand sich mit der Vorstellung von einem gütigen und liebenden Gott verträgt. Der Bischof lehnt die ewige Höllenpein der Sünder ab, weil eine solche Strafe sich nicht mit der Liebe Gottes vereinbaren lässt. Seine Gegner versuchten ihn dadurch zu widerlegen, dass sie ihm unterstellten, er vertrete eine menschlich-irdische Auffassung von der Liebe. Tatsächlich ist nach einer solchen Vorstellung von der göttlichen Liebe die Strafe einer ewigen Höllenpein „nicht humanistisch", weil die Strafe dieser Sünder nicht das Ziel verfolgt, sie zu bessern. Was macht es für einen Sinn, wenn am Ende der Welt ein Teil der von Gott erschaffenen Menschen in Verdammnis, d. h. in ewiger Abwesenheit von Gott leben muss? Es ergeben sich hieraus viele ungelöste Fragen, zum Beispiel warum hat Gott diese Menschen erschaffen, warum hat er sie nicht am Weltende vernichtet, und wie verhalten sich die Seligen im Himmel, wenn sie wissen, dass ein Teil ihrer Mitmenschen in der Höllenpein leben muss? Die Theologen des Mittelalters gaben auf die letzte Frage die Antwort, die Seligen würden über ihren Zustand noch mehr Freude haben, wenn sie die ewig Verdammten sehen würden.

Die Theologische Fakultät, der die Behauptungen des Bischofs zur Prüfung vorgelegt wurde, kam zu dem Ergebnis, dass die auch vom Bischof eingeräumte ewige Verdammnis einen Sinn im göttlichen Weltplan habe. Die Liebe, die Gott dem „armen und sündhaften Menschen" schenkt, beruht nicht auf einem Verdienst des Menschen, sondern kommt aus der Gnade und dem Erbarmen Gottes. Sie ist gleichsam ein unverdientes Geschenk Gottes. Deshalb muss der Mensch auch Furcht haben, dass er diese Liebe nicht erhält. Der Mensch kann diese Liebe auch „verspielen", was zur Folge hat, dass er für ewig verdammt ist. Der Ausschluss aus der Gemeinschaft mit Gott ist sicherlich die schwerste Strafe, so dass es bedeutungslos ist, ob man „ewig" lediglich bildhaft oder im wörtlichen Sinn auslegt. Überhaupt fehlen uns Menschen, die wir in der zeitlich-irdischen Welt verhaftet sind, die Vorstellung und das Verständnis von Ewigkeit. Abschließend kommt die Fakultät zu dem Ergebnis, dass sich der Bischof nicht vom Bekenntnis und Glauben der protestantischen Kirche entfernt habe.

Die Thesen von Sartory und Haag

1968 unterzog das katholische Theologenehepaar Sartory in dem Buch „In der Hölle brennt kein Feuer" die überlieferte Höllenlehre der christlichen, besonders der katholischen, Kirche einer radikalen Kritik. Thomas Matthias Sartory, der in der Benediktinerabtei Niederaltaich Theologie studiert hatte, war von 1960–63 Professor für evangelische Theologie an der päpstlichen Universität in Rom. Wegen ständiger Schwierigkeiten mit den katholischen Behörden ließ er sich 1967 in den Laienstand versetzen.

Ausgangspunkt und Grundlage für seine Höllenlehre bilden die Forschungen, die Rudolf Karl Bultmann (1884–1976) im 20. Jh. gemacht hat. Dieser entwickelte ein völlig neues Verständnis der biblischen Texte, das durch das Schlagwort „Entmythologisierung" knapp und gleichsam als Programm zusammengefasst werden kann. Bultmann pflegte seine Meinung durch einen Vergleich zu begründen, indem er die Frage stellte, ob man heute die modernen Einrichtungen benutzen und gleichzeitig an die Macht der Dämonen glauben könne. Wer heute so etwas behauptet, mache die christliche Botschaft unverständlich. Entmythologisierung bedeutet für ihn, von der eigentlichen Botschaft der Bibeltexte alles auszusondern, was historisch bedingt und nur aus der Zeitgeschichte erklärt werden kann. Die Botschaft Christi ist zu einer bestimmten Zeit den Menschen verkündet worden, so dass sie auch die Vorstellungen dieser Menschen enthält. Wenn sie nur in allgemein gültiger Weise verkündet worden wäre, dann wäre sie den damaligen Menschen unverständlich gewesen. Christus musste für seine Botschaft das Weltbild seiner Zeit benutzen, wenn er ein wirklicher Mensch gewesen ist. Obwohl er sicherlich als Gottessohn alles über Himmel und Hölle wusste, kann er nicht von seiner Menschlichkeit getrennt werden. Wenn man die biblischen Texte verstehen will, muss man sie ihres zeitgeschichtlichen Inhaltes entkleiden, d. h. entmythologisieren. Dies ist auch ganz natürlich, weil Aussagen über unsere

Welt, die außerhalb unserer Erfahrungswelt liegen, immer etwas Bildhaftes und Symbolisches haben. Die biblischen Texte sind für uns in einer Bildersprache abgefasst, welche die Zeitgenossen Christi als eine realistische Äußerung verstanden haben. Überhaupt muss man aus den biblischen Texten die Hinweise auf zukünftige Dinge und Ereignisse wie das Jüngste Gericht, das Weltende, den Himmel und die Hölle nur als Symbole deuten, die einen Bezug auf die aktuelle Gegenwart haben. Der Christ muss sich fragen, was hat die Hölle für mich jetzt in der Gegenwart für eine Bedeutung. Die Entscheidung über ein Leben im Himmel oder in der Hölle findet zu Lebzeiten jedes Menschen statt, ob er sich nämlich Gott zuwendet oder sich von ihm trennt. Die erste Entscheidung führt zu einem wirklichen Leben, das in Gott gegründet ist, die andere zur radikalen Vernichtung des Menschen, was symbolisch durch die Hölle zum Ausdruck kommt.

Ausgehend von den Überlegungen Bultmanns und seiner Schüler gelangt Sartory zu der Feststellung, die Höllenvorstellungen der Bibel seien entscheidend von einer Strömung im Spätjudentum geprägt, die man als Apokalypse bezeichnet. Diese Literaturgattung des Spätjudentums ist in einer Zeit entstanden, als man aufgrund der bedrückenden Verhältnisse eine Wende durch den Anbruch der Königsherrschaft Gottes erwartete, die von den jüdischen Propheten vorausgesagt worden ist. Man versuchte in diesen Schriften durch die Angabe von kosmischen und geschichtlichen Ereignissen oder durch Zahlenmystik diesen Beginn der Königsherrschaft Gottes genau zu bestimmen. Besonders ausführlich wurde das Ende der menschlichen Geschichte ausgemalt und angegeben, was nämlich mit den Seligen und den Bösen passieren würde. Diese Zweiteilung der Welt in die Guten und Bösen ist für die

Apokalyptik kennzeichnend. Das Böse, dessen Symbol der Teufel ist, wird mit dem Erscheinen Gottes bei Beginn des neuen Zeitalters vernichtet. In einem solchen Weltbild, dessen Ablauf genau festgelegt ist, haben freie Entscheidungen keinen Platz mehr. Nicht nur die Menschen, sondern auch Gott haben letztlich ihre Freiheit verloren, weil sie sich dem Zwang des Weltverlaufes unterordnen müssen. Alles, was in den biblischen Texten über Himmel und Hölle gesagt wird, muss als eine Auslegung dieses zukünftigen Ereignisses gesehen werden, auf welche der Blick der Autoren der Bibel gerichtet war. Wenn man einmal von diesen Informationen absieht, welche die Autoren aus zeitbedingten Gründen über die Hölle geben wollten, so kann man dennoch in diesen Aussagen eine Botschaft für das jetzige Leben entdecken, die einen allgemein gültigen Charakter hat. Man könnte die Hölle als ein Nichterreichen der göttlichen Liebe bezeichnen.

Sartory bezeichnet diese Deutung der biblischen Texte als eine „Entapokalyptisierung", die Hinweise und Beschreibungen von zukünftigen Ereignisse auf ihre Bedeutung für die Gegenwart zurückführt, weil niemand einen zukünftigen Zustand wie die Hölle beschreiben kann. Wir wissen nicht, wie diese ferne Zukunft nach dem Plan Gottes beschaffen sein wird. Dies hat zur Folge, dass das gegenwärtige, wirkliche Leben einen höheren Wert hat als ein zukünftiges, wie auch immer man sich ein solches Leben vorstellt. Der Zustand der Hölle beginnt nicht erst ab der Todesstunde, sondern bereits im wirklichen Leben. Unter diesem wirklichen Leben darf man aber nicht ein bloßes Vegetieren verstehen, sondern es wird durch den Satz aus dem Johannesevangelium umschrieben: „Wer liebt, ist in Gott." (Joh. 4,12) Der Mensch nämlich, der nach dem Ebenbild Gottes geschaffen ist, teilt auch dessen

Eigenschaften. Zum Wesen Gottes gehört aber die Liebe. Ein Mensch ist nur dann gottähnlich, wenn er liebt; andernfalls hat er sich selbst verdammt, und schon zu Lebzeiten ist er im Zustand der Hölle. Gott muss einen solchen Menschen nicht mehr am Jüngsten Tag richten, weil sich dieser Mensch schon zu Lebzeiten selbst verurteilt hat. Niemand kommt in eine Hölle, in die er sich nicht schon zuvor selbst begeben hat. Man kann zwar das Höllenbild der Bibel von seinen „mythischen" Elementen und dem Gedankengut der Apokalypse bereinigen, aber die überlieferte Höllenlehre der christlichen Theologen enthält auch Thesen, von denen man sich heute einfach distanzieren muss.

Sartory bezieht sich hierbei besonders auf die Aussage von der ewigen Pein der Verdammten, die nach seiner Meinung nicht auf die Bibel begründet werden kann. Überhaupt ist die Hölle kein Gegenstand des Glaubens, weil dieser nicht im Festhalten von angeblichen Wahrheiten wie zum Beispiel der ewigen Höllenpein, sondern im Vertrauen und Hoffen besteht. Aber auf die Hölle kann man nicht hoffen oder vertrauen, was jeder menschlichen Vernunft widersprechen würde. Die Aussagen der Bibel über die Hölle, welche die Autoren nach den damaligen religiösen Vorstellungen formulierten, fügten sich gut in die spätere Zeit der Christianisierung ein, als die Kirche zu einer staatlichen Macht wurde und über die Menschen richtete. Wie es im Diesseits Gesetze, Strafen und Kerker gibt, so finden sich diese Vergeltungsmechanismen und Einrichtungen auch im Jenseits. Was ursprünglich Gedankengut der Apokalypse, also einer Endzeiterwartung des Spätjudentums war, wird umfunktioniert und als Mittel der Herrschaftssicherung benutzt. Die Höllendrohung ist zu einem Machtmittel der Kirche geworden, mit dem die Menschen diszipliniert werden können, wenn sie den kirchlichen Vorstellungen und Regeln nicht gehorchen.

Zu welchen Folgen die Entmythologisierung der Höllenvorstellung für die christliche Lehre führen kann, ist bei Sartory schon angedeutet. Er stellt nämlich folgende Überlegung an: „‚Himmel‘ heißt, bei Gott sein – ‚Hölle‘ bedeutet, beim Satan sein. Was aber, wenn der Teufel niemand ist, bei dem man sein könnte, sondern nur ein Symbol dafür, was im eigenen Inneren sein kann?“

An diese Fragestellung knüpft der katholische Theologe Paul Haag (1915–2001) an, der in Tübingen lehrte. In seinen Büchern „Abschied vom Teufel“ (1969) und „Teufelsglaube“ (1974), die heftige Reaktionen nicht nur in der theologischen Fachwelt hervorriefen, sondern auch die Öffentlichkeit beschäftigten, vertritt er die Meinung, dass der Teufel aus der Mode gekommen sei, weil er überflüssig geworden sei und das Böse auf andere Weise beschrieben werden könne. Haag begründet seine Meinung durch die Feststellung, dass man an allen Stellen im Neuen Testament, an denen vom Teufel oder dem Satan die Rede ist, auch die Sünde oder das Böse einsetzen könne, ohne dass man auf eine Person zurückgreifen müsse. Dass der Bezug auf den Satan nicht zwingend notwendig ist, beweisen diese Stellen im Neuen Testament, an denen nicht alle Autoren der Bibel den gleichen Sachverhalt auf das Wirken des Satans zurückführen. So wird beispielsweise die Passion Christi und die Flucht der Jünger bei seiner Festnahme vom Apostel Lukas als Werk Satans bezeichnet:

„Es war aber nahe das Fest der ungesäuerten Brote, das Passa heißt. Und die Hohenpriester und Schriftgelehrte trachteten danach, wie sie ihn töten könnten; denn sie fürchteten sich vor dem Volk. Es fuhr aber der Satan in Judas, genannt Iskariot, der zur Zahl der Zwölf gehörte. Und er ging hin und redete mit den Hohenpriestern und den Hauptleuten darüber, wie er ihn an sie verraten könnte." (Luk. 22,1–4)

Beim Apostel Matthäus fehlt dagegen der Hinweis auf den Satan:

„Und es begab sich, als Jesus alle diese Reden vollendet hatte, dass er zu seinen Jüngern sprach: ‚Ihr wisst, dass in zwei Tagen Passa ist; und der Menschensohn wird überantwortet werden, dass er gekreuzigt werde.' Da versammelten sich die Hohenpriester und die Ältesten des Volkes im Palast des Hohenpriesters, der hieß Kaiphas, und hielten Rat, wie sie Jesus mit List ergreifen und töten könnten. Sie sprachen aber: ‚Ja nicht bei dem Fest, damit es nicht zu einem Aufruhr im Volk kommt!'" (Matth. 26,1–5)

Wenn im Neuen Testament Satan stellenweise eine größere Beachtung geschenkt wird, so ist dies ein Zugeständnis der Autoren an den Zeitgeist. Die Botschaft Christi musste in den Vorstellungen der damaligen Zeit dargestellt werden. Christus wollte aber die Menschen keineswegs dazu bringen, dass sie in ihrem Leben ständig mit dem Satan rechneten. Trotz seiner zahlreichen Rückschläge räumte er dem Satan keine große Bedeutung bei. Auch die zahlreichen „Teufelsaustreibungen" Christi, von denen die Autoren der Bibel berichten, können nicht als Beweis für die Existenz eines Teufels herangezogen werden. Denn die Dämonen, die in einen Menschen hineinfahren, ihn besessen machen und Leiden verursachen, wurden nach den Vorstellungen dieser Zeit nicht mit dem Satan verbunden. Auch Jesus hat bei diesen Dämonenaustreibungen eine solche Verbindung nicht gesehen. Auf keinen Fall wollte er, dass ein Mensch dem Satan ausgeliefert wird. Er tadelte die jüdischen Priester, weil sie Menschen, die durch „Teufelsaustreibungen“ andere heilen, zu Gehilfen Satans machten. Wer anderen Menschen Gutes tut, wird nie zu einem Gegner Gottes und Anhänger Satans. Keine Macht kann sich auf Dauer Gott widersetzen. Wenn im Neuen Testament die Rede von Satan ist, so drücken diese Berichte eine gewisse Ratlosigkeit aus. Offensichtlich bereitete es den Jüngern Jesu Probleme, wie sie das Leiden ihres Herrn und die Christenverfolgung erklären sollten. Deshalb erfanden sie in ihrer Unsicherheit teuflische Mächte, deren Werkzeuge ihre Gegner waren. Dies erklärt auch, weshalb die biblischen Autoren häufiger als Jesus selbst auf Satan zu sprechen kommen. Aber keinesfalls darf man diese Berücksichtigung Satans als den Versuch ansehen, dass er eine wichtige Rolle in der Botschaft Christi spielt.

Von den Vertretern der katholischen Kirche wurde Haag wegen folgender Thesen hart angegriffen, was auch dazu führte, dass man ihm kirchliche Ämter entzog:

1. Die Satansaussagen im Neuen Testament gehören nicht zur verbindlichen Botschaft Christi, sondern zum unverbindlichen Weltbild der Bibel.

2. Der Teufel ist kein selbstständiges Wesen, das uns beunruhigen kann, sondern die Personifizierung der Sünde und des Bösen. Die Sünde müssen die Menschen ernst nehmen.

Obwohl Haag in seinen Büchern das Thema „Hölle“ strikt ausklammerte, wurde ihm der Vorwurf gemacht, wo es keinen wirklichen Teufel mehr gäbe, habe auch die Vorstellung von einer „Hölle“, dem Sitz des Teufels und seiner Anhänger, keinen Sinn mehr.

Dagegen leugnet Haag einen möglichen Zusammenhang zwischen dem Teufel und der Hölle, die im traditionellen Höllenbild sehr eng miteinander verbunden sind. Aber er betont, dass auch das Höllenbild neu überdacht werden müsste. Bei diesem Einwand könnte sich Haag auf Swedenborg berufen, der schon vor mehr als 200 Jahren in seinem Hauptwerk „Himmel und Hölle“ die Existenz einer Hölle ohne Satan verkündet hat. Der Teufel ist für beide nur ein Sinnbild der höllischen Mächte. Für Swedenborg ist die Vorstellung eines Widersachers Gottes unmöglich, der wie Satan zuerst als Engel an der Seite Gottes stand, danach sich dem allmächtigen Gott widersetzte und gleichsam wie nach einer „fehlgeschlagenen Hofintrige“ aus dem Himmel verbannt wurde.

Der katholische Pater Manfred Adler hielt Haag in seinem Buch „Die Söhne der Finsternis“ vor, dass er bei der Leugnung einer Verbindung von Hölle und Satan einem Irrtum erlegen sei. Die Hölle als der Ort der ewigen Verdammnis und Satan seien in einem notwendigen Zusammenhang verbunden. Wer dies leugnet, wolle den Leser bewusst täuschen. Im Neuen Testament hieße es: „Gott wird auch sagen zu denen zu seiner Linken: ‚Geht weg von mir, ihr Verfluchten, in das ewige Feuer, das dem Teufel und seinen Verfluchten bereitet ist!‘“ (Matth. 25,41)

Von Prof. Joseph Ratzinger, dem gegenwärtigen Papst Benedikt XVI., wurde die Thesen Haags in seinem Buch „Dogma und Verkündigung“ (1973) scharf kritisiert. Ratzinger weist darauf hin, dass sich die Autoren der Bibel vom Alten bis ins Neue Testament immer mehr mit den dämonischen Gewalten beschäftigen, bis schließlich der Satan direkt der Gestalt Jesu gegenübertritt. Auch sei Jesus sicherlich von der Existenz des Satans überzeugt gewesen. Auf keinen Fall gelte das Argument, Jesus und die Autoren der Bibel hätten sich dem damaligen Glauben an Dämonen angeschlossen, weil dies eben dem Zeitgeist entspräche. Diese Meinung entbehre jeder Grundlage, weil der Dämonenglaube unter den jüdischen Gelehrten sehr umstritten war und eher die Ausnahme bildete, als dass er anerkanntes religiöses Allgemeingut gewesen sei. Die Wichtigkeit der Rolle des Teufels sei auch daran zu erkennen, dass Jesus zu Beginn seines Wirkens vom Teufel versucht worden sei. Jesus habe nicht nur die Realität des Teufels anerkannt, sondern er habe auch die Macht über ihn beansprucht, wie die zahlreichen „Teufelsaustreibungen" beweisen. Besonders weist Ratzinger die Ansicht Haags zurück, man könne an allen Stellen, an denen der Satan oder Teufel genannt wird, ebenso gut die Sünde oder das Böse einsetzen. Er verweist auf eine Arbeit des Theologen Heinrich Schlier, der in seinem Buch „Mächte und Gewalten im Neuen Testament" (1958) zu folgendem Ergebnis kam:

„Die vielfältigen Mächte, die doch immer nur die eine satanische Macht entfalten, begegnen uns als eine Art personalen Wesens der Macht."

Eine wichtige Folge der Ersetzung des Teufels durch das unpersönliche Böse wäre auch, dass das Böse keine Ursache mehr hätte, weil sein Urheber, der Teufel, verschwunden wäre. Der Ursprung und die Ursache des Bösen wäre dann der Mensch, der dazu nicht mehr vom Teufel verführt wurde. Er könnte auch über das Böse wie über eine Sache entscheiden. So hätte er auch die Möglichkeit, das Böse auszurotten, was dem bisherigen Verlauf der Menschheitsgeschichte gänzlich widersprechen würde.

Die Frage, ob der Teufel nur Sinnbild des Bösen und der Sünde oder eine Person ist, muss letztlich in der Schwebe bleiben, weil trotz intensiver und nachdrücklicher Entmythologisierung noch Stellen im Neuen Testament bleiben, die dafür sprechen, dass der Teufel ein personales Wesen zu sein scheint. Ebenso wie die Person des Teufels wirft ein abstraktes und neutrales Böses, das an seine Stelle tritt, viele ungelöste Fragen auf.

Die Gestalt des Teufels ist zwar fragwürdig geworden, aber er ist noch nicht aus der christlichen Lehre entfernt. Dies ist ein gewichtiger Grund, die Existenz einer Hölle nicht aufzuheben. Einen Ausweg bietet die Feststellung des bekannten katholischen Theologen Karl Rahner (1900–1978):

„Himmel, Fegefeuer und Hölle sind keine Orte, sondern nur verschiedene Bezeichnungen für Gott. Der Himmel ist Gott, weil er endgültig der unsere geworden ist; das Fegefeuer ist auch Gott, weil er läuternd durch uns hindurch geht; aber auch die Hölle ist Gott, weil sie Ausdruck der verfehlten Bestimmung des Menschen ist, dessen eigentliches Ziel Gott ist."

KAPITEL IV

Die Wiedergeburt der Hölle

Das Wort Hölle ist heute in unsere Alltagssprache eingedrungen. Wir sprechen von der „Hölle im Irak“ und meinen damit Zustände, die allen Vorstellungen von einer menschlichen Existenz widersprechen. Auch andere Erfahrungen aus unserem Leben bezeichnen wir mit diesem Wort, wenn wir zum Beispiel unerträgliche und tragische Verhältnisse in einer Partnerschaft mit dem Ausdruck „Hölle einer Ehe“ belegen. Diese Beispiele zeigen, dass ein Übermaß an Schmerzen und Leid, was nach Ansicht der Theologen des Mittelalters für die Hölle kennzeichnend war, solche Gefühle auslöst, dass wir den jenseitigen Ort der Verdammnis zur Bezeichnung dieser Zustände wählen. Die Hölle gehört für die meisten Menschen nicht mehr zu den jenseitigen Dingen, sondern sie ist mitten unter uns auf Erden oder in uns selbst. Aber vor der Einsicht, dass die Hölle in uns selbst sei, machen die Menschen eher Halt, weil sie lieber nur die Hölle der anderen sehen wollen. Diese Hölle bevölkert man mit den echten oder vermeintlichen Ungeheuern und Feinden.

Der französische Schriftsteller Jean-Paul Sartre beschreibt dieses Verhalten der modernen Menschen in dem Drama „Geschlossene Gesellschaft“. In einem Hotelzimmer müssen zwei Frauen und ein Mann, die sich zuvor noch nie im Leben begegnet sind, für immer beisammen bleiben. Der Mann sagt am Ende: „Also dies ist die Hölle. Niemals hätte ich geglaubt … Ihr entsinnt euch: Schwefel, Scheiterhaufen, Bratrost … ach, ein Witz! Kein Rost ist erforderlich, das sind die anderen.“

Nach Sartre ist die menschliche Existenz eine Hölle, aber jeder Mensch ist selbst eine Hölle für seine Mitmenschen.

Für den Christen ist es leicht, eine Erklärung dieser Höllen zu finden. Wo auch immer Böses geschieht, ist der Satan am Werk. Es gibt also nicht nur das Böse, sondern auch den Bösen, der nach seiner Verbannung aus dem Himmel zum Widersacher Gottes wurde und auf Erden ein eigenes Reich errichten will. Alles Böse in dieser Welt ist vom Teufel verursacht. Die Theologen des Mittelalters hatten für das Wirken Satans auf Erden eine einfache Erklärung: An sich sind der Teufel und seine mit ihm gefallenen bösen Engel in den jenseitigen Strafort Hölle verbannt. Aber im Gegensatz zu den bösen Seelen haben sie die Erlaubnis, zeitweise die Hölle zu verlassen, damit sie bis zum Jüngsten Tag die Menschen weiter versuchen können. Dies alles geschieht mit Erlaubnis und Billigung Gottes, der die Menschen prüfen will. Auf diese Weise können auch heute noch die Christen die Nachtseite der Schöpfung, die „Höllen auf Erden", erklären.

Eine Ansprache von Papst Paul VI.

Bestärkt in dieser Haltung, alles Böse in dieser Welt auf ein übernatürliches Wesen, den Teufel, zurückzuführen, wurden die katholischen Christen durch eine Ansprache von Papst Paul VI. im Jahre 1972. In dieser oft als „Teufelsrede" bezeichneten Ansprache verkündet der Papst die Existenz eines persönlichen Teufels. Das Böse ist eine die Schönheit der von Gott erschaffenen Welt und Ordnung bedrohende Macht, deren Urheber, eine wirkliche, lebendige geistliche Macht, nämlich der Teufel ist. Dieser unreine Geist, der Urheber der ersten Sünde, führt ein Heer von Dämonen an. Paul VI. stellt dann die Frage, wie dieser Feind, Mörder, Ränkeschmied, Zauberer seinen Einfluss ausübt und durch welche Mittel man sich dagegen schützen kann. Der Satan ist überall dort tätig, so beantwortet er seine Frage, „wo die Leugnung Gottes radikale, scharfe und absurde Formen annimmt, wo die Lüge sich heuchlerisch und mächtig gegen die offenkundige Wahrheit behauptet, wo die Liebe von einem kalten, brutalen Egoismus ausgelöscht wird, wo der Name Christi mit bewusstem und aufrührerischem Hass bekämpft wird, wo der Geist des Evangeliums ins Reich der Märchen verbannt und geleugnet wird, wo die Verzweiflung das letzte Wort behält".

Als Verteidigungsmittel gegen den Teufel dient alles, was uns vor der Sünde schützt. Freisein erweist sich als große

Stärke gegen diesen unsichtbaren Feind. Von dem Vatikanblatt Osservatore Romano wurde diese „Teufelsrede" so kommentiert:

„Wenn man einen Pfeiler des Kirchengebäudes wegnimmt, und die Existenz des Teufels in all seiner Aktivität ist ein solcher Pfeiler, dann bricht notwendigerweise die ganze Konstruktion zusammen."

Weitere wichtige Teile dieser „Konstruktion" sind die Hölle und das Fegefeuer.

Von den Kritikern wurde diese Rede als ein erschreckendes Zeugnis für das in der katholischen Kirche vorherrschende mittelalterliche Denken angesehen. Es gab auch Stimmen, die vor den Folgen dieser Rede warnten. So erklärte der Theologe Alfonso Maria di Nola:

„Der Teufel kann das Signal werden für jede Art von Unterdrückung, für jeden Gewaltakt gegen die Menschen und seine Würde, gegen die Bemühung des Menschen, sein eigenes Wohl zu bauen."

Der moderne Satanismus: Blackmetal-Musik

Die Rede des Papstes wurde von den vielfältigen und zahlreichen Satanistengruppen, die im Zuge der Esoterikwelle seit den 70er-Jahren stärker in das Licht der Öffentlichkeit traten, als Beweis der Gegenseite für die Existenz des von ihnen als Gott verehrten Satans aufgenommen. Es spielte keine Rolle, dass in der christlichen Lehre der Satan nur ein von Gott geduldeter Widersacher ist, der am Ende der Welt von ihm vernichtet wird. Die Satanisten konnten sich auf religiöse Strömungen und Sekten wie die Katharer berufen, die den Satan als ein Gott gleichwertiges Prinzip anerkannten. So lehrten die Katharer, die ab dem 11. Jh. in Südfrankreich und Oberitalien aktiv waren, dass Gott die Engel und Seelen, der Teufel aber die sichtbare Welt erschaffen habe.

Anklänge an das christliche Höllenbild finden sich bei den zahlreichen Gruppen der Heavymetal-Musik. Die Anfänge dieser sehr vielgestaltigen Musikrichtung gehen auf die Rolling Stones zurück. 1969 hat diese Musikgruppe als Ordner Mitglieder der berüchtigten Rockerbande „Hell's Angels" eingesetzt. Während des Vortrages des Liedes „Sympathy for Devil" wurde ein Schwarzer von diesen Ordnern brutal ermordet.

In einer Mischung von ohrenbetäubendem Lärm, Texten, in denen Wörter wie Tod, Satan, Teufel die einzigen verständlichen Ausdrücke sind, und Gitarrenmusik wird unverhüllt ein Bekenntnis zur Hölle abgelegt. Die Künstler dieser Gruppen benennen sich oft mit Dämonennamen wie Black Sabbath, Judas Priest, Megadeath etc. Die Sympathien für die Hölle werden nicht nur durch die Texte und die Gestaltung der Umschläge ihrer Platten, sondern auch durch ein wahres „teuflisches Spektakel" während ihrer Konzerte gezeigt. Durch Feuerwerke und andere pyrotechnische Effekte wird der Eindruck beim Zuhörer hervorgerufen, sich in der Hölle zu befinden, wie sie seit Jahrhunderten im Volksglauben beschrieben wird. Diese Wirkung auf den Zuhörer wird noch durch eine entsprechende Kleidung der Akteure der Blackmetal-Gruppen verstärkt. Man trägt Teufelsmasken, die zusammen mit den pyrotechnischen Hilfsmitteln und Lichteffekten ihre Wirkung nicht verfehlen. Manche dieser Konzerte sind gelungene Inszenierungen von Höllenvisionen, wie sie die mittelalterlichen Schriftsteller nicht besser hätten darstellen können.

Unter diesen Gruppen machte bald eine englische Band mit dem Namen Venom Schlagzeilen, die sich vorher Oberon nannte. Mit ihrem Titel „Black Metal" gaben sie dieser Musik einen neuen Namen. Die Titel dieser Gruppe enthalten nicht nur das Bekenntnis zum Satan, der Hölle und dem Tod, sondern sie propagieren unverhüllt die Gewalt. Immer wieder werden in diesen Liedern die Wörter wiederholt: Blut, Satan, Feuer, Folter Schmerz, Ströme von Hass, Krieg, töten, Sünde, Kommando „Hölle".

Andere Gruppen versuchen sich von der Blackmetal-Szene abzusetzen, indem sie sich „Real Black-Metal" oder „Death-Metal" nennen, weil sie den Inhalt ihrer Texte auch in die

Praxis umsetzen wollen. Die beiden Gruppen Burzum („Finsternis") und Emeror, die sich den Namen „North Black-Metal-Group" gaben, zerstörten über 100 Kirchen in Skandinavien. Ihr Hass gegen das Christentum steigerte sich so sehr, dass sie eine Hölle auf Erden errichten wollten. Christian Vikernes, der Anführer der Gruppe Burzum, ermordete Aarseth, den Blackmetal-Musiker und Mitglied der Band Mayhem, mit 23 Messerstichen. Auf sein Konto gehen mindestens zehn Kirchenbrände. Bei seiner Festnahme fand man 200 kg Sprengstoff, mit denen er weitere Kirchen zerstören wollte.

Das Böse nach Ansicht der Verhaltensforscher und Psychoanalytiker

Diese gewalttätigen Satanisten liefern den Beweis, dass das Böse seine Ursache nicht in einem übermenschlichen Wesen hat, das verführt und antreibt, schreckliche Taten zu begehen, sondern es ist im Menschen selbst vorhanden. Der Philosoph Karl Jaspers pflegte zu sagen:

„In uns setzen unsere Ahnen ihre Auseinandersetzungen fort. Alle alten Höllen und Himmel sind noch in uns. Ängste und Aggressionen des Steinzeitmenschen, dem wir geistig weithin noch gleichen, beherrschen uns."

Eine ausführliche Theorie, wie Ängste und besonders Aggressionen in uns wirken, gibt der Verhaltensforscher Karl Lorenz. In seinem Buch „Das sogenannte Böse – Zur Naturgeschichte der Aggression" (1963) entwickelte er durch Beobachtung des tierischen Zusammenlebens die Theorie, dass der Kampf ums Überleben unter den Tieren derselben Art keineswegs nachteilig für die betreffende Art ist, sondern ihr Überleben sichert. Dieser Aggressionstrieb, der dem Beobachter als etwas „Böses" erscheinen muss, ist ein Instinkt oder Trieb, der den Tieren angeboren ist. Konkret bedeutet dies im Tierreich: Jagen und Fressen von Beutetieren, das Streitigmachen von Nahrung, der Rivalenkampf der Männchen, Verteidigung des eigenen Territoriums und Sicherung eines guten Platzes in der

„Hackordnung". Wenn dieser Trieb mit den entsprechenden Energien aufgeladen ist, dann genügt ein geringfügiger Auslöser, damit er sich entlädt. Da die Ursachen für die Aggressionsentladung aber im Tier selbst liegen, ist dieser Trieb so gefährlich. Auch der Mensch enthält diese Ur-Aggressivität in sich, die verantwortlich ist für die Verbrechen, den Sadismus und die Kriege, also für alles, was wir unter dem Begriff „das Böse" zusammenfassen. Bei Menschen kann dieser Trieb seine arterhaltende Funktion verlieren, wie das Beispiel der Kriege zeigt, wenn nämlich die natürlichen Begrenzungen wegfallen. Im Naturzustand der Menschen war dieser Trieb sicherlich nicht „böse", weil er, wie Lorenz sagt, gleichsam der Motor für alle anderen Triebe ist. Was für die Lebenserhaltung unentbehrlich ist, kann nur als gut bezeichnet werden. Durch die Zivilisation, die den Menschen immer weiter vom Naturzustand entfernt, verschwinden auch die Schranken des Aggressionstriebes. Um diesen Zustand zu ändern, müsste der Mensch tierische Verhaltensformen annehmen und die zivilisatorische Entwicklung zurückdrehen, was nicht möglich ist.

Welche Möglichkeiten gibt es, dieses ursprünglich Gute, das sich zum so genannten Bösen durch die Kulturentwicklung veränderte, für die Mitmenschen und für die Menschheit harmloser und ungefährlicher zu machen? Wirkungslos sind moralische Gebote, weil sie eine Triebentladung nicht verhindern können und eher bewirken, dass länger aufgestaute Energien sich plötzlich entladen.

Auch in der von Sigmund Freud (1856–1839) begründeten Psychoanalyse ist das Böse keine Person, die man sich wie im Christentum als Teufel vorstellt oder die man in gesellschaftlichen bzw. religiösen Randgruppen wie Hexen, Ketzer etc. wiederzuerkennen glaubte, sondern eine Eigenschaft des

Menschen selbst, die zu seinen Trieben gehört. Freud versucht die zahlreichen Triebe, die er im Unbewussten, dem so genannten „Es“, ansiedelte, auf die beiden Grundtriebe Lebenstrieb und Destruktionstrieb oder Todestrieb zurückzuführen. Der Mensch ist kein sanftes und liebenswürdiges Wesen, wie Freud sagt, sondern die Mitmenschen sind das Ziel seines mächtigen Todestriebes, der in Form von grau-

Sigmund Freud.

samen Aggressionen gegen den Nächsten und dessen Hab und Gut sichtbar wird. Der Mensch würde an seinem Todestrieb zugrunde gehen, wenn nicht die zerstörerischen Energien dieses Triebes von dem Lebenstrieb auf andere Ziele außerhalb des Menschen abgelenkt würden. Aber diese Aggressionen, die an den Mitmenschen abreagiert werden, führen zu Schuldgefühlen im Menschen. Während der Lebenstrieb versucht, alles zu erhalten, zu verbinden und zu größeren Einheiten zusammenzuschließen, will der Todestrieb das Leben vernichten. Im Innern des Menschen ringen diese beiden Triebe, die der Mensch in begrenztem Umfang durch seine Entscheidungen beeinflussen kann. Das Böse gehört folglich zum Wesen des Menschen. Besonders nach dem Ausmaß der Gewalt und Zerstörung, die der Erste Weltkrieg verursachte, betonte Freud die Feindseligkeit der Menschen. In seiner Schrift „Das Unbehagen in der Kultur" (1930) bezeichnete er den Menschen als eine wilde Bestie, die selbst eine Schonung der eigenen Art nicht kennt. Das Verhältnis zum Nächsten wird durch diese Veranlagung zum Bösen gestört, weil man selbstverständlich auch bei dem Nächsten einen solchen Aggressionstrieb voraussetzt und erwartet. Der menschlichen Kultur droht deshalb der Verfall, wenn es nicht gelingt, diesen Todestrieb in Schranken zu halten. Um mit diesem Bösen in seinem Innern fertig zu werden, muss der Mensch zunächst seine Existenz anerkennen. Eine solche Einsicht kann einem Menschen helfen, sein Wesen zu erkennen und zur Entwicklung seiner Persönlichkeit beitragen. Die seelische Kraft, mit welcher der Aggressionstrieb besetzt ist, kann auf Gegenstände und Ziele gelenkt werden, die für den einzelnen Menschen oder die Gemeinschaft förderlich sind. Auf diese Weise wird durch das Böse sogar Gutes entstehen.

Die Schüler Freuds haben diese Theorie von den beiden Grundtrieben nicht uneingeschränkt übernommen. Dagegen spricht vor allem die Erfahrungstatsache, dass es zwar Menschen gibt, deren Wesen von einem starken Drang geprägt ist, andere zu vernichten, aber die „bösen" Menschen bilden eine Minderheit. Die meisten Menschen können verhindern, dass sich der Todestrieb nach außen wendet und seine schädliche Wirkung entfaltet. Diese Hemmung hat jedoch nicht zur Folge, dass dieser Trieb zur Selbstvernichtung führt, weil sich dieser gegen den Menschen selbst wendet und ihn zerstört bzw. sein Wesen verformt. Andere Kritiker halten Freud vor, dass dieser Todestrieb nicht zur Natur des Menschen gehöre, sondern vielmehr das Ergebnis einer schlechten Erziehung sei. Anlass für das Hervorbrechen solcher aggressiven Neigungen sei das Versagen von Wünschen. Eine Lösungsmöglichkeit des Konfliktes, in welchem sich der Mensch durch diese beiden Triebe befindet, wird in den Anstrengungen gesehen, dem Lebenstrieb die Oberhand zu verschaffen und die Entfaltung und Wirkung des Bösen zu hemmen.

LITERATURVERZEICHNIS

AHLBRECHT, A.: Tod und Unsterblichkeit in der evangelischen Theologie der Gegenwart. Paderborn 1964.

ALMEDER, R.: Beyond death: evidence for life after death. Springfield/Ill. 1987.

ARIES, PH.: The Hour of Our Death. Translated by Helen Weaver. New York 1981.

ATZBERGER, L.: Geschichte der christlichen Eschatologie innerhalb der vornicänischen Zeit. Freiburg 1896.

BACHL, G.: Über den Tod und das Leben danach. Graz 1980.

BALTHASAR, H. U. v. (HRSG.): „Hinabgestiegen in das Reich des Todes". Der Sinn dieses Satzes in Bekenntnis und Lehre, Dichtung und Kunst. München 1982.

BALTHASAR, H. U. v.: Apokatastasis. In: Trierer Theologische Zeitschrift 97, 1988, S. 169–182.

BALTHASAR, H. U. v.: Kleiner Diskurs über die Hölle. Ostfildern 1987.

BALTHASAR, H. U. v.: Was dürfen wir hoffen? Einsiedeln 1986.

BAUDLER, G.: Jesus und die Hölle. Zum religionspädagogischen und pastoralen Umgang mit den Bildern der Gehenna. In: Theologie der Gegenwart 34, 1991, S. 163–174.

BAUER, M.: Die Ikonographie der Höllenfahrt Christi bis zum 16. Jh. Diss. Göttingen 1948.

BAUTZ, J.: Die Hölle. Im Anschluss an die Scholastik dargestellt. Mainz 1822, 2. verbesserte und vermehrte Auflage 1905.

BECKER, E. J.: A Contribution to the Comparative Study of the Medieval Visions of Heaven and Hell, with Special Reference to the Middle-English Versions. Baltimore 1899.

BECKER, H./ÜHLEIN-SARI, H. (HRSG.): Kommentierte Edition der orientalischen, lateinischen und reformatorischen Sterbe- und Begräbnisliturgien. I. Die orientalische Tradition. 2 Bde. St. Ottilien (Pietas Liturgica. Interdisziplinäre Beiträge zur Liturgiewissenschaft Bd. 9 und 10).

BELL, A. R. L.: „The Harrowing of Hell: A Study of Its Reception and Artistic Interpretation in Early Medieval European Literature“, Ph. D. Diss., University of Maryland, 1971.

BENZ, E.: Außerirdische Welten. Von Kopernikus zu den Ufos. Freiburg 1990.

BERRY, TH.: Religions of India. London/New York 1971.

BETZ, O.: Die Eschatologie in der Glaubensunterweisung. Würzburg 1965.

BIALOSTOCKI, J.: The Door of Death. The Survival of a Classical Motif in Sepulchral Art. In: Ders.: The Message of Images. Studies in the History of Art. Vienna 1988, S. 14–41.

BLAKE, N. Z.: Middle English Religious Prose. London 1972.

BOASE, T. S. R.: Death in the Middle Ages: Mortality, Judgment and Remembrance. New York 1972.

BORGES, J. L./BIOY CASARES, A.: Das Buch von Himmel und Hölle. Stuttgart 1983 (Orig.: Libro del Ciel y del inferno, Buenos Aires 1960).

DAS BÖSE. Studien aus dem C. G. Jung Institut Bd. 13. Zürich 1961.

BOSING, W.: Hieronymus Bosch: Between Heaven and Hell. Köln 1987.

BOYCE, MARY, ed. and trans. Textual Sources for the Study of Zoroastrianism. Manchester 1984. Reprint: Chicago 1990.

BRANDENBURGER, E.: Das Recht des Weltenrichters. Matthäus 25, 31–46 in der neueren Exegese. Stuttgart 1980.

BRANDON, S. G. F.: Man and His Destiny in the Great Religions. Manchester 1962.

BRANDSON, S. G. F.: The Judgement of the Dead. London 1967.

BREASTED, J. H.: The Development of Religion and Thought in Ancient Egypt. New York 1966.

BROWN, P.: Augustine of Hippo: A Biography. Berkeley/Los Angeles 1967.

BROWN, P.: The Making of Late Antiquity. Cambridge 1978.

BROWN, P.: Society and the Holy in Late Antiquity. Berkeley/Los Angeles 1982.

BRUNNER-TRAUT, E.: Gelebte Mythen. Darmstadt 1981, S. 55–98.

BUDGE, E. A. W. (HRSG.): The Book of the Dead. London 1960; New York 1967.

BUDGE, E. A. W.: The Egyptian Heaven and Hell. Vol. 3, The Contents of the Books of the Other World Described and Compared. New York 1976.

BURI, F./LOCHMAN, J. M./OTT, H.: Dogmatik im Dialog, Bd. I. Gütersloh 1973, S. 307–318.

BURKERT, W.: Greek Religion. Translated by John Raffan. Cambridge: Harvard University Press 1985.

BURKERT, W.: Homo Necans: The Anthropology of Ancient Greek Sacrifical Ritual and Myth. Translated by Peter Bing. Berkeley/Los Angeles 1983.

BUTLER, E. M.: The Fortunes of Faust. London 1952.

BYRON, LORD G. G.: Byron: Selections. Edited by Jerome J. McGann. New York 1986.

CAIRD, G. B.: The Revelation of St John the Divine. London/New York 1966.

CAMPBELL, J.: The Hero with a Thousand Faces. 2nd ed. Bollingen Series, Vol. XVII. Princeton 1968.

CAMPORESI, P.: L'enfer et le fantasme de l'hostie. Une théologie baroque. Paris 1989.

CAMPORESI, P.: The Fear of Hell: Images of Damnation and Salvation in Early Modern Europe. Pennsylvania 1991.

CANTOR, N.: Medieval History: The Life and Death of a Civilization. New York 1963.

CARLGREN, F.: Der anthroposophische Erkenntnisweg. Frankfurt 1984 (Perspektiven der Anthroposophie).

CAROZZI, C.: La géographie de l'Audela et sa signification pendant le Haut Moyen Age: Popoli e paesi nella Cultura altomedievale. In: Settimane di Studio del Centro Italiano di Studi sull'Alto Medioevo XXIX. Spoleto 1983, S. 423–481 (Eine Diskussion mit J. Le Goff ebd. 483–485).

CAVENDISH, R.: The Powers of Evil. London/New York 1975.

CAVENDISH, R.: Visions of Heaven and Hell. London 1977.

CHARLES, R.H. (HRSG.): The Book of Enoch. London 1966.

CLEMEN, C.: Das Leben nach dem Tode im Glauben der Menschheit. Leipzig/Berlin 1920.

COHN, N.R.C.: The Pursuit of the Millennium. 1957. 2nd ed. New York 1972.

CONGAR, Y.: Das Fegfeuer: Das Mysterium des Todes. Frankfurt 1955, S. 241–288, 297–304.

CREMER, H.: Jenseits des Grabes. Gießen 1987.

CUMONT, F.: After Life in Roman Paganism. New York 1959.

DALEY, B., unter Mitarbeit von J. SCHREINER und H. E. LONA: Eschatologie. In der Schrift und Patristik. Freiburg 1986 (HDG IV 7a).

DALLEY, ST., trans.: Myths from Mesopotamia: Creation, the Flood, Gilgamesh, and Others. New York 1989.

DANTE – VERGIL – GERYON. Der 17. Höllengesang der Göttlichen Komödie in der bildenden Kunst. Stuttgart 1980.

DANTES GÖTTLICHE KOMÖDIE in sieben Jahrhunderten – geschrieben, gedruckt, illustriert (Ausstellungskatalog Museum für Kunsthandwerk Frankfurt a. M.). Perugia 1988.

DAS TOTENBUCH DER ÄGYPTER. Eingeleitet, übersetzt und erläutert von E. Hornung. Darmstadt 1990.

DAVIDSON, C./SEILER, TH. H. (HRSG.): The Iconography of Hell. Kalamazoo 1992.

DAVIDSON, G.: A Dictionary of Angels, Including the Fallen Angels. New York 1967.

DAVIDSON, H. R. E.: Gods and Myths of Northern Europe. Harmondsworth 1964.

DAVIDSON, H. R. E.: Myths and Symbols in Pagan Europe: Early Scandinavian and Celtic Religions. Syracuse, NY 1988.

DEISSLER, A.: Was wird am Ende der Tage geschehen? Biblische Visionen der Zukunft. Freiburg 1991.

DELUMEAU, J.: L'aveu et le pardon. Paris 1990.

DELUMEAU, J.: La peur en Occident. Une cité assiegée. Paris

1978. Dt.: Angst im Abendland. Die Geschichte kollektiver Ängste im Europa des 14. bis 18. Jahrhunderts. 2 Bde. Reinbek 1985.

DELUMEAU, J.: Le péché et la peur. La culpabilisation en Occident XIV–XVIII siècles. Paris 1983.

DELUMEAU, J.: Sin and Fear: The Emergence of a Western Guilt Culture 13th–18th Centuries. Translated by Erich Nicholson. New York 1990.

DI NOLA, A.: Der Teufel. Wesen, Wirkung, Geschichte. München 1993.

DIETERICH, A.: Nekyia. Leipzig 1913.

DILLON, M./CHADWICK, N.: The Celtic Realms. London 1967.

DINZELBACHER, P. (HRSG.): Mittelalterliche Visionsliteratur. Eine Anthologie. Darmstadt 1989.

DINZELBACHER, P./BAUER, D. R. (HRSG.): Frauenmystik im Mittelalter. Ostfildern 1985.

DINZELBACHER, P.: An der Schwelle zum Jenseits. Sterbevisionen im interkulturellen Vergleich. Freiburg i. Br. 1989.

DINZELBACHER, P.: Reflexionen irdischer Sozialstrukturen in mittelalterlichen Jenseitsschilderungen. In: Archiv für Kulturgeschichte 61, 1979, S. 16–34.

DINZELBACHER, P.: Revelationes. Turnhout 1991.

DINZELBACHER, P.: Vision und Visionsliteratur im Mittelalter. Stuttgart 1981.

DODDS, E. R.: The Greeks and the Irrational. Berkeley/Los Angeles 1951.

DODDS, E. R.: Pagan and Christian in an Age of Anxiety: Some Aspects of Religious Experience from Marcus Aurelius to Constantine. New York 1965.

DÖRING-HIRSCH, E.: Tod und Jenseits im Spätmittelalter. Berlin 1927.
DREWERMANN, E.: Ich steige hinab in die Barke der Sonne. Alt-ägyptische Meditationen zu Tod und Auferstehung in Bezug auf Joh. 20/21. Freiburg 1989.
DU PREL, K.: Der Tod, das Jenseits, das Leben im Jenseits. Leipzig 1922.
DUCHESNE-GUILLEMIN, J.: La Religion de l'Iran ancien. Paris 1961.

EDSMAN, C.-M.: Ignis Divinus. Le feu comme moyen de rejeunissement de l'immortalité: contes, légendes, mythes et rites. Lund 1941.
ELIADE, M.: From Primitives to Zen. London 1967.
ELIADE, M., et al. (HRSG.) : The Encyclopedia of Religion. New York 1987.
ELSEN, A. E.: The Gates of Hell by Auguste Rodin. Stanford 1985.
EMERSON, R. W.: Essays and Lectures. New York 1983.
EMMERICH, A. K.: Visionen über die Engel, die Armen Seelen im Fegfeuer, die streitende Kirche u. a. Aus den Tagebüchern Clemens Brentanos, hrsg. v. P. Karl Erhard Schmöger. Augsburg 1988.
EMMERSON, R. K.: Antichrist in the Middle Ages: A Study of Medieval Apocalypticism, Art, and Literature. Seattle 1981.
ERICH, O. A.: Die Darstellung des Teufels in der christlichen Kunst. Berlin 1931 (Kunstwissenschaftliche Studien 8).
ESCRIBANO-ALBERCA, I.: Eschatologie. Von der Aufklärung bis zur Gegenwart. Freiburg 1987 (Handbuch für Dogmengeschichte V7d).

FALK, W.: Des Teufels Wiederkehr. Alarmierende Zeichen der Zeit in der neuesten Dichtung. Stuttgart 1983.

FAULKNER, R. O., trans.: The Ancient Egyptian Book of the Dead. Edited by Carol Andrews. Austin 1990.

FEITEN, W.: Attische Unterweltsdarstellungen des VI. und V. Jahrhunderts vor Chr. München 1975.

FERGUSON, J.: The Religions of the Roman Empire. Ithaca 1970.

FORSYTH, N.: The Old Enemy: Satan and the Combat Myth. Princeton 1987.

FLEISCHHACK, E.: Fegfeuer. Die christlichen Vorstellungen vom Geschick der Verstorbenen geschichtlich dargestellt. Tübingen 1969.

FOX, R. L.: Pagans and Christians. New York 1987.

FRANZONI, G.: Der Teufel – mein Bruder. Der Abschied von der ewigen Verdammnis. München 1990 (Orig.: Il diavolo, mio fratello, 1986).

FRAZER, J. G.: Der goldene Zweig. Das Geheimnis von Glauben und Sitten der Völker. Aus dem Englischen von Helen von Bauer. Reinbek 1989 (Orig.: The Golden Bough, 1922).

FUDGE, E. W.: The Fire that Consumes. Houston 1982.

GARDINER, E. (HRSG.): Visions of Heaven and Hell before Dante. New York 1989.

GARDNER, J./MAIER, J.: Gilgamesh. New York 1984.

GAY, P.: The Enlightenment: An Interpretation, The Rise of Modern Paganism. New York 1966.

GAY, P.: The Party of Humanity: Essays in the French Enlightenment. New York 1971.

GLASENAPP, H. v.: Unsterblichkeit und Erlösung in den indischen Religionen. In: Schriften der Königsberger Gelehrten Gesellschaft. Geisteswissenschaftliche Klasse. Vierzehntes Jahr 1937/38. Halle 1938, S. 1–72.

GRANT, F. C. (HRSG.): Ancient Roman Religion. New York 1957.

GREENFIELD, R. P.: Traditions of Belief in Late Byzantine Demonology. Amsterdam 1988.

GRESHAKE, G. (HRSG.): Ungewisses Jenseits? Himmel – Hölle – Fegfeuer. Mit Beiträgen von Joachim Gnilka, Gisbert Greshake, Werner Ross und Leo Scheffczyk. Düsseldorf 1986 (Schriften der Katholischen Akademie in Bayern, Bd. 121).

GRIFFITHS, J.: The divine verdict. A study of divine judgment in the ancient religions. Leiden 1991.

GROF, S. und CH.: Jenseits des Todes. An den Toren des Bewußtseins. München 1986.

GUREVICH, A.: Medieval Popular Culture: Problems of Belief and Perception. Translated by James M. Bak and Paul A. Hollmgworth. New York 1988.

GUTHNE, W. K. C.: Orpheus and Greek Religion: A Study of the Orphic Movement. New York 1966.

HAAG, H.: Abschied vom Teufel. Einsiedeln 1973.

HAAG, H.: Teufelsglaube. Tübingen 1974.

HAAS, A. M.: Todesbilder im Mittelalter. Fakten und Hinweise in der deutschen Literatur. Darmstadt 1989.

HALL, R. L.: The Logic of Damnation: A defense of the Traditional Doctrine of Hell. Diss. University of Notre Dame/USA 1989.

HANDWÖRTERBUCH DES DEUTSCHEN ABERGLAUBENS, hrsg. v. H. Bächtold-Stäubli, Bd. IV, Berlin 1987 (Neuauflage), S. 184–257 (Hölle).

HEER, F.: Abschied von Höllen und Himmeln. München 1970.
HEIDEL, A.: The Gilgamesh Epic and Old Testament Parallels. Chicago 1949.
HEILER, F.: Unsterblichkeitsglaube und Jenseitshoffnung in der Geschichte der Religionen. München 1950.
HEMLEBEN, J.: Jenseits. Ideen der Menschheit über das Leben nach dem Tode vom Ägyptischen Totenbuch bis zur Anthroposophie Rudolf Steiners. Reinbek 1988.
HENDRIKSEN, W.: Das Jenseits. Grundriss der biblischen Lehre von den letzten Dingen. Marburg 1992.
HENNECKE, E./SCHNEEMELCHER, W.: Neutestamentliche Apokryphen, 2 Bde. Tübingen 1989.
HERMSEN, E.: Die zwei Wege des Jenseits. Das altägyptische Zweiwegebuch und seine Topographie. Fribourg 1991.
HIERZENBERGER, G.: Erkundungen des Jenseits. Der Blick auf die andere Seite der Wirklichkeit. Wien 1988.
HIMMELFARB, M.: Tours of Hell: An Apocalyptic Form in Jewish and Christian Literature. Philadelphia 1983
HINZ, W.: Woher – Wohin. Zürich ³1989.
HOFGÄRTNER, I.: Teufel und Dämonen. Zugänge zu einer verdrängten Wirklichkeit. München 1985.
HOOKE, S. H.: Middle Eastern Mythology. Baltimore 1963.
HORNUNG, E.: Altägyptische Höllen-Vorstellungen. Berlin 1968.
HUGHES, R.: Heaven and Hell in Western Art. New York 1968.
HUNGER, H.: Lexikon der griechischen und römischen Mythologie mit Hinweisen auf das Fortwirken antiker Stoffe und Motive in der bildenden Kunst, Literatur und Musik des Abendlandes bis zur Gegenwart. Wien 1953.
HUXLEY, A.: Heaven and Hell. New York 1956.

HWANG, J.-U.: Der junge Calvin und seine Psychopannychia. Frankfurt 1991.

INGRISCH, L.: Reiseführer ins Jenseits. Wien 1990.

JACKSON, K. H. A.: Celtic Miscellany. London 1951.

JANSEN, H. H. (HRSG.): Der Tod in Dichtung, Philosophie und Kunst. 2. neu bearb. und erw. Aufl. Darmstadt 1989.

JOEST, W.: Dogmatik. Bd. II: Der Weg Gottes mit dem Menschen. Göttingen 1986.

JOHNSON, P.: A History of Christianity. New York 1976.

JONAS, H.: Zwischen Nichts und Ewigkeit. Drei Aufsätze zur Lehre vom Menschen. Göttingen ^{2}1987.

JONAS, H.: The Gnostic Religion: The Message of the Alien God and the Beginnings of Christianity. 2nd ed. Boston 1963.

KAIS, H.: Kontakt mit Verstorbenen? Erfahrungen – Vermutungen – Beweise. Freiburg 1987.

KAUTSCH, E.: Die Apokryphen und die Pseudoapokryphen des Alten Testamentes, 2 Bde. Darmstadt 1962.

KEENER, F. M.: English Dialogues of the Dead: A Critical History, an Anthology, and a Checklist. New York 1973.

KEES, H.: Totenglauben und Jenseitsvorstellungen der alten Ägypter. Grundlagen und Entwicklungen bis zum Ende des Mittleren Reiches. Berlin 1983.

KEHL, M.: Eschatologie. Würzburg 1986.

KEMP, W.: Seelenreise, Seelengericht. In: LCI4, 1972, S. 142–145.

KNOCH, O.: „Wirst du an den Toten Wunder wirken?“ Sterben, Tod und ewiges Leben im Zeugnis der Bibel. Ein besinnliches Lesebuch. Regensburg 1977.

KOESTER, H.: History, Culture and Religion of the Hellenistic Age. Philadelphia 1982.

KONDOR, L. (HRSG.): Schwester Lucia spricht über Fatima. Fatima 1977.

KOPPEN, A.: Der Teufel und die Hölle in der darstellenden Kunst von den Anfängen bis zum Zeitalter Dante's und Giotto's. Berlin 1895.

KOVACS, MAUREEN GALLERY, trans. The Epic of Gilgamesh. Stanford 1989.

KRAMER, S. N.: Mythologies of the Ancient World. Garden City/NY 1961.

KRAMER, S. N.: Sumeran Mythology: A Study of Spiritual and Literary Achievement in the Third Millennium B. C. Philadelphia 1961.

KREMER, J.: Wir alle werden leben. Die christliche Hoffnung auf die Auferstehung der Toten. In: Stimmen der Zeit 115, 1990, H. 11, S. 733–744.

KRETZENBACHER, L.: Die Seelenwaage. Zur religiösen Idee vom Jenseitsgericht auf der Schicksalswaage in Hochreligion, Bildkunst und Volksglaube. Klagenfurt 1958.

KUCK, D. W.: Judgment and Community conflict. Paul's use of apocalyptic judgment language in 1 Corinthians 3:5–4:5. Leiden 1992.

KÜNG, H.: Ewiges Leben? München 1982.

KUNZ, E.: Protestantische Eschatologie. Von der Reformation bis zur Aufklärung. Freiburg 1980 (Handbuch der Dogmengeschichte 7c 1. Teil).

LAMBERT, M.: Medieval Heresy: Popular Movements from Bogomil to Hus. New York 1977.

LANDAU, M.: Hölle und Fegfeuer in Volksglaube, Dichtung und Kirchenlehre. Heidelberg 1909.

LANG, B./MCDANNELL, C.: Der Himmel. Eine Kulturgeschichte des ewigen Lebens. Frankfurt 1990.

LANG, B.: Hölle. In: Neues Handbuch theologischer Grundbegriffe, hrsg. v. P. Eicher. Erw. Neuausgabe. München 1991, Bd. 2, S. 362–373.

LANGTON, E.: Satan. A Portrait, A Study of the Character of Satan through all the Ages. London 1945.

LAUBE, J. (HRSG.): Das Böse in den Weltreligionen. Darmstadt 2003.

LE GOFF, J.: Die Geburt des Fegefeuers. Vom Wandel des Weltbildes im Mittelalter. (Orig.: Le Jugement des morts. Egypte ancienne – Assour – Babylone – Israël – Iran – Chine – Japon (Sources Orientales IV), Paris 1961). Stuttgart 1990.

LE GOFF, J.: The Birth of Purgatory. Translated by Arthur Goldhammer. Chicago 1984.

LE GOFF, J.: Time, Work and Culture in the Middle Ages. Translated by Arthur Goldhammer. Chicago 1980.

LEEPER, E. A.: Exorcism in early Christianity. Ann Arbor, Mich. 1991.

LEHNER, E. u. J.: Devils, Demons, Death und Damnation. New York 1971.

LOERZER, S./BERGER, M.: Berichte aus dem Jenseits. Vom Leben nach dem Tod. Augsburg 1990.

LONGENECKER, B. W.: Eschatology and the Convenant. A comparison of 4 Ezra and Roman 1–11. Sheffield 1991.

LORBER, J.: Das jenseitige Kinderreich. Mitteilungen über die geistigen Lebensverhältnisse der frühverstorbenen Kinder im Jenseits durch das Innere Wort empfangen. Bietigheim 1987.

LORBER, J.: Jenseits der Schwelle. Sterbeszenen. Durch das innere Wort des Geistes empfangen. Bietigheim [7]1990.

LORENZ, K.: Das sogenannte Böse. Wien 1963.

LURKER, M.: Dictionary of Gods and Goddesses, Devils and Demons. New York 1987.

LURKER, M.: The Gods and Symbols of Ancient Egypt: An Illustrated Dictionary. New York 1980.

MARTIN, W.: Teuflische Botschaften der Rockmusik? In: Religion heute, H. 12, 1992, S. 266–270.

MARTY, M. E.: Hell Disappeared; No One Noticed. In: Harvard Theological Review 78, 1985, S. 381–398.

MASLOWSKI, P.: Das Theologische Untier. Berlin 1978.

MATTIESEN, E.: Der Jenseitige Mensch. Eine Einführung in die Metapsychologie der mystischen Erfahrung. Berlin/Leipzig 1925.

MCDANNELL, C./LANG, B.: Heaven: A History. New Haven 1988.

MCGINN, B.: Visions of the End: Apocalyptic Traditions in the Middle Ages. New York 1979.

MCMANNERS, J.: Death and the Enlightenment: Changing Attitudes to Death among Christians and Unbelievers in Eighteenth-Century France. New York 1981.

MENSEN, B.: Jenseitsvorstellungen verschiedener Völker. St. Augustin 1985.

MERKT, A.: Das Fegefeuer. Darmstadt 2005.

MEW, J.: Traditional Aspects of Hell. Michigan 1971.

MEYER, M. W. (HRSG.): The Ancient Mysteries: A Sourcebook, Sacred Texts of the Mystery Religions of the Ancient Mediterranean World. San Francisco 1986.

MINOIS, G.: Histoire des enfers. Paris 1991.

MORALDI, L.: Nach dem Tode. Jenseitsvorstellungen von den Babyloniern bis zum Christentum. Zürich 1987.

MORGAN, A.: Dante and the medieval other world. Cambridge 1990.

MÜLLER, G.: Ungeheuerliche Ontologie. Erwägungen zur christlichen Lehre über Hölle und Allversöhnung. In: Evangelische Theologie 34, 1974, S. 256–275.

MÜLLER, J./MISCHO, J. /KELLER, K.-A./VERGAUWEN, G./WENISCH, B.: Kontakte mit dem Jenseits? Spiritismus aus christlicher Sicht. Zürich 1989 (Weltanschauungen im Gespräch, Bd. 6).

MÜLLER, K.: Studien zur frühjüdischen Apokalyptik in der neutestamentlichen Forschung. Frankfurt 1989.

NEWMAN. J. H.: Meditations and Devotions. London 1964.

NIBBRIG, CH. L. H.: Ästhetik der letzten Dinge. Frankfurt 1989.

NIGG, W.: Der Teufel und seine Knechte. Ölten 1985.

NTEDIKA, J.: L'Evocation de l'au-dela dans les prières pour les morts. Löwen 1971.

OHLER, N.: Sterben und Tod im Mittelalter. München 1990.

OTT, H.: Die Antwort des Glaubens. 3. überarb. u. erw. Aufl. hrsg. v. K. Otte. Stuttgart 1981.

OTT, L.: Eschatologie in der Scholastik. Aus dem Nachlass bearbeitet von E. Naab. Freiburg 1990 (Handbuch der Dogmengeschichte 7 b).

OVID: The Metamorphoses. Translated by Horace Gregory. New York 1958.

OWEN, D. D. R.: The Vision of Hell: Infernal Journeys in Medieval French Literature. New York 1971.

OWEN, D. D. R.: The Vision of Hell. Edinburgh 1970.

PANNETON, G.: Le ciel ou l'enfer. II: L'enfer. Paris 1956.

PATCH, H. R.: The Other World: According to Descriptions in Medieval Literature. Cambridge 1950.

PETZOLDT, L.: Dämonenfurcht und Gottvertrauen. Zur Geschichte und Erforschung unserer Volkssagen. Darmstadt 1989.

PETZOLDT, L.: Kleines Lexikon der Dämonen und Elementargeister. München 1990.

PFAMMATTER, J./CHRISTEN, E. (HRSG.): Hoffnung über den Tod hinaus. Antworten auf Fragen der Eschatologie. Zürich 1990 (Theologische Berichte XIX).

PFISTER, O.: Das Christentum und die Angst. Olten ^{2}1975.

PIKE, E. R.: Encyclopedia of Religion and Religions. New York 1958.

PLATT, R. H.: The Lost Books of the Bible and the Forgotten Books of Eden. New York 1974.

PRITCHARD, J. B. (HRSG.): The Ancient Near East. Vol. I, An Anthology of Texts and Pictures. Princeton 1958.

PRITCHARD, J. B. (HRSG.): The Ancient Near East. Vol. II, A New Anthology of Texts and Pictures. Princeton 1975.

RADERMACHER, L.: Das Jenseits im Mythos der Hellenen. Untersuchungen über antiken Jenseitsglauben. Bonn 1903.

RAHNER, K.: Hölle. In: Sacramentum Mundi II, Freiburg 1968, S. 735–739.

RATZINGER, J.: Dogma und Verkündigung. München 1973.
RATZINGER, J.: Eschatologie – Tod und ewiges Leben. Regensburg 1990 (Kleine Katholische Dogmatik, Bd. 9).
RATZINGER, J. (HRSG.): Weltkatechismus. München 2003.
REISER, M.: Die Gerichtspredigt Jesu. Eine Untersuchung zur eschatologischen Verkündigung Jesu und ihrem frühjüdischen Hintergrund. Münster 1990.
RESCH, A. (HRSG.): Fortleben nach dem Tode. Innsbruck 1987.
RICE, D. G./STAMBAUGH, J. E.: Sources for the Study of Greek Religion. New York 1979.
RICHMOND, I. A.: Archaeology and the After-Life in Pagan and Christian Imagery. Oxford 1950.
RIES, J./LIMET, H. (HRSG.): Anges et demons. Lovain-la-neuve 1989.
ROBINSON, J. M., et al. (HRSG.): The Nag Hammadi Library in English. 3rd ed. New York 1988.
ROSENAU, H.: Allversöhnung. Ein transzendentaltheologischer Grundlegungsversuch. Berlin 1993.
ROSENBERG, A.: Engel und Dämonen. Gestaltwandel eines Urbildes. München, 2. erw. Aufl. 1986.
ROSS, A.: Pagan Celtic Britain. London 1967; New York 1967.
ROWELL, G.: Hell and the Victorians: Study of the Nineteenth-Century Theological Controversies Concerning Eternal Punishment and the Future. Oxford 1974.
RÜEGG, A.: Die Jenseitsvorstellungen vor Dante und die übrigen literarischen Voraussetzungen der „Divina Commedia“, 2 Bde. Einsiedeln 1945.
RUSSELL, J. B.: The Devil: Perceptions of Evil from Antiquity to Primitive Christianity. Ithaca 1977.

RUSSELL, J. B.: Lucifer: The Devil in the Middle Ages. Ithaca 1984.

RUSSELL, J. B.: Mephistopheles: The Devil in the Modern World. Ithaca 1986.

RUSSELL, J. B.: The Prince of Darkness: Radical Evil and the Power of Good in History. Ithaca 1988.

RUSSELL, J. B.: Satan: The Early Christian Tradition. Ithaca 1981.

SACHS, J. R.: Current Eschatologie: Universal Salvation and the Problem of Hell. In: Theological Studies 52, 1991, S. 227–254.

SANTARCANGELI, P.: Nekyia. La discesa dei poeti agli Inferni. Mailand 1980.

SARTORY, G. u. TH.: In der Hölle brennt kein Feuer. München 1968.

SCHADE, H.: Dämonen und Monstren. Regensburg 1962.

SCHÄFER, PH.: Eschatologie. Trient und Gegenreformation. Freiburg 1984 (Handbuch der Dogmengeschichte IV 7c 2. Teil).

SCHAUER, F.: Was ist es um die Hölle? Dokumente aus dem norwegischen Kirchenstreit. Stuttgart 1956.

SCHIEBEIER, W.: Leben nach dem irdischen Tod. Die Erfahrungen von Verstorbenen. Der Bericht eines Physikers. Meisbach/Neuwied 1989.

SCHIEBEIER, W.: Zeugnis für die jenseitige Welt. Eine Darstellung der Erfahrungsbeweise. Der Bildbericht eines Physikers. Meisbach/Neuwied 1989.

SCHMIED, A: Ewige Strafe oder endgültiges Zunichtewerden? In: Theologie der Gegenwart 18, 1975, S. 178–183.

SCHUMANN, H. W.: Buddhism. London 1973.

SENKOWSKI, E.: Das Jenseits rückt uns näher. Instrumentelle Transkommunikation. Frankfurt 1989.

SIMON, U.: Heaven in the Christian Tradition. London 1958.

SINEUX, R.: La vérité sur l'Au-dela. Montpellier 1953.

SMITH, M.: Jesus the Magician. San Francisco 1978.

SÖDERBLOM, N.: La vie future d'après le Mazdeisme à la lumière des croyances analogues dans les autres réligions. Paris 1901.

SPEYR, A. v.: Das Geheimnis des Todes. Einsiedeln [2]1989.

SPEYR, A. v.: Die Pforten des ewigen Lebens. Einsiedeln 1953.

STAUDINGER, J.: Das Jenseits. Schicksalsfragen der Menschenseele. Einsiedeln/Köln 1939.

STEINPACH, R.: Wieso wir nach dem Tode leben und welchen Sinn das Leben hat. Stuttgart 1988.

STEPHENSEN, G. (HRSG.): Leben und Tod in den Religionen. Symbol und Wirklichkeit. Darmstadt 1985.

SWEDENBORG, E.: Über das Leben nach dem Tode. Eine christliche Jenseitsschau. Visionen und Auditionen. Zürich 1988.

TERPENING, R. H.: Charon and the Crossing: Ancient, Medieval, and Renaissance Transformations of a Myth. Lewisburg, PA 1985.

TEYSSEDRE, B.: Le Diable et l'Enfer. Paris 1985.

TEYSSEDRE, B.: Naissance du Diable. Paris 1985.

THEOLOGISCHE REALENZYKLOPÄDIE, Bd. XV, Berlin 1986, S. 449–455 (Hölle), S. 455–461 (Höllenfahrt Christi).

TOYNBEE, A. J.: Man's Concern with Death. London 1968.

TOYNBEE, J. M. C.: Death and the Burial in the Roman World. London 1971.
TOYNBEE, P.: Dante Alighieri, His Life and Works. New York 1965.
TROMP, N. J.: Primitive Conceptions of Death and the Other World in the Old Testament. Rom 1969.
TSCHIZEWSKIJ, D.: Paradies und Hölle. Recklinghausen 1957.
TWORUSCHKA, U.: Sucher, Pilger, Himmelsstürmer. Reisen im Diesseits und Jenseits. Stuttgart 1991.
TURNER, A. K.: The History of Hell. San Diego 1993.

VAN DER MEER, F.: Apocalypse: Visions from the Book of Revelation in Western Art. New York 1978.
VAN SCOTT, MIRIAM: Encyclopedia of Hell. New York 1998.
VESME, RITTER C. B. v.: Geschichte des Spiritismus. Bd. 1: Das Altertum. Leipzig 1898. Bd. 2: Mittelalter und Neuzeit, ebd. 1898. Bd. 3: Die Neuzeit, ebd. 1900.
VERMEULE, E.: Aspects of Death in Early Greek Art and Poetry. Berkeley/Los Angeles 1979.
VORGRIMLER, H.: Hoffnung auf Vollendung. Aufriss der Eschatologie. Freiburg 1984.

WACKER, M.-TH.: Weltordnung und Gericht. Studien zu 1 Henoch 22. Würzburg 1982.
WAKEFIELD, W. L./EVANS, A. P.: Heresies of the High Middle Ages. New York 1969. Reprint 1991.
WALDENFELS, H. (HRSG.): Ein Leben nach dem Leben? Die Antwort der Religionen. Düsseldorf 1988.

WALKER, D. P.: The Decline of Hell: Seventeenth-Century Discussions of Eternal Torment. Chicago 1964.
WITTE, J.: Das Jenseits im Glauben der Völker. Leipzig 1929.

ZACHARIAS, G.: Das Böse. München 1972.